Teoria da Informação Jornalística

Teoria da
Informação Jornalística

Reimpressão

J.-M. Nobre-Correia
Professor emérito de Informação e Comunicação
na Université Libre de Bruxelles

TEORIA DA INFORMAÇÃO JORNALÍSTICA
AUTOR
J.-M. Nobre-Correia
EDITOR
EDIÇÕES ALMEDINA, S.A.
Rua Fernandes Tomás, nºs 76, 78 e 79
3000-167 Coimbra
Tel.: 239 851 904 · Fax: 239 851 901
www.almedina.net · editora@almedina.net
DESIGN DE CAPA
Edições Almedina S.A.
PAGINAÇÃO
João Félix – Artes Gráficas
IMPRESSÃO E ACABAMENTO
DPS - DIGITAL PRINTING SERVICES, LDA
Maio, 2018
DEPÓSITO LEGAL
439556/18

Apesar do cuidado e rigor colocados na elaboração da presente obra, devem os diplomas legais dela constantes ser sempre objecto de confirmação com as publicações oficiais.
Toda a reprodução desta obra, por fotocópia ou outro qualquer processo, sem prévia autorização escrita do Editor, é ilícita e passível de procedimento judicial contra o infractor.

 GRUPOALMEDINA

BIBLIOTECA NACIONAL DE PORTUGAL – CATALOGAÇÃO NA PUBLICAÇÃO
CORREIA, J. M. Nobre

Teoria da informação jornalística
ISBN 978-972-40-7446-7

CDU 070

À memória de Maria de Lourdes,
minha Mãe,
ao seu sentido da generosidade,
do dever e da coragem

«Je suis journaliste parce que j'aime comprendre et faire comprendre.»
Françoise Giroud

«Le journaliste est là pour dire la vérité,
même si ça lui coûte... surtout si ça lui coûte.»
Hubert Beuve-Méry

«La pratique systématique du doute est, ou devrait être,
la vertu cardinale du journaliste,
l'antidote indispensable à toute vérité officielle.
Le scepticisme est une sorte d'hygiène professionnelle.
Mieux vaut l'appliquer à ce qui ne le mérite pas
plutôt que d'en faire l'économie à contretemps.»
Albert du Roy

«Le journaliste [...] doit en permanence faire des choix:
choix des sources et des témoignages;
choix d'un "angle" pour aborder l'événement ou la situation;
choix des informations qui seront retenues parmi celles disponibles;
choix d'un type d'article (presse écrite) ou de traitement (audiovisuel);
choix d'une longueur (le plus souvent effectué par la hiérarchie);
choix d'un plan, d'une construction qui ordonne les informations retenues;
choix d'un style d'écriture, d'un ton;
choix des images diffusées ou des illustrations accompagnant l'article;
choix d'un titre qui exprime le "message essentiel"...
Une alchimie précise qui vise à rendre l'information compréhensible et
digeste, mais qui est déjà une forme de transposition du réel.»
Yves Agnès

ÍNDICE

PREFÁCIO	17

Primeira parte:
A CONCEÇÃO DA INFORMAÇÃO — 21

Capítulo I
OS CRITÉRIOS DE SELEÇÃO DA INFORMAÇÃO — 27

1. O critério temporal	28
2. O critério geográfico	33
3. O critério psicoafetivo	36
4. O critério cultural	38
4.1. O fator religioso	42
4.2. O fator étnico	43
5. O critério histórico	46
6. O critério político-ideológico	48
7. O critério social	51
8. O critério económico	53
9. O critério celebridade	54
10. O critério justaposição	58
11. O critério insólito	59
12. O critério emulação	60
13. As especificidades do média	64
14. As contingências internas	65

TEORIA DA INFORMAÇÃO JORNALÍSTICA

Capítulo II
O PAPEL DAS AGÊNCIAS DE INFORMAÇÃO 67
 1. As agências de informação escrita 68
  1.1. As agências de informação geral 68
   1.1.1. As agências mundiais 69
   1.1.2. As agências transnacionais 73
   1.1.3. As agências regionais 83
   1.1.4. As agências nacionais 85
  1.2. As agências de informação especializada 90
   1.2.1. As agências ecofin 90
   1.2.2. As agências de informação europeia 93
   1.2.3. As agências de informação religiosa 95
   1.2.4. As agências de «peças» [*features*] e de jogos 97
 2. As agências de fotografias 98
  2.1. As agências de telefotografias ditas por fio [*filaires*] 99
   2.1.1. As agências mundiais 99
   2.1.2. As agências transnacionais 102
   2.1.3. As agências nacionais 103
  2.2. As agências de fotografias propriamente ditas 104
   2.2.1. As agências de fotografias de informação 104
   2.2.2. As agências de fotografias de ilustração 116
 3. As agências áudio(fónicas) 120
  3.1. As trocas áudio 121
  3.2. As agências áudio propriamente ditas 121
 4. As agências de imagens 124
  4.1. As trocas de imagens 124
  4.2. As agências de imagens propriamente ditas 128
   4.2.1. As agências de atualidade imediata [*news*] 128
   4.2.2. As agências de atualidade magazine (não imediata) 132
 5. As agências de infografia 134
  5.1. As agências mundiais 135
  5.2. As agências nacionais 136

Capítulo III
OS ENTRAVES À LIBERDADE DE INFORMAR 139
 1. As agências de informação 139
 2. As direções de comunicação 142
 3. A acreditação 152
 4. Os «fora de gravação» [*off-the-record*] 153
 5. A conivência 155

ÍNDICE

6. Os embargos	158
7. As entrevistas escritas	160
8. Os fornecedores de conteúdos	163
9. Os anunciantes	164
10. Os grupos proprietários dos média	166
11. Os pilares e as redes	170
12. Os abusos do segredo administrativo	172
13. A linha editorial	174

Capítulo IV
MECANISMOS DE DISTORÇÃO DA INFORMAÇÃO ... 177

1. A acontecimentização	177
1.1. O acontecimento	179
1.2. O pseudoacontecimento	180
1.2.1. O pseudoacontecimento dos média	181
1.2.2. O pseudoacontecimento dos poderes	183
1.2.3. O pseudoacontecimento dos excluídos	198
1.3. A descontinuidade da informação	204
2. A surpresa programada	206
3. O efeito de contágio	207
4. A «protagonização»	208
4.1. As personalidades-atores da vida social	209
4.2. As personagens da vida quotidiana	212
5. A lógica do conflito	213
6. A espetacularização	215
7. O editorialismo	218
8. Do pronto-a-pensar ao «bom cliente»	220
9. A procura do estereótipo	222
10. Os conceitos e os dados quantificados	225
11. O jornalismo de terreno	226
12. O enquadramento [*La mise en cadre*]	229
13. As sondagens	230
14. Os inquéritos de rua [*micros-trottoirs*]	234
15. A disjunção cultural	236
16. A síndrome da transparência	237
17. A ritualização e as comemorações	240
18. A superabundância opacificante	241
19. O aligeiramento redutor	243
20. As prendas distorcentes	245
21. O espírito de clã	246

TEORIA DA INFORMAÇÃO JORNALÍSTICA

22. Os géneros para-jornalísticos 249
23. Termos que não são inocentes 251
24. As filmagens e as gravações de sons 254
25. Dos cortes às montagens 255
26. As legendas e as vozes *off* 256

Capítulo V
AS DERIVAS «JORNALÍSTICAS» 259
1. O emprego do condicional e da forma interrogativa 259
2. Os ecos indiscretos, a instrumentalização e a futilidade 260
3. Câmaras, microfones ou objetivas criam ou suscitam o facto 261
4. Do presumível inocente ao presumível culpado 263
5. Os temas securitários 264
6. A chantagem dos grupos armados 265
7. Os arrebatamentos mediáticos 266
8. O jornalismo de denúncia 268
9. Emoção, mais emoção, muita emoção! 270
10. O humor, a farsa e a tomada de poder dos animadores 270
11. Os animadores e a farsa tomam o poder 271
12. Sobretudo desestabilizar o interlocutor... 272

Capítulo VI
«JORNALISMOS» SINGULARES 275

Capítulo VII
O NECESSÁRIO QUESTIONAMENTO 279

BIBLIOGRAFIA 285

Segunda parte
BREVES PRINCÍPIOS DE DEONTOLOGIA 291
1. Textos de instâncias internacionais 295
1.1. Résolution 1003 du Conseil de l'Europe sur l'éthique
du journalisme 295
2. Textos de instituições de regulação 303
2.1. Code d'éthique de la Publicité du Conseil Supérieur de
l'Audiovisuel (da Comunidade Valónia-Bruxelas) 303
3. Textos de organizações profissionais 309
3.1. Déclaration des devoirs et des droits des journalistes 309
3.2. Déclaration de principe de la FIJ 311

14

3.3. Code de principes de journalisme en Belgique	313
3.4. Recommandations pour l'information relative aux allochtones	315
3.5. Code de déontologie de la presse luxembourgeoise	317
3.6. Charte des devoirs professionnels des journalistes français	318
3.7. Charte européenne pour la liberté de la presse	319
3.8. "Code Frappat"	321
4. Textos dos próprios média	325
4.1. Règlement d'ordre intérieur relatif au traitement de l'information et à la déontologie du personnel de la RTBF	325
4.2. Code de déontologie interne de la Rédaction de RTL-TVI	336
4.3. Charte du Nouvel Observateur	349
Breve bibliografia sobre deontologia	353

Terceira parte
BIBLIOGRAFIA SOBRE TÉCNICAS E GÉNEROS JORNALÍSTICOS   357

PREFÁCIO

Desde a alvorada da humanidade que mulheres e homens se interrogam provavelmente sobre a fiabilidade da informação que outros lhes transmitem. Pouco importa se esta informação lhes era comunicada pelo olhar, o gesto, o sinal, o desenho, a imagem ou, melhor ainda, pela palavra. Ou mais tarde na história da humanidade por sinais de fumo, tantãs, pombos-correios, mensageiros ou, o que constituía um melhoramento considerável, pela escrita.

Este questionamento sobre a fiabilidade da informação tomou mais amplitude a partir do momento em que a prensa tipográfica, por volta de meados do século XV, permitiu ao «escrito artificial» — como Gutenberg lhe chamava durante a sua gestação — atingir uma difusão com a qual os copistas, seus predecessores, não tinham muito simplesmente sonhado. E dado que os novos impressos («ocasionais», «canards»[1] ou «libelos») atingiam públicos muito mais vastos e contrastados do que antes, as interrogações sobre o conteúdo da «imprensa» multiplicaram-se.

---

[1] «Canard» é um termo francês utilizado em diversas outras línguas quando elas tratam de história da imprensa. Literalmente, o termo designa a ave palmípede, de bico largo e amarelo: o pato. Na história da imprensa, designa, porém (por volta de 1750), a «falsa notícia lançada na imprensa para abusar do público» e, por extensão (a partir de 1848), um «jornal de pouco valor», diz o dicionário de língua francesa *Le Robert*.

Por volta de 1830-60, com o nascimento da «imprensa a baixo preço», primeiro, e da «imprensa popular», em seguida, as críticas sobre a natureza da informação e sobre as práticas dos «publicistas» tornaram-se mais correntes. E elas ganharam intensidade à medida que novos média vieram juntar-se à imprensa como meios de difusão da informação. Foi verdade com a rádio (nos anos 1930-50) e ainda mais verdade com a televisão (em 1950-70). E a crítica da informação passou a ser omnipresente com a chegada da internet (por volta da segunda metade dos anos 1990 e o início dos anos 2000), cuja rapidez de expansão não teve comparação alguma com as dos «média tradicionais».

Nos nossos dias, cada vez mais intelectuais e simples cidadãos se interrogam a propósito da informação que lhes é proposta pelos média. Sobre a sua conceção, os critérios de seleção dos factos de atualidade e o tratamento a que os submetem. Sobre o papel das agências de informação e os entraves à liberdade de informar evocados aqui e além. Sobre os mecanismos de distorção da informação e as derivas «jornalísticas» que parecem ter-se tornado cada vez mais frequentes...

Este livro, este manual, procura responder a muitas questões que se põem simples consumidores de informação, mas também profissionais do jornalismo que se interrogam sobre o ofício e o seu futuro. E isto no momento mesmo em que os conteúdos de informação circulam na internet, sob a forma de edições digitais de média, de sítios jornalísticos, de blogues ou de sítios de «jornalismo cidadão», como lhes chamam demasiado à ligeira.

Procuraremos assim analisar o funcionamento do que se poderia chamar *o sistema da informação*, os seus *aspetos teóricos* e os seus *mecanismos práticos*. E isto em duas perspetivas ao mesmo tempo: a de uma iniciação à *crítica da informação* que nos é proposta pelos média; e a de uma iniciação à *prática da informação* e mais precisamente do jornalismo.

As páginas que se seguem resultam antes de mais de um ensino dispensado durante trinta anos no Departamento de Ciências da

PREFÁCIO

Informação e da Comunicação da Université Libre de Bruxelles[2], universidade pública autónoma. Numerosos estudantes contribuíram assim para a reflexão do autor sobre esta matéria, pelos seus reparos, interrogações e críticas: que encontrem aqui a expressão da minha gratidão. Obrigado também à Anabela por ter relido corajosamente o original deste livro, bem longe da sua especialidade, assinalando-me falhas de dactilografia, erros de concordância e palavras que ficaram no teclado do computador, mais os inevitáveis francesismos aportuguesados um bocado à ligeira.

O livro agora publicado é de facto a tradução feita pelo próprio autor do manual em língua francesa que teve 21 edições sucessivamente revistas e aumentadas, datando a última de dezembro de 2010. Certos aspetos ligados à atualidade e aos média francófonos foram mantidos. Poderiam ter sido suprimidos e ter-se procedido então a uma adaptação às especificidades portuguesas. Mas quantas traduções são publicadas em Portugal sem essas adaptações? E será sem interesse que o leitor português possa ser confrontado com outras realidades além das fronteiras nacionais? Foram estas em todo o caso as opções feitas pela autor, acrescentadas que foram as desejáveis notas em rodapé, de natureza a permitir uma perfeita compreensão do texto.

Fundão e Coimbra, agosto de 2017.

---

[2] A Université Libre de Bruxelles fundada em 1834 era na origem uma instituição puramente francófona. Certas matérias passaram porém a ser dadas em neerlandês em fins do século XIX. Nos anos 1960, a universidade passou de facto a ser bilingue, qualquer estudante podendo seguir o seu curso em francês ou em neerlandês. Porém, em 1969, a universidade foi oficialmente cindida no plano linguístico, dando lugar à Université Libre de Bruxelles francófona e à Vrije Universiteit Brussel neerlandófona, juridicamente independentes, apesar de terem exatamente o mesmo nome quando traduzido noutras línguas...

Nota final

Para quem foi estudante, investigador, assistente e professor durante mais de 45 anos num país francófono, traduzir um dos seus próprios livros de francês em português constituiu uma terrível prova, as ideias não se formulando manifestamente da mesma maneira numa língua e noutra. Dificuldade a que veio acrescentar-se a da procura de uma terminologia técnica especializada. Quando a terminologia em português não corresponde exatamente àquela em francês, optou-se por utilizar o termo em português seguido entre parênteses retos do termo em francês.

Primeira parte:
A conceção da informação

Percorramos os jornais impressos, oiçamos os jornais falados, vejamos os jornais televisivos e consultemos a informação jornalística de um mesmo dia na internet. Que constatamos? Um certo número de assuntos é tratado pela maior parte dos jornais. Outros são tratados apenas por certos jornais. E outros ainda só o são por um único jornal.

Muitas vezes, encontramos nos jornais as mesmas imagens, os mesmos nomes, as mesmas palavras, os mesmo qualificativos, as mesmas análises. Outros, com toda a evidência, encontraram menos eco no seio das redações. Enquanto tal ou tal jornal se distingue pelas particularidades do seu tratamento de tal assunto.

Ficamos com o sentimento de que há um monte de coisas comuns a todos os jornais. E, no entanto, cada jornal constitui um caso particular, com uma perceção da atualidade e uma sensibilidade aos factos do dia que lhe é própria. Com os seus critérios específicos para hierarquizar a atualidade, para privilegiar um assunto, para o abordar, para o tratar.

No fundo, o que é que leva um média a falar de um assunto em vez de outro[3]? Quais são os critérios de escolha dos factos que merecem a atenção dos média? O que é preciso para que um facto da vida quotidiana se torne informação?

---

[3] Parafraseando o célebre cabeçalho do *New York Times* («All the news that's fit to print»), quais são as notícias que merecem ser impressas?

No fim de contas, o que é uma informação? É um *facto de atualidade* suscetível de interessar um número de pessoas mais ou menos importante e de ter incidências sobre a sua vida quotidiana, razões pelas quais os jornalistas estimam dever levá-lo ao conhecimento do público dos seus média.

De maneira mais explícita, uma informação (uma «notícia»[4]) é o que é novo, o que constitui uma novidade (isto é: imprevisível, diferente) e de natureza a modificar o meio ambiente do leitor, ouvinte, espectador ou internauta, capaz também de pesar no presente ou no futuro deste, ou no dos seus próximos. Dito de outra maneira: trata-se de um elemento de conhecimento, proveniente de aqui perto ou de mais longe, que permite ao leitor, ouvinte, espectador ou internauta melhor gerir a sua vida quotidiana, de ser plenamente cidadão, assumindo as suas responsabilidades sociais, de fazer as suas escolhas de consumidor em conhecimento de causa.

É selecionando-o, singularizando-o, considerando poder estabelecer uma relação preferencial com o público dos seus média, que os jornalistas fazem que um facto se torne notícia, seja informação. E como escreve Yves Agnès, «o coração do jornalismo é pôr à disposição do leitor (primeiro cidadão, mas cada vez mais consumidor, profissional, pai ou mãe de família, etc.) informações fiáveis que lhe sejam úteis»[5]. Mas, em boa verdade, nos nossos dias, o jornalismo vai mais longe e assume diversas funções:

- o *relato* imparcial dos factos de atualidade (em todo o caso, dos factos significantes), do que acontece dia após dia (e não dos rumores), assim como das declarações feitas a propósito deles por personalidades com responsabilidades sociais;

---

[4] O termo «nouvelle» (a *nouvelle*, uma *nouvelle*) perdeu terreno na língua francesa em proveito de «information», de «info» (a *info*[rmation], uma *info*[rmation]), enquanto conservou toda a sua acuidade nas outras línguas românicas: «noticia» em castelhano, «notizia» em italiano, «notícia» em português.

[5] Y. Agnès, *Manuel de journalisme*, Paris, La Découverte, 2002, p. 11 (col. Guides Repères).

A CONCEÇÃO DA INFORMAÇÃO

- a *análise* dos factos e das declarações, a sua perspetivação, a explicação da razão por que ocorreram, por que aconteceram, assim como a exposição das consequências possíveis, das ilações prováveis de tais factos ou declarações;
- o *comentário* eventual a propósito destes factos de atualidade e destas declarações, o que se poderá pensar de uns e de outros, levando a uma tomada de posição perante estes factos ou estas declarações.

O *relato* e a *análise* devem respeitar rigorosamente os dados factuais que se referem ao sujeito evocado, tomando em consideração os princípios elementares da deontologia jornalística. Porém, um média é livre de emitir o *comentário* que estima dever propor aos seus leitores, ouvintes, espectadores ou internautas, em função mesmo das suas opções filosóficas, políticas e societais. Porque «as análises e comentários dão ao leitor os meios de apreciar o alcance de um acontecimento, de uma situação»[6].

Levar ao conhecimento do público tal ou tal outra decisão do governo (ou de qualquer outra instituição pública ou privada, e até mesmo de um particular) é característica do *relato*, da informação. Explicar por que razão o governo toma esta decisão agora (na véspera de eleições ou no dia seguinte ao das eleições, por exemplo) é próprio da *análise*, da interpretação. Pronunciar-se a propósito de tal decisão (afirmando que é injusta, que o parlamento ou os cidadãos deveriam opor-se-lhe, ou, ao contrário, que é particularmente pertinente e deveria ser apoiada) é marca do *comentário*, da expressão de uma opinião[7] (permitindo embora ao leitor, ouvinte, espectador ou internauta confrontar o seu próprio julgamento com o do autor do comentário).

Resta saber como se concebe a informação. Como se selecionam os factos que vão entrar no campo da informação? A que processos técnicos

---

[6] Y. Agnès, *Manuel de journalisme*, p. 11.
[7] J. Kayser, *Mort d'une liberté*, Paris, Plon, 1955, p. 187.

TEORIA DA INFORMAÇÃO JORNALÍSTICA

ou formas de tratamento se vão submeter estes factos? Como se fabrica a informação? Com que entraves é confrontada a liberdade de informar? Que mecanismos são suscetíveis de provocar uma distorção da informação? Em que derivas incorrem certas práticas jornalísticas?

Nas páginas que se seguem, tentaremos, na medida do possível, expor, num primeiro tempo, os *princípios teóricos* da questão, analisar, num segundo tempo, as repercussões destes princípios teóricos sobre as *práticas profissionais*, ver, num terceiro tempo, que *críticas* podem suscitar tais práticas profissionais.

CAPÍTULO I
Os critérios de seleção da informação

Na maior parte das vezes, as redações do mundo inteiro são diariamente submersas por informações vindas um pouco de toda a parte. As *agências de informação* despejam em permanência despachos provenientes dos quatro cantos do planeta. O *correio postal e eletrónico* traz a sua ração quotidiana de comunicados e documentos diversos originários de toda a espécie de instituições, de empresas ou de particulares. Os *telefones* ficam em brasa com as chamadas de interlocutores que têm uma quantidade de coisas para contar. Os *correspondentes* e outros *enviados especiais* fazem chegar montes de informações originais (da freguesia ao lado ou de um país no fim do mundo). Os *jornalistas* trazem numerosas exclusividades no regresso das suas rondas habituais (postos de polícia, serviços de urgência dos hospitais, tribunais, administrações autárquicas, ministérios, instituições internacionais, associações, clubes desportivos, etc.). Os *recetores de rádio e de televisão* funcionam em permanência nas salas de redação, propondo um fluxo constante de notícias. Os *jornais* concorrentes são escrutados à lupa, de maneira a recuperar eventuais exclusividades. E navega-se regularmente na *internet*, porque nunca se sabe o que se poderá encontrar na imensidade prolífica da teia...

Esta vaga de informações é muitas vezes inesgotável. Mas, para os média, toda e qualquer informação não tem o mesmo valor de outra. Cada

TEORIA DA INFORMAÇÃO JORNALÍSTICA

informação é, por assim dizer, «cotada» em função de diversos critérios estabelecidos de maneira mais ou menos empírica pelas redações (e mais geralmente pelas direções ou chefias de redação) dos jornais. Critérios que, aliás, não são forçosamente independentes e que tanto podem sobrepor--se como entrelaçar-se ou opor-se. Critérios que são, além disso, fruto da longa história da informação nos nossos países[8], das condições culturais, sociais e políticas nas quais o jornalismo foi exercido, assim como do «espírito do tempo» de uma época.

1. O critério temporal

Aquando da elaboração de um jornal, a prioridade é dada à atualidade (a *actu*, dizem os francófonos). Uma espécie de cronologia impõe-se desde logo: o presente é prioritário em relação ao passado, mas deve dissipar-se perante o futuro. As pessoas sentem-se antes de mais abrangidas pela atualidade imediata, recente, pelo que acabou de acontecer, pelo que é novo. E procuram saber quais serão as consequências previsíveis desta atualidade, de maneira a poderem definir a sua atitude em função das consequências previsíveis. O que não dispensa os média de lembrar aos leitores, ouvintes, espectadores ou internautas a situação que precedeu os factos de atualidade, de modo que se torne mais fácil a sua compreensão.

É este critério temporal que leva os média a tentarem dar *a informação mais fresca* possível aos seus públicos. Daqui, horas de fecho cada vez mais tardias para os jornais impressos (nomeadamente em dias de escrutínios eleitorais ou de competições desportivas importantes) e de eventuais «edições especiais» destes (por ocasião de acontecimentos excecionais, como aquando do falecimento do rei Baudouin ou, no caso do diário económico bruxelês *L'Écho*, aquando da entrada dos Estados

[8] V. a este propósito J.-M. Nobre-Correia, *Histoire des Médias en Europe*, 12.ª edição, Bruxelas, PUB, 2010, 400 pp.

OS CRITÉRIOS DE SELEÇÃO DA INFORMAÇÃO

do Benelux no capital do banco Fortis[9], por exemplo). Daí também a multiplicação dos radiojornais e telejornais, assim como dos «flashes especiais» (sobretudo por ocasião de acontecimentos que estão ainda a desenrolar-se ou dos quais se ignora ainda as diferentes repercussões). Daí ainda as rádios e televisões de «informação contínua» que apareceram a partir dos anos de 1980.

Até aos anos de 1940-50, os diários tinham tendência a multiplicar as edições ao longo do dia, de maneira a melhor «colar à atualidade» e poderem assim evocar as últimas reviravoltas. Todavia, perante a concorrência da rádio e da televisão, primeiro, e da internet, mais recentemente, renunciaram geralmente a isso (salvo aquando de acontecimentos importantes e absolutamente excecionais), mais não seja porque um jornal em papel supõe sempre dactilografia (composição), uma paginação [*mise en page*], uma impressão e uma distribuição, antes de ser posto à venda, o que provoca inevitavelmente atrasos em relação aos outros média. «Média de massa por excelência, a televisão e a rádio são evidentemente os mais sensíveis a esta pressão. Média instantâneos, são também os mais expostos ao vírus do "tempo". A imprensa escrita não está imunizada, mas a lentidão do seu processo de fabricação serve-lhe de autodefesa. Quando ocorre uma informação aleatória, suspeita, incompleta, evolutiva, a sua deficiência transforma-se em vantagem»[10].

Atualmente, certas rádios e televisões, e nomeadamente as posicionadas na informação, têm tendência a cobrir a atualidade «em tempo real» (quer dizer: no momento mesmo em que o[s] acontecimento[s] se está[ão] a desenrolar). O que não deixa de levantar grandes problemas, bem ilustrados pela falsa descoberta das valas comuns de cadáveres de

---

[9] O diário económico e financeiro que habitualmente não é publicado nas segundas-feiras, publicou uma «edição especial» na segunda-feira 29 de setembro de 2008, com um título atravessando toda a primeira página: «Fortis nationalisée» [Fortis nacionalizada]...

[10] A. du Roy, *Le Serment de Théophraste*, Paris, Flammarion, 1992, pp. 191-192.

TEORIA DA INFORMAÇÃO JORNALÍSTICA

Timisoara (em dezembro de 1989, na Roménia[11]) e pelas duas «guerras do Golfo»[12], que deram lugar a manipulações que afetaram profundamente a credibilidade dos média. Ou quando a televisão *France 2* anuncia em abertura do telejornal das 20h00 de 3 de fevereiro de 2004 que o antigo ministro Alain Juppé se retirava da vida política, quando o mesmo Juppé convidado de *TF 1* no mesmo momento não dizia nada parecido. Ou ainda a rádio *Europe 1* revelando em 21 de abril de 2008 o falecimento do animador de televisão Pascal Sevran alguns dias antes que isso aconteça[13]. Querendo ser mais rápidos do que os seus concorrentes, os média correm o risco de ultrapassar a própria atualidade e ver em seguida esta atualidade contradizer o relato que propuseram aos seus públicos.

«O suposto massacre romeno [de Timisoara, em finais de 1989] era — e isto não é um jogo de palavras macabro, mas a palavra exata — uma informação morta; o drama era um dado adquirido, consumido, terminado; salvo o horror que inspirava, a sua publicação não modificava em nada a nossa vida, o nosso comportamento, os nossos projetos, a nossa sorte, a da nossa empresa ou a da nossa conta no banco... Não o esperávamos. Não havia pois objetivamente nenhuma necessidade, nenhuma justificação para a precipitação. Mesmo se tivesse sido exata, ninguém teria acusado os média de difundirem esta informação vinte e quatro horas mais tarde. A ausência de precaução dependia inteiramente da escalada. Ela traduziu a perversão do sistema mediático»[14].

[11] Reporters sans frontières, *Les Journalistes sont-ils crédibles?*, Montpellier, Les Éditions de RSF, 1991, 170 pp. (col. Presse et liberté); Y. Agnès, *Le Grand bazar de l'info*, Paris, Michalon, 2005, p. 42.

[12] Reporters sans frontières, *La Presse en état de guerre*, Montpellier, Les Éditions de RSF, 1991, 226 pp. (col. Presse et liberté); Y. Agnès, *Le Grand bazar de l'info*, p. 43; Reporters sans frontières, *Les Mensonges du Golfe*, Montpellier, Arléa e Les Éditions de RSF, 1992, 172 pp.

[13] *Le Monde*, Paris, 24 de abril de 2008, p. 15.

[14] A. du Roy, *Le Serment de Théophraste*, pp. 190-191.

OS CRITÉRIOS DE SELEÇÃO DA INFORMAÇÃO

Com efeito, trabalhar em «tempo real» não permite aos jornalistas ter o recuo necessário para a *verificação* dos factos e a *confrontação* das fontes, nem tomar o tempo indispensável para *pôr em perspetiva* os factos e *lhes dar sentido*. Quer dizer: contextualizar, historicizar e interpretar os factos. Como escreve Edwy Plenel, antigo diretor da redação do diário *Le Monde* e fundador do diário digital *Mediapart*, «um facto, sobretudo um facto inesperado, pede o paciente trabalho de memória e de arquivo para ser apreciado à sua justa medida»[15].

A perceção deste critério temporal variou através dos tempos, em função dos desempenhos da técnica. Assim, o primeiro número (não datado) da *Gazette* de Théophraste Renaudot, surgido provavelmente em 30 de maio de 1631, publicava informações com proveniência de Constantinopla (datando de 2 de abril), «de Roma (26 de abril), da Alta-Alemanha (30 de abril), da Silésia (1 de maio), de Veneza (2 de maio), de Viena (3 de maio), de Estetino (4 de maio), de Praga (5 de maio), de Francoforte do Meno (14 de maio), de Amesterdão (17 de maio), de Antuérpia (24 de maio)»[16].

Da mesma maneira, no século seguinte, em 1 de novembro de 1755, Lisboa «desmoronava-se sob o efeito de um poderoso terremoto, cuja intensidade parece ter atingido o grau 8 ou 10 (o mais elevado) da escala de Mercalli. O terremoto foi seguido de um maremoto e, durante seis dias consecutivos, um violento incêndio consumiu o que restava no meio dos escombros»[17]. As primeiras notícias da catástrofe chegaram a Madrid uma semana depois. A *Gazette de France* anunciou-a em 22 de novembro e o *London Magazine* em 26, a notícia chegando neste mesmo dia a Amesterdão[18]!...

---

[15] *Le Monde 2*, Paris, 25 de setembro de 2004, p. 5.

[16] L. Trenard, «La Presse française des origines à 1788», *in* Cl. Bellanger et al. (dir.), *Histoire générale de la presse française*, vol. 1, Paris, PUF, 1969, p. 87.

[17] A. C. Bartolomeu de Araújo, «L'Europe tremble à Lisbonne», *in* A. Compagnon e J. Seebacher (dir.), *L'Esprit de l'Europe: 1 - Dates et lieux*, Paris, Flammarion, 1993, p. 125.

[18] A. C. Bartolomeu de Araújo, «L'Europe tremble à Lisbonne», pp. 126-127.

TEORIA DA INFORMAÇÃO JORNALÍSTICA

Nos nossos dias, o «tempo real» põe em questão mesmo o jornalismo no que tem de essencial: a procura dos factos, a sua triagem, a sua hierarquização e a sua descodificação. Pôr em evidência o risco incorrido pelo enfraquecimento da função social do jornalismo não resulta, todavia, de uma qualquer preocupação corporativista, egocêntrica, de defesa da profissão. Mas o risco é real de ver doravante crescer a confusão entre a profissão de *informar* e a de *comunicar*, entre os interesses dos cidadãos consumidores de informação e os dos meios produtores de informações, cujos interesses são muitas vezes opostos. Da mesma maneira, desde a chegada da internet, passou a ser cada vez maior o risco de fazer a amálgama entre a profissão de *jornalista* e a de *portador de rumores*, com origens incertas e cuja veracidade é muitas vezes inverificável. Como escrevem Philippe Cohen e Élisabeth Lévy, «no momento em que as inovações tecnológicas criavam a ilusão de poder suprimir o espaço e o tempo, os jornalistas submeteram-se à implacável lei do tempo real sem ter consciência de que arriscavam perder nisso o sentido mesmo de uma profissão cuja primeira exigência é o distanciamento, indispensável a toda a reflexão». E os dois autores acrescentam: «Na idade da internet e da informação contínua, apenas conta o fluxo ininterrompido, pouco importa o que veicula»[19].

Em maio de 2005, o *New York Times*, depois de uma série de artigos «falseados», decidiu assim que as perdas de exclusividade a curto prazo seriam «compensadas a longo prazo por ganhos em credibilidade junto dos leitores»[20]. O que um antigo diretor do *Corriere della Sera*, Giovanni Spadolini, tinha bem compreendido uma trintena de anos antes quando dizia aos seus jornalistas: «Metam bem na cabeça, prefiro publicar uma informação velha amanhã a uma falsa hoje»[21]. Dito de outra maneira: vale

[19] Ph. Cohen e É. Lévy, *Notre métier a mal tourné*, Paris, Mille et une nuits, 2008, pp. 122-123.
[20] *Le Monde*, Paris, 11 de maio de 2005, p. 31.
[21] Giovanni Spadolini foi diretor do *Corriere della Sera* em 1968-72: citado por A. Papuzzi, *Professione giornalista*, Donzelli, Roma, 2003, p. 73.

OS CRITÉRIOS DE SELEÇÃO DA INFORMAÇÃO

mais remeter para mais tarde a publicação de uma informação, para ter o tempo necessário para proceder às verificações indispensáveis. Porque o rigor precisa de tempo.

Esta preocupação dos média em dar a informação o mais fresca possível é explorada pelas direções de comunicação (de que falaremos mais à frente): «os especialistas em comunicação sabem que aumentam as suas probabilidades de difundir meias-verdades comunicando-as uma hora antes do fecho? O jornalista a quem cabe recolher uma cacha fica então encalhado entre a impossibilidade material de a verificar e o desejo de suplantar a concorrência»[22]. E o mesmo autor faz notar que «pôr o jornalista em posição de falhar ou de tratar sucintamente uma informação é uma técnica de manipulação hoje banal»[23]. A porta fica assim largamente aberta a todas as instrumentalizações. E a maneira como, em Portugal, líderes políticos, sociais e outros (mas sobretudo eles) se põem a fazer declarações precisamente às horas dos grandes telejornais (sobretudo deles), a acrescentar a uma inacreditável obsessão pelo «direto» por parte dos média audiovisuais, é um belo exemplo da incapacidade real em que se encontram os jornalistas de exercer os procedimentos essenciais da profissão, limitando-se a veicular mensagens que, num primeiro tempo, escapam a qualquer controlo jornalístico.

2. O critério geográfico

Como indivíduos vivendo em sociedade, interessamo-nos antes de mais pelo que se passa no nosso meio imediato: a minha rua, o meu bairro, a minha terra, a minha região, o meu país, o meu continente... Quer dizer: pela «informação de proximidade» (termo que outros, todavia, aviltaram nestes últimos tempos, fazendo-o significar informação fútil, até mesmo ligeira). O interesse de um acontecimento é assim inversamente proporcional

[22] Y. Mamou, «*C'est la faute aux médias!*», Paris, Payot, 1991, p. 161.
[23] Y. Mamou, «*C'est la faute aux médias!*», p. 178.

à distância que separa o sítio onde se desenrolou o acontecimento e aquele onde se encontra a sede do média ou, mais exatamente, a área de difusão prioritária deste média. Desde logo, a baixa de interesse de um acontecimento devido à distância só pode ser superada pela importância, a originalidade ou a brutalidade do acontecimento: um assassinato perpetrado no meu bairro tem aos meus olhos mais importância do que se for cometido em Nova Deli e disser respeito a um anónimo, mas o seu alcance será considerável se a vítima deste assassinato for o primeiro-ministro da Índia, por exemplo. Além disso, na cabeça do leitor, ouvinte, espectador ou internauta, a distância pode também ser superada pelas suas próprias origens geográficas ou pelo facto de os seus familiares ou amigos morarem na localidade concernida pela atualidade.

Este interesse pelo meio imediato explica (ou explicou durante muito tempo) o sucesso dos diários regionais e locais (geralmente em detrimento da imprensa nacional). Muitas vezes, os diários multiplicam o número de edições específicas de cada uma das diversas regiões, subregiões ou localidades da sua área de implantação, de maneira que os leitores possam encontrar na edição que lhes é proposta as informações que lhes dizem respeito mais de perto: *Bild*, em Berlim, a maior tiragem da imprensa diária europeia, publica trinta e duas edições regionais diárias na Alemanha; *Ouest-France*, em Rennes, a maior tiragem de toda a imprensa diária francesa, publica cinquenta e três edições regionais diárias para a Bretanha, o País do Loire e a Baixa Normandia.

Lendo o seu diário, os leitores mostram um interesse particular pelas notícias da sua terra, da sua região, nomeadamente porque conhecem mais ou menos bem as pessoas e os sítios de que nele se fala. Notícias que, muitas vezes, estão bastante ausentes dos radiojornais ou telejornais, que têm tendência a privilegiar a atualidade nacional ou internacional. E mesmo quando tal rádio ou tal televisão dá a prioridade à «informação de proximidade», nunca pode propor tantas informações locais ou regionais ao seu público. Nunca os média audiovisuais estão em condições de propor uma

OS CRITÉRIOS DE SELEÇÃO DA INFORMAÇÃO

informação de proximidade tão «capilar», tão abundante e diversificada, como os diários impressos ou digitais.

O fator geográfico não deixa, porém, de ter consequências na evolução da rádio e da televisão, nas quais (desde o pós-Segunda Guerra Mundial e sobretudo desde os anos de 1970) se assistiu também a um fenómeno de descentralização das antigas instituições destes sectores, que multiplicaram o número dos desdobramentos locais ou regionais. Assim, os «gabinetes locais de informação» [BLI: «bureaux locaux d'information»] da belga francófona RTBF em Arlon, Bruxelas, Charleroi, Liège, Mons, Namur e Verviers; as «radios locales» de Radio-France ou as estações regionais de *France 3*; as «local radio stations» da BBC ou as estações regionais de *ITV Channel 3*, na Grã-Bretanha, para citar apenas estes três exemplos.

Os encargos acarretados pela distância na recolha e na transmissão da informação reforçam a importância do fator geográfico: é mais económico para um média manter uma rede de correspondentes próximos do que sustentar enviados especiais e correspondentes nos quatros cantos do mundo.

Porém, esta *démarche* que consiste em privilegiar a «informação de proximidade» não deixa de desencadear um risco: o de ignorarmos o que se passa além do nosso cantinho (do nosso *pré carré*, como dizem os francófonos), como se neste cantinho vivêssemos cortados do resto do mundo, em autarcia, alheios às transformações que conhece o resto do planeta, incapazes de compreender os desafios que se perfilam no horizonte. Desafios que, porém, terão incidências inevitáveis no cantinho [*pré carré*] do leitor, ouvinte, espectador ou internauta empanturrado por uma «informação de proximidade» desprovida muitas vezes de pertinência e de incidências sociais.

Todavia, na era da «aldeia planetária», cada vez mais média tendem a pôr o acento numa informação de proximidade, provocando por isso uma ignorância cada dia mais evidente dos seus públicos em relação à atualidade noutras partes do mundo, por vezes mesmo da atualidade dos países vizinhos, favorecendo deste modo a incompreensão entre pessoas que, no entanto, se encontram próximas.

Notemos que a «informação de proximidade» constitui muitas vezes um facto de descrédito dos média: o facto de os leitores, ouvintes, espectadores ou internautas conhecerem a pessoa a que diz respeito a informação permite-lhes verificar, por exemplo, que o nome, a idade, o estado civil ou a profissão não é correto. E também é o caso no que se refere aos locais evocados na dita informação, cuja situação geográfica ou topónimo não é exato. O que quer dizer que, mais do que qualquer outra — e contrariamente ao que se crê em geral —, a informação de proximidade é particularmente exigente em termos de rigor factual.

Por outro lado, esta «informação de proximidade» põe igualmente um problema que nem sempre é fácil de superar: o das relações pessoais (familiares, amicais ou de simples vizinhança) que o correspondente local do média pode manter com as pessoas envolvidas na informação — como evitar as omissões, as perfídias ou os relatos lisonjeiros? Uma dificuldade que toma uma amplidão muito particular quando se trata de cobrir a atualidade de uma localidade ou região onde toda a gente se conhece e que mais ou menos se frequenta.

3. O critério psicoafetivo

O leitor, o ouvinte, o espectador ou o internauta é antes de mais sensível a tudo o que diz respeito ao ser humano, interessando-se desde logo pelas informações que são de natureza a ter repercussões psicoafetivas na *sua própria vida* no dia a dia ou na *dos seus próximos*. Quer dizer:

> > informações suscetíveis de lhe dizerem respeito direta e imediatamente: preços, salários, greves... É por isso que os média atribuem tanta importância à meteorologia, multiplicando os boletins a este propósito (Como é preciso que me vista? É preciso que leve um guarda-chuva ou que me proteja do sol?...). E isso explica o

OS CRITÉRIOS DE SELEÇÃO DA INFORMAÇÃO

desenvolvimento relativamente recente das televisões e sobretudo dos sítios especializados na meteorologia;
> informações suscetíveis de afetar a sua segurança: roubos à mão armada, raptos, epidemias (gripe, sida, SRA[24],...), atentados terroristas, explosões nucleares, guerras (Não será melhor que eu não frequente tal bairro ou tal país? Não deverei fazer-me vacinar ou anular a minha deslocação?...)...;
> informações que não possa ignorar, se quiser continuar a fazer parte de um certo grupo social, manter um certo estatuto social, guardar uma certa imagem de marca. Daí a importância de se estar ao corrente do Concours Reine Elisabeth, dos prémios literários (Goncourt, Renaudot,...) ou do Festival de Cannes, se se pretende pessoa culta; da Volta a França, de Roland Garros ou do Rali Dakar, se se pretende desportiva (Que ar terei eu se os meus colegas ou amigos se dão conta de que não estou ao corrente dos últimos desenvolvimentos da atualidade no meio ao qual pretendo pertencer?,...),...

Por outro lado, o público de um jornal interessa-se igualmente muito pela notícias
> que dizem respeito às pessoas que conhece: os seus amigos, os seus colegas, os seus vizinhos,... Daí a importância de rubricas tais como a crónica mundana (anúncios de nascimentos, de casamentos, de bodas de ouro, de mudanças de endereço) ou a necrologia. Isto explica o interesse das pessoas pelo *carnet mondain* de *La Libre Belgique* ou de *Le Figaro*, assim como pela necrologia de *Le Soir* ou de *La Libre Belgique*.

«Na imprensa diária regional, os anúncios necrológicos beneficiam tradicionalmente dos melhores resultados de leitura em todas as categorias

---

[24] SRA: Síndroma Respiratória Aguda.

confundidas, mesmo que se trate de publicidade»[25]. Há mais de quarenta anos, em 1972, os jornalistas do diário *Sud-Ouest*, em Bordéus, puseram-se em greve: «a consequência mais espetacular da greve é a baixa de afluência... nos enterros. Não tendo sido alertados a tempo pelos anúncios publicitários, que mesmo as famílias mais modestas não deixam de fazer inserir, a vaga das relações, dos clientes, dos fornecedores, dos colegas, já não vem atrás dos íntimos na fila dos carros fúnebres nos quais os mortos partem, quase sozinhos, para a igreja ou para o cemitério. De todos os inconvenientes provocados pela falta do diário, aquele é o mais constantemente deplorado e é objeto das recriminações mais vivas»[26]. Verificação sobretudo válida em países onde os funerais se realizam vários dias depois daquele em que o falecimento aconteceu e onde a imprensa diária regional ou local é bastante desenvolvida.

4. O critério cultural

As noções de «cultura» e de «civilização» suscitam há muito controvérsias entre especialistas, tanto no que diz respeito à definição destes termos como à extensão semântica deles, ou mesmo, mais simplesmente, a questão de saber qual dos dois termos é mais adequado para definir um mesmo campo de análise e se, em suma, não são intercambiáveis... Em *L'Identité de la France*, Fernand Braudel escreve que a civilização é a «maneira de nascer, de viver, de amar, de se casar, de se vestir, de construir as suas casas e de reagrupar os seus campos, de se comportar uns com os outros».

Para Gérard Chaliand e Jean-Pierre Rageau, num livro publicado há uma trintena de anos, o mundo está (estava) partilhado em sete «grandes áreas culturais»[27]: europeia (que compreende a Europa ocidental, o Canadá, os Estados Unidos, a Austrália e a Nova Zelândia, mais uma posição minoritária na África do Sul), latino-americana, russo-soviética,

[25] *Libération*, Paris, 4-5 de novembro de 1995, p. 34.
[26] M. Legris, «Le Sud-Ouest sans "Sud-Ouest"», *in Le Monde*, Paris, 29 de fevereiro de 1972, retomado *in* Y. Lavoinne, *La Presse*, Paris, Larousse, 1976, pp. 89-93.
[27] G. Chaliand e J.-P. Rageau, *Atlas stratégique*, Paris, Fayard, 1983, 224 pp.

OS CRITÉRIOS DE SELEÇÃO DA INFORMAÇÃO

islamizada, negro-africana, sinizada e hinduizada. Por seu lado, Samuel P. Huntington, no decénio seguinte, delimita nove «civilizações»[28]: ocidental (que compreende, ela também, a Europa ocidental, o Canadá, os Estados Unidos, a Austrália e a Nova Zelândia), latino-americana, ortodoxa, islâmica, africana, chinesa, budista, japonesa e hinduísta. Definições que, no fim de contas, se sobrepõem, com a diferença de que Huntington acrescenta as civilizações budista e japonesa lá onde Chaliand e Rageau as inserem na área cultural sinizada.

Seja como for, em termos de informação, interessamo-nos antes de mais pelo que se passa no interior do nosso próprio mundo cultural, mais não seja porque os acontecimentos que nele ocorrem nos aparecem como mais facilmente inteligíveis.

Aqui há já longos anos, o antigo diretor da informação da RTBF (a radiotelevisão pública francófona belga) Pierre De Vos recordava que o seu instituto dava mais lugar aos acontecimentos de França, do Quebeque e do mundo francófono em geral do que a VRT (a radiotelevisão pública neerlandófona belga), que se interessava mais pela atualidade neerlandesa, alemã e anglo-saxónica[29].

É o fator civilização que explica — em parte, em todo o caso — o grande interesse dos média europeus pela Revolução dos Cravos de 1974-75 em Portugal. E, ao contrário, o pouco interesse destes mesmos média pela Revolução dos Aiatolas de 1979 no Irão, salvo durante a questão dos «reféns estado-unidenses»[30].

---

[28] S. P. Huntington, *Le Choc des civilisations*, Paris, Odile Jacob, 2000.
[29] P. De Vos, «L'information à la RTBF: avantages et inconvénients du pluralisme», *in Revue de l'UER*, Genève, julho de 1982.
[30] Utilizamos ao longo deste livro o termo estado-unidense em vez do habitual «americano», porque todos os habitantes de norte a sul do continente, do Canadá ao Chile, e não apenas os dos EUA, são americanos e se reivindicam como tais. O termo estado-unidense é aliás o utilizado pelos brasileiros. Porém, na tradução de citações de outros autores, o termo «americano» é utilizado quando é esse que figura na versão original.

TEORIA DA INFORMAÇÃO JORNALÍSTICA

De maneira mais pontual, podemos verificar que, no dia seguinte às eleições legislativas na República Federal da Alemanha e às eleições autárquicas em França — que aconteceram ambas em 6 de março de 1983 —, os diários belgas flamengos faziam as suas primeiras páginas com as eleições alemãs, enquanto os diários belgas francófonos as faziam com as duas eleições, dando-lhes uma importância parecida. Da mesma maneira, a morte de François Mitterrand, antigo presidente da República Francesa, em janeiro de 1996, teve mais repercussões nos média belgas francófonos do que nos média britânicos, espanhóis ou italianos, por exemplo.

Aos termos «europeia» ou «ocidental» utilizados respetivamente por Chaliand e Rageau, de um lado, e por Huntington, do outro, alguns preferem a noção de cultura ou civilização greco-latina, pela qual os nossos média se interessam mais particularmente. Outros, como Edgar Morin, evocam antes «o substrato judaico-cristiano-greco-latino»[31]. O que permitiria compreender a importância enorme, até mesmo descomedida, tomada por Israel na informação dos média dos nossos países.

Para o cofundador e antigo diretor de *Le Nouvel Observateur* (que passou a chamar-se *L'Obs*) Jean Daniel, Israel ocupa, com efeito, um grande lugar na informação internacional, em razão da sua pertença ao mundo judaico-cristão. Vêm acrescentar-se a isso o peso dos grupos de pressão pró-israelitas, assim como o do meio judaico estado-unidense, que é — como o recorda Jean Daniel — poderosamente implantado no sector dos média do país que controla uma grande parte do fluxo mundial de informação[32]. Um peso que foi num passado bastante recente igualmente evidente nas estruturas de propriedade e/ou de direção dos diários e dos *newsmagazines* parisienses, por exemplo.

Há já alguns anos, Pierre Delrock, antigo diretor da informação da RTBF, fazia notar que Israel, «país democrático, onde a crítica e a

[31] E. Morin, *Penser l'Europe*, Paris, Gallimard, 1990, p. 82 (col. Folio actuel, n.º 20).
[32] J. Daniel, *L'Ère des ruptures*, Paris, Grasset, 1979, pp. 106-107.

OS CRITÉRIOS DE SELEÇÃO DA INFORMAÇÃO

informação circulam livremente, envia-nos imagens livremente. O que não é o caso de toda uma série de países em redor, e desde logo podemos dar a impressão, porque recebemos mais imagens, de que nos ocupamos mais» de Israel[33]. Reparos benevolentes e manifestamente menos pertinentes hoje em dia, um certo número de média arabófonos tendo-se desde então notoriamente democratizado e profissionalizado, propondo uma perspetiva da atualidade do Próximo e do Médio Oriente naturalmente diferente da que tem por origem Israel.

O critério cultural põe o problema da abordagem da atualidade de um espaço cultural pelos correspondentes ou enviados especiais de média provenientes de outro horizonte cultural: a perceção que têm dos factos e do contexto social em que estes se desenrolam não é fruto de uma escala de valores, de uma grelha de leitura singular[34]? E que pertinência pode ter esta escala de valores, esta grelha de leitura aos olhos dos que vivem lá onde se desenrolaram os factos?

A este propósito, não será significativo que os média da Europa ocidental e sobretudo os média estado-unidenses tenham ficado a tal ponto perturbados pela chegada de diversas televisões transnacionais arabófonas, que propõem uma leitura diferente da atualidade no mundo e mais particularmente da atualidade no Próximo e no Médio Oriente[35]? Talvez seja preciso esperar, a um momento ou outro, por reações comparáveis, dado que *France 24* faz uma leitura da atualidade no mundo diferente da proposta pelas televisões estado-unidenses e britânicas, ou pelas árabes.

---

[33] *Regards*, Bruxelas, n.º 134.

[34] J.-M. Nobre-Correia, «A vertigem francófona», *in* M. Mesquita e J. Rebelo (dir.), *O 25 de Abril nos média internacionais*, ed. Afrontamento, Porto, 1994, pp. 151-155.

[35] «Al Yazira en inglês, une nueva forma de contar», *in El País*, Madrid, 15 de novembro de 2007, pp. 76-77; «Al-Jezira, le maître et l'esclave», *in Libération*, Paris, 24 de novembro de 2006; «Al Yazira, 10 años de otra visión», *in El País*, Madrid, 1 de novembro de 2006, p. 5.

TEORIA DA INFORMAÇÃO JORNALÍSTICA

4.1. O fator religioso

O que diz respeito a um meio que faz parte do mesmo espaço religioso que aquele que serve de substrato à sociedade em que vivemos, ou ao grupo social minoritário a que pertencemos, toma mais importância do que aquele que diz respeito a outro espaço religioso a que somos alheios.

Desde logo, as notícias provenientes do Líbano, por exemplo, sensibilizam-nos mais do que as dos países muçulmanos que o envolvem. Sobretudo se se trata de uma intervenção contra a comunidade cristã (maronita) do Líbano[36]. O que foi posto particularmente em evidência pela nova intervenção militar israelita em julho-agosto de 2006 e pelos bombardeamentos destruidores aos quais deu lugar.

Da mesma maneira, a atitude da imprensa «continental» europeia em relação ao IRA (Irish Republican Army, Exército Republicano Irlandês) foi durante muito tempo a de uma certa compreensão em relação à violência desta organização católica irlandesa, pelo menos da parte da imprensa dos países predominantemente católicos. Uma certa reserva manifestou-se, porém, depois, quando as características de revolta social e anti-institucional se tornaram mais claramente percetíveis.

Com toda a evidência, o facto de a Polónia fazer parte do mundo católico contribuiu em muito para que fosse dada importância nos média da Europa ocidental aos acontecimentos que se desenrolaram no tempo do regime comunista. O dado católico esteve também certamente na benevolência dos nossos média em relação à Croácia na guerra civil jugoslava. E pode atestar-se, com intervalos regulares, que as ações da guerrilha muçulmana nas Filipinas merecem tanto mais atenção dos nossos média quanto as vítimas destas ações são populações católicas.

---

[36] J.-F. Kahn, «Information, mythes et opinion», in L. Sfez (dir.), Décision et pouvoir dans la société française, Paris, UGE, 1979, pp. 259-268.

OS CRITÉRIOS DE SELEÇÃO DA INFORMAÇÃO

Por outro lado, será um acaso se a imprensa muçulmana no mundo inteiro foi, muito largamente, em geral favorável à posição do Iraque nas chamadas segunda (1990-91) e terceira (2003-11) «guerras do Golfo» em que os EUA intervieram militarmente?

Ainda segundo G. Chaliand e J.-P. Rageau, contam-se no mundo nove grandes áreas religiosas dominadas pelo catolicismo, o protestantismo, os cristãos orientais, o islão sunita, o islão xiita, o budismo, o hinduísmo, o sincretismo chinês e o sincretismo japonês, aos quais é preciso acrescentar uma presença minoritária do judaísmo em diferentes continentes. Enquanto em *L'Atlas géopolitique & culturel* dos Dictionnaires Le Robert se fala antes de mais de cristãos (católicos, protestantes, ortodoxos e outros), muçulmanos (sunitas e xiitas), hinduístas, budistas, confucionistas e taoistas, animistas e cultos indígenas, judeus, xintoístas[37].

Seja como for, o risco de uma *recessão identitária* [*repli identitaire*] e de uma afirmação comunitária ostensiva nesta matéria espera os jornalistas pelos tempos que correm. O que se tem tornado evidente com a afirmação da vaga terrorista islâmico-jiadista desde o início dos anos 2000, fazendo seriamente recear que a democracia pluralista e laica não venha a sair imperativamente vencedora.

4.2. O fator étnico

O que acontece às pessoas que têm uma pigmentação da pele parecida com a nossa interessa-nos mais do que o que acontece às que têm uma pigmentação diferente. A nossa identificação com as primeiras é mais fácil do que com as que, à primeira vista, se distinguem de nós[38].

---

[37] *L'Atlas géopolitique & culturel*, Dictionnaires Le Robert, Paris, 1999, pp. 46-47.

[38] V. a este propósito J.-M. Nobre-Correia, «Les médias et l'exclusion», *in Relire l'exclusion*, Bruxelas, Éditions de l'Université de Bruxelles, 1997, pp. 67-74 (col. La Pensée et les Hommes); J.-M. Nobre-Correia, «Les trois écueils», *in Le Vif-L'Express*, Bruxelas, 18 de novembro de 2005, p. 32.

TEORIA DA INFORMAÇÃO JORNALÍSTICA

Os nossos média dão assim grande importância ao que acontece aos *cooperantes europeus* instalados nos países do Terceiro Mundo onde se desenrolam conflitos armados ou golpes de Estado. Foi o caso com as intervenções militares francesa e belga no Congo (ex-Zaire), em setembro-outubro de 1991, assim como com o repatriamento dos cidadãos europeus instalados neste país.

A emoção suscitada pelos acontecimentos de Kolwezi (na República Democrática do Congo) em 1978, que fizeram «apenas» alguns mortos, explica-se pelo fator étnico: foram Brancos quem foi vítima destes acontecimentos. Precisamente no mesmo momento, a África do Sul interveio no sul de Angola fazendo 500 a 600 mortos. A informação passou, no entanto, despercebida nos média europeus, sendo as vítimas aqui Negros. E lembrar-nos-emos da emoção provocada nos média belgas pela morte de «apenas» dez paraquedistas belgas no Ruanda, em 1994, quando este país soçobrava num horroroso genocídio que, segundo as fontes, provocou uns 100 mil a um milhão de mortos.

Aquando do maremoto [*tsunami*] de 26 de dezembro de 2004 no Sudeste Asiático, que matou umas 230 mil pessoas e destruiu regiões inteiras, os média ocidentais deram uma importância muito particular ao destino dos *turistas ocidentais* que aí se encontravam em férias, sobretudo no Sri Lanka e na Tailândia. Dez meses mais tarde, em 8 de outubro de 2005, um violento terremoto no Caxemira paquistanês fez uns 73 mil mortos, mas suscitou bem menos reações da parte dos média europeus, nomeadamente porque a região não é frequentada por turistas europeus.

Em 3 de agosto de 2007, Pierre Hasqui escrevia a este propósito um texto pertinente no sítio *Rue89*: «Toda a gente viu — incluindo no *Rue89* — as imagens espetaculares da catástrofe de Mineápolis [a derrocada de uma ponte], que fez quatro mortos e um número ainda indeterminado de desaparecidos. Mas quem ouviu falar de um acidente muito mais mortífero anunciado no mesmo dia: o descarrilamento de um comboio na República Democrática do Congo (RDC), fazendo cem mortos

OS CRITÉRIOS DE SELEÇÃO DA INFORMAÇÃO

e 128 feridos? [...] Neste caso, o princípio é menos quilométrico do que de proximidade cultural e de fluxo de informações. Um acidente nos EUA, o país que domina os circuitos de informação mundiais, será imediatamente difundido aos quatro cantos do planeta, enquanto o do Congo ficará num beco sem saída mediático. Nomeadamente, de forma paradoxal, nos países em desenvolvimento que teriam mais razões para se sentir interessados pelo acidente de comboio que levanta questões de segurança próximas das deles, do que o de Mineápolis, que tem menos razões de lhe "dizer alguma coisa". São, eles também, submetidos à dominação dos circuitos de informações ocidentais, apesar dos seus grandes esforços, nem sempre bem conduzidos, para se desfazer deles. A moral da história não é uma descoberta: vale mais morrer rico e americano do que pobre e congolês, e a equidade não é ainda deste mundo, mesmo na catástrofe»[39].

O interesse particularmente evidente dos nossos média pelo que acontece a populações de uma outra etnia pode por vezes ser suspeito. Como o recordava o grande repórter polaco Ryszard Kapuscinski por ocasião do falecimento do antigo ditador do Uganda [em 1971-79]: Amin Dada «foi um personagem muito utilizado pelos EUA e o Ocidente para demonstrar que os Africanos não estavam preparados para se governarem, que a descolonização era um processo negativo e nocivo. Amin assumia o papel de exemplo negativo, do político não preparado, ignorante e brutal, incapaz de bem governar os seus concidadãos. A propaganda ocidental servia-se dele, como de um outro personagem indesejável, Bokassa [presidente da República Centro-Africana em 1966-76, imperador em 1976-79], para desacreditar os desejos de independência e de liberdade dos Africanos»[40]. Uma reflexão que conviria que as redações dos média

---

[39] P. Hasqui, "Du Mississipi au Congo, les aléas du mort-kilomètre", *in Rue89*, Paris, 3 de agosto de 2007.

[40] *El País*, Madrid, 17 de agosto de 2003, p. 6.

portugueses tivessem presente quando tratam de assuntos referentes às antigas colónias.

Mas a questão põe-se igualmente no plano interno, a informação respeitante aos alóctones (pessoas originárias da imigração) devendo então ser abordada com uma atenção muito particular. Numa perspetiva mais larga, a AGJPB (Association générale des Journalistes professionnels de Belgique, Associação Geral dos Jornalistas Profissionais da Bélgica) recomenda a este propósito «não mencionar a nacionalidade, o país de origem, a pertença étnica, a cor da pele, a religião ou a cultura, salvo se estas informações forem pertinentes». E a AGJPB acrescenta: «para decidir se é útil ou não dar certas informações, é preciso ter em conta dois fatores: o dano causado ao artigo se estas informações não forem dadas e o dano causado ao interessado se o forem» (v. estas «recomendações» na Segunda Parte, parágrafo 3.4)[41].

5. O critério histórico

Os média têm tendência a prestar uma atenção muito particular à atualidade que se desenrola nos países com os quais o país de origem destes média teve relações mais ou menos estreitas e duráveis num dado momento da sua própria história.

Basta ver todo o interesse que os média belgas dão ao Burundi, ao Ruanda ou ao Congo (ex-Zaire). Ou os média franceses em relação à África francófona. Ou os média britânicos aos países da Commonwealth. Ou os média espanhóis aos países da América hispanófona. Compreende-se então que os laços históricos entre dois países tenham um peso evidente no facto de um média ser levado a considerar uma ou outra informação importante.

Acontecimentos mais ou menos recentes (a intervenção militar no Shaba [R. D. do Congo] em 1978, o 25.º aniversário da independência

---

[41] *Recommandations pour l'information relative aux allochtones*, Bruxelas, AGJPB, junho de 1994.

OS CRITÉRIOS DE SELEÇÃO DA INFORMAÇÃO

do Congo [ex-Zaire] em 1985, a intervenção militar no Ruanda em 1990, a Conferência Nacional zairense em 1991, o golpe de Estado no Burundi em 1993, o genocídio de 1994 no Ruanda, o derrube do regime de Mobutu, a chegada ao poder de Laurent Kabila em 1996, o seu assassinato e a chegada à chefia do Estado do seu filho, Joseph Kabila, as eleições legislativas e presidenciais em 2006...) mostraram suficientemente que a informação que diz respeito às antigas colónias belgas de África toma sempre muito mais importância nos média belgas do que nos outros média europeus. Da mesma maneira, é evidente que os média franceses foram mais atentos do que os seus confrades belgas ao terrorismo que reinou em diversas alturas na Argélia ou à situação de instabilidade endémica que foi a da Costa do Marfim durante alguns anos.

A maneira como os média belgas e franceses trataram atualidades paralelas (golpe de Estado no Burundi e rapto de três franceses na Argélia, em outubro-novembro de 1993) ilustra bem o peso deste fator na importância dada à informação. Da mesma maneira, pôde notar-se que, em finais de outubro de 2006, os média belgas puseram em evidência as eleições presidenciais na R. D. do Congo, enquanto os média dos países vizinhos puseram o acento nas que aconteceram no mesmo dia no Brasil.

É certo que esta relação histórica é muitas vezes a consequência de uma antiga relação dominante-dominado, cujos aspetos económicos estão por vezes ainda presentes. Mas não é sempre o caso: assim o interesse dos média portugueses pelo Brasil e os dos seus confrades brasileiros por Portugal são, antes de mais, fruto deste critério histórico de escolha da informação. Do mesmo modo, a importância (descomedida) dada pelos média portugueses aos acontecimentos de Timor-Leste (ocupação pela Indonésia, genocídio, independência obtida num clima de terror e de massacres, entre 1975 e 2001), uma antiga colónia cujo peso, de todos os aspetos, tinha sido largamente impercetível.

Quando os critérios cultural (dos quais os fatores religioso e étnico) e histórico se sobrepõem, o sentimento de pertença a um mundo específico da parte dos média reforça-se ainda mais. O que não deixa de pôr sérios problemas nos nossos países, os média continuando a ser largamente dominados — no plano da produção, da apresentação, como da escolha dos centros de interesse — por cidadãos «de raiz», «de gema», quando as nossas sociedades se tornaram largamente «mestiçadas»[42]. Pelo que se viu o presidente da República francesa de então, Jacques Chirac, após os tumultos nos subúrbios de finais de outubro-inícios de novembro de 2005, convidar todos os patrões das televisões públicas e privadas a serem recebidos no Eliseu para lhes pedir então que respeitassem a «diversidade» da sociedade francesa na constituição das suas equipas de redação[43].

6. O critério político-ideológico

Este critério político-ideológico pode dizer respeito quer a uma «sensibilidade», quer a uma atitude «militante» da parte do média.

Um jornal como *L'Humanité*, antigo órgão oficial do PCF (Partido Comunista Francês), mostrava-se outrora mais interessado na conquista espacial soviética do que num movimento de greve num país da zona de influência comunista. Por seu lado, nos anos de 1970, o diário bruxelês *La Dernière Heure* de Maurice Brébart, alinhado em posições da extrema-direita, interessava-se bem mais pelas liberdades sindicais na Polónia comunista do que no Chile de Augusto Pinochet, e os militares chilenos eram-lhe muito mais simpáticos do que os seus confrades polacos.

Atualmente, é evidente que o diário parisiense *L'Humanité* (do qual o PCF é ainda o acionista maioritário) continua a mostrar-se particularmente sensível em relação aos conflitos sociais, enquanto o seu confrade *La Croix*, propriedade da congregação religiosa dos assuncionistas, é-o em relação à atualidade que diz respeito à Igreja católica.

[42] V. a este propósito J.-M. Nobre-Correia, «Un regard équivoque», *in* H. Le Paige (dir.), *Le Désarroi démocratique*, Bruxelas, Labor, 1995, pp. 249-262; J.-M. Nobre-Correia, «Les Trois écueils», p. 32.
[43] *Le Monde*, Paris, 24 de novembro de 2005, p. 11.

OS CRITÉRIOS DE SELEÇÃO DA INFORMAÇÃO

Os média comprometidos [*engagés*] ou que têm uma «coloração» facilmente percetível

- põem sistematicamente em valor o que vai ao encontro das suas próprias opções ideológicas e
- afastam naturalmente o que vai contra estas mesmas opções ideológicas.

É evidentemente em nome do critério político-ideológico que é preciso compreender a insistência diária das nossas agências mundiais de informação e dos nossos média — que, no entanto, se querem na maior parte das vezes «neutros», «independentes» — nos países que escapam um pouco que seja à zona de influência ocidental. Enquanto diversos países autoritários, até mesmo ditatoriais, do «mundo ocidental» são singularmente esquecidos por estas mesmas agências e média, apesar das prisões e execuções capitais reconhecidas oficialmente.

De agosto de 1990 a fevereiro de 1991, e de novo a partir de setembro de 2001, a grande maioria dos nossos média fez-nos saber todo o mal que era preciso pensar do regime de Saddam Hussein («o ditador Saddam Hussein», «o carniceiro iraquiano», «o dono de Bagdad»,...). Mas ainda estamos à espera de uma informação puramente factual sobre as «democracias» aliadas dos EUA, tais como a Arábia Saudita ou os outros países do golfo arábico-pérsico.

Noutro domínio da atualidade, o do caso de pedofilia implicando nomeadamente o ex-pároco de Kinkempois (Liège, Bélgica), pôde comprovar-se que o acórdão controverso do Tribunal penal de segunda instância [*Cour d'Assises*] de Liège, de 26 de setembro de 1992, fez a primeira página de todos os diários belgas francófonos, com exceção dos católicos *La Libre Belgique* e *Vers l'Avenir* (que passará a chamar-se *L'Avenir* em 2010). E nos títulos das páginas interiores, estes mesmos dois diários abstinham-se de evocar o facto de que este processo dizia respeito a um

TEORIA DA INFORMAÇÃO JORNALÍSTICA

pároco[44]. Em contrapartida, os escândalos de pedofilia no seio da Igreja católica levados ao conhecimento da opinião pública no verão de 2010 mereceram uma atenção bastante comparável de todos os diários belgas, os antigos títulos católicos tendo-se largamente desconfissionalizado nestes últimos anos, consequência nomeadamente de mudanças de fundo no capital das empresas editoras.

Em suma, o critério político-ideológico leva um média a

> aumentar a importância de uma informação ou a
> reduzir a importância de uma informação,

segundo as repercussões que ele pode ter aos olhos do média e do seu público, que reagirão, um e outro, em função das suas próprias opções político-ideológicas.

(Este critério político-ideológico pode também intervir na atitude adotada pelo média perante a publicidade. Assim, o anúncio publicitário da Agence de prévention du Sida publicada nos diários belgas de sábado 4 de dezembro de 1993: os laicos *La Dernière Heure*, *La Lanterne*, *La Meuse*, *La Nouvelle Gazette* e *La Wallonie* publicaram as duas páginas do anúncio; os católicos *La Libre Belgique* e *Vers l'Avenir* recusaram publicar a página contendo desenhos sobre as relações sexuais; o teoricamente laico *Le Soir* publicou as duas páginas... embora suprimindo os únicos desenhos que lhe pareciam correr o risco «de chocar algumas pessoas». Após a intervenção da Association des Journalistes du *Soir*, este diário publicou as duas páginas integralmente na quinta-feira 9 de dezembro de 1993!

Da mesma maneira, *La Libre Belgique* de quinta-feira 9 de dezembro de 1993, embora publicando uma página de publicidade para o sindicato socialista FGTB [Fédération générale du Travail de Belgique], considerou

---

[44] J.-M. Nobre-Correia, «Comptes rendus», *in Le Vif-L'Express*, Bruxelas, 2 de outubro de 1992, pp. 8-9.

OS CRITÉRIOS DE SELEÇÃO DA INFORMAÇÃO

necessário escrever que «esta página de publicidade não compromete [*n'engage pas*] evidentemente "La Libre Belgique", nem a sua redação» — o que era no mínimo despropositado! Seria preciso concluir que as outras publicidades, em contrapartida, comprometem a redação?!)

De maneira totalmente excecional, um média pode mesmo decidir não «cobrir» um certo tipo de atualidade: é o caso do diário espanhol *El País* (considerado há anos, por estudos estado-unidenses, um dos melhores jornais do mundo), que, nos «princípios» que figuram no seu livro de estilo, prevê «não publicar informações sobre a competição de boxe, salvo as que dão conta de acidentes sofridos pelos pugilistas ou refletem o mundo sórdido desta atividade»[45]. E poderíamos aliás interrogar-nos sobre a pertinência da «cobertura» dada a outras atividades igualmente sórdidas. Um só exemplo: enquanto as autoridades públicas e os média nos enchem os ouvidos com a proteção do ambiente, as economias de energias e a segurança rodoviária, será normal que se dê uma tal importância à «cobertura» das corridas e dos ralis de automóveis, quando os acidentes com morte humana provocados por tais iniciativas são bastante regulares?...

7. O critério social

Este critério social pode depender tanto do aspeto *sociocultural* como do *socioprofissional*. Porque se recebeu tal formação, se frequenta tal meio cultural e se praticam tais lazeres culturais específicos, tem-se naturalmente necessidade de uma informação mais focalizada nestes diversos meios ou temáticas. Da mesma maneira, porque se exerce tal profissão, interessa-mo-nos por tudo o que toca ao meio particular desta profissão, por necessidade de afirmação identitária ou de identificação com este meio, mas também por necessidade de informações úteis ou de aprofundamento de uma especialização.

[45] *Libro de estilo El País*, 16.ª edição, Madrid, Santillana, 2002, p. 22.

Diários como os belgas *La Capitale* ou *La Dernière Heure*, ou os franceses *France-Soir* ou *Le Parisien*, de um género bastante popular, não darão exatamente o mesmo lugar a certas informações que jornais ditos de referência, do tipo de *Le Monde* ou de *Le Figaro*. Lá onde o diário de Charleroi *Le Rappel* de Pol Vandromme se interessava pela columbofilia, *Le Monde* publicava ainda não há muitos anos a integralidade dos discursos de receção na Academia Francesa. Se *La Libre Belgique*, antes das mudanças de fórmula dos anos de 1990, publicava nas segundas-feiras o texto das alocuções do papa, *Libération* dá antes uma atenção muito particular aos concertos de música *rock*. Assim como *RTL-TVI* abrirá mais facilmente sobre uma exposição canina do que *Arte*.

Interesses e conteúdos diferentes para públicos socialmente diferentes. Dito de outra maneira: um média selecionará ou hierarquizará os temas de atualidade em função das características sociais do público ao qual se dirige. Quer dizer: em função do seu público-alvo. Tanto mais que — sob a ação conjugada de anunciantes e publicitários — os editores fazem evoluir cada vez mais os média, de maneira que eles visem de modo ideal a um público-alvo com características socioeconómicas e socioculturais bem precisas.

Por isso, dito de maneira relativamente esquemática:

- um média que procura dirigir-se a grupos sociais com *alto nível de instrução e alto nível de rendimentos* terá tendência a privilegiar a cobertura da atualidade política, económica, societal e cultural;
- um média que procura dirigir-se a grupos sociais com *baixo nível de instrução e baixo nível de rendimentos* terá tendência a privilegiar a cobertura da atualidade policial, judicial e desportiva, mas também a que diz respeito ao mundo do espetáculo (televisão, cinema, música dita ligeira,...);

e quer um quer outro procurarão igualmente recolher, de preferência, publicidade que corresponda aos hábitos de consumo do seu público.

OS CRITÉRIOS DE SELEÇÃO DA INFORMAÇÃO

8. O critério económico

A conceção da informação tal como a conhecemos hoje nasceu no decorrer do século XIX[46]. Quer dizer: no momento em que se operava uma mutação tecnológica e económica de fundo, e em que se assistia a uma afirmação marcante da burguesia de negócios na cena social e política. Desde logo, os factos escolhidos e veiculados pela imprensa da época eram os considerados essenciais por este nova classe social lançada à conquista do poder.

Por isso, aquando da criação das agências de informação, não era por acaso que *Havas* tinha a sua sede ao lado da Bolsa de Paris e que *Reuters* se instalara no coração da City (o bairro dos negócios, em Londres)[47]. Da mesma maneira, o capital da agência *Belga*, fundada em 1920, estava detido antes de mais por grupos financeiros, e só depois da Segunda Guerra Mundial é que os média tomaram o controlo das ações da sociedade anónima.

A abertura das fronteiras e a mundialização dos negócios tiveram como consequência a instauração de um sistema de círculos irregulares com interesse decrescente, que refletem mais ou menos o fluxo das trocas económicas dos países industrializados, países que constituem aliás o epicentro do desenvolvimento destes círculos. Com efeito, quanto mais as relações económicas entre dois países são intensas e quanto mais os meios económicos e financeiros de cada um destes dois países têm necessidade de dispor de informações referentes ao outro.

Hoje em dia, a importância deste critério económico tornou-se ainda mais evidente, dado que as agências de informação contam cada vez mais assinantes provenientes dos meios de negócios, tornando-se os média nalguns casos muito claramente minoritários. Por vezes, como com a canadiano-britânica *Reuters* (v. mais à frente), as assinaturas subscritas pelos meios mediáticos passaram a ser mesmo uma ínfima minoria. Por

---

[46] V. a este propósito J.-M. Nobre-Correia, *Histoire des Médias en Europe*.
[47] M. Paillet, *Le Journalisme*, Paris, Denoël, 1974, pp. 21-22.

isso, a cobertura da atualidade é cada vez mais concebida em função dos centros de interesse dos meios de negócios, que evidentemente não são os do comum dos leitores, ouvintes, espectadores ou internautas. Uma evolução que é igualmente percetível na agência *Belga* há alguns anos.

9. O critério celebridade

A *identidade da pessoa* que executa uma ação ou é objeto de uma ação é um critério importante na seleção e na valorização de uma informação. Com efeito, considera-se geralmente que as personalidades em vista agem mais na vida de outrem, que as decisões ou os factos que as afectam têm mais repercussões na vida dos outros. Um atentado contra um presidente dos EUA tem evidentemente mais consequências, por exemplo na política estrangeira estado-unidense, do que um atentado contra um simples cidadão estado-unidense.

Dois personagens gozam de um estatuto privilegiado nos média do mundo «ocidental»: o presidente dos EUA e o papa da Igreja católica. Em fevereiro de 2005, tendo o papa João Paulo II (Karol Wojtyla) entrado no Hospital Gemelli de Roma, no seguimento de uma «má gripe», a televisão estado-unidense *CNN* reforçou imediatamente a sua delegação local fazendo deslocar vinte pessoas mais de Londres para Roma, e a britânica BBC procedeu da mesma maneira, com trinta e cinco pessoas. O diário romano *La Repubblica* evocava então este «circo mediático», afirmando que «Karol Wojtyla é "o" personagem total, guia espiritual para os católicos, ícone de humanidade para o resto do mundo». Por essa época, o Vaticano contava, em período normal, 463 jornalistas acreditados permanentes de 33 países, a sua sala de imprensa podendo acolher até dois mil jornalistas[48].

No espaço francófono, o presidente da República francesa, seguido primeiro pelo seu primeiro-ministro e depois pelos seus ministros merecem

---

[48] *La Repubblica*, Roma, 3 de fevereiro de 2005, p. 5.

OS CRITÉRIOS DE SELEÇÃO DA INFORMAÇÃO

uma atenção muito particular da parte dos média. Na Bélgica, os discursos e as deslocações do rei e da família real são objeto de uma atenção particularmente solícita, marcada na maior parte das vezes pelo cunho da deferência, e até mesmo do servilismo, sem a menor distância em relação às operações de comunicação promocional decididas nos palácios de Laeken ou do Belvédère, residências do chefe de Estado.

Três razões principais explicam este interesse pelos «grandes deste mundo»:

> a *curiosidade natural* das pessoas em relação à vida das celebridades, dos famosos (dos que dão o sentimento de viver num mundo de olimpianos);

> o *desejo de identificação* com estas mesmas celebridades (caminho mais curto para experimentar o sentimento de partilhar a vida destes olimpianos e viver no mundo deles);

> o facto do que diz respeito às *celebridades* ser percebido como sendo suscetível de ter consequências mais ou menos grandes na vida quotidiana das pessoas, de cada um de nós.

O reverso da medalha: a corrida à audiência dos média leva-os a tornarem-se cada vez mais indiscretos em matéria de *vida privada* das celebridades (v. mais longe as páginas consagradas à «acontecimentização da informação»). Seja como for, o parágrafo 22 da resolução 1003 do Conselho da Europa é claro a este propósito: os jornalistas «devem respeitar o direito das pessoas à sua vida privada. As pessoas que têm funções na vida pública têm direito à proteção da sua vida privada, salvo nos casos em que isso pode *ter incidências na vida pública*. O facto de uma pessoa ocupar um posto na função púbica não a priva do direito ao respeito da sua vida privada» (v. esta «resolução» na Segunda Parte, parágrafo 1.1)[49].

---

[49] A. Papuzzi, *Professione giornalista*, p. 234.

TEORIA DA INFORMAÇÃO JORNALÍSTICA

O regulamento de ordem interior da belga francófona RTBF, nos parágrafos 14 e 15, considera que os seus jornalistas «se obrigam a respeitar a vida privada», considerando embora que têm «o direito de indagar de todos os factos que *condicionam* a vida pública. O segredo dos assuntos públicos ou privados não pode, neste caso, ser oposto aos jornalistas, só excecionalmente e em virtude de motivos claramente expressos» (v. este «regulamento» na Segunda Parte, parágrafo 4.1).

Assim, «o suicídio do antigo primeiro-ministro [francês] Pierre Bérégovoy [em 1993] é um facto público que merece relato, explicações e comentários; o suicídio de um jovem, como acontece anualmente com milhares, não é um acontecimento do campo jornalístico», a não ser que este tenha sido consequência de um contexto socialmente significativo. Do mesmo modo, «escrever de uma personalidade da vida pública que é judia, ou de origem magrebina, só tem sentido se a sua ação pública tiver uma relação com as suas raízes ou a sua "comunidade" de vida. Senão, o racismo não está longe»[50].

Aos olhos dos jornalistas, o traçado da fronteira entre vida privada e vida pública não é nítido. Nomeadamente quando os personagens públicos (políticos, atores de cinema ou de teatro, cantores ou desportistas) põem em evidência a sua vida privada como meio de glorificação da sua imagem. Jornalistas, fotógrafos ou operadores de câmara são convidados a descobrir o interior da residência destes personagens públicos, os seus cônjuges, os seus filhos, os seus cães, as suas férias familiares, para as necessidades de uma campanha eleitoral ou da campanha promocional de um novo filme, livro ou disco[51]. Como se espantar então que, mais tarde, as transformações da vida privada destes mesmos personagens sejam igualmente expostas na praça pública, quando teriam preferido que não o fossem? Cabe aos média e aos jornalistas fixar eles mesmos as suas linhas de conduta na matéria,

[50] Y. Agnès, *Manuel de journalisme*, pp. 405 e 407.
[51] V. também A. du Roy, *Le Serment de Théophraste*, p. 53.

OS CRITÉRIOS DE SELEÇÃO DA INFORMAÇÃO

inspirando-se nos seus próprios princípios deontológicos e éticos, e mantendo a distância as estratégias promocionais de uns e de outros. O que exige ao mesmo tempo muita precisão e tato: «como último recurso, só a responsabilidade pessoal existe»[52].

Todas estas questões tomaram uma acuidade particular por ocasião das quatro emissões promocionais consagradas a Philippe de Saxe Cobourg e Matilde d'Udekem d'Acoz por *RTL-TVI* (televisão belgo-luxemburguesa francófona privada), *VTM* (televisão belga neerlandófona privada) e *VRT* (televisão belga neerlandófona pública) na quinta-feira 4 de dezembro de 2003, e pela *RTBF* (televisão belga francófona pública) na sexta-feira 5 de dezembro de 2003, a pretexto de reportagem sobre a vida quotidiana dos «nossos príncipes» (antes que ele venha a ser rei dez anos mais tarde). Na *RTL-TVI*, viu-se mesmo Elisabeth, a filha do casal com pouco mais de um ano de idade, fazer longas considerações sobre os seus pais e outras personalidades (com a voz de outra pessoa, evidentemente)!

Um caso particularmente significativo dos contragolpes da mediatização é o do ex-presidente da República francesa Nicolas Sarkozy. De maneira absolutamente inédita em França, tinha valorizado a sua vida privada, pondo em evidência o papel essencial assumido pela sua mulher Cécilia no seio do Ministério do Interior (quando ela não usufruía de nenhum estatuto oficial), expondo às câmaras a intimidade da sua vida familiar, mostrando o seu filho mais novo a brincar no gabinete do ministro e fazendo intervir o outro, mais velho, na campanha para a eleição da presidência da UMP (o partido dito «gaullista»). Chegado o momento, alguns meses mais tarde, no verão de 2005, foi obrigado a reconhecer que os média se interessavam também pelas escapadas da sua esposa com outro homem e pelas aparições públicas repetidas de Cécilia com o seu novo companheiro. Antes de ela voltar para casa e de Nicolas

---

[52] F. Simon, *Journaliste. Dans les pas d'Hubert Beuve-Méry*, Paris, Arléa, 2005, p. 12.

Sarkozy pôr de novo em cena esta reconciliação conjugal para as necessidades da sua candidatura à eleição presidencial de 2007. Para acabar num divórcio — mediatizado contra a vontade do novo presidente — alguns meses depois da eleição.

Mas Sarkozy não aprendeu ou não quis aprender manifestamente nada. Durante os primeiros tempos da sua ligação com a cantora Carla Bruni, primeiro, e do casamento deles, depois, quis chamar a atenção dos média para o novo casal. Haveria pois de se espantar que certos média (e não apenas os «cor-de-rosa» [*pipole*]) se tivessem interessado pelas pretensas infidelidades do casal?

10. O critério justaposição

Um facto ou um personagem menor, que normalmente não teria sido evocado pelos média, encontra um eco importante neles porque tem uma relação (de lugar, de *entourage* ou de analogia) com *um facto ou um personagem maior* que lhe dá outra dimensão, que aumenta a sua própria importância.

O fator lugar. Pequenos factos (por vezes anódinos) que têm por teatro um sítio (país, região ou localidade) que se encontra sob os projetores da atualidade, no seguimento de um grande acontecimento, tornam-se importantes para os enviados especiais dos média que lá se encontram e que têm tendência a repercuti-los, de maneira a justificar (ainda mais) a estada deles nesse sítio. Tomamos assim conhecimento de que uma avaria de eletricidade, uma pequena explosão de gás ou um descarrilamento menor de um comboio sucedeu no país, região ou localidade em questão.

O fator entourage. Acontecimentos ou gestos, anódinos ou fúteis, respeitantes a próximos de personalidade de alto nível — próximos pelas suas relações pessoais, familiares ou profissionais — têm grandes probabilidades de se tornar sujeitos de informação. Tomamos assim conhecimento de que o pai de tal cantor célebre foi preso, que o filho de tal presidente dos EUA está no desemprego, que o motorista de tal presidente da República francesa acaba de se casar, que o filho de tal ator de cinema ou o sobrinho de tal antigo presidente estado-unidense é processado judicialmente, que o sobrinho ou o ex-marido de tal ministro(a) da Comunidade francesa da Bélgica foi preso.

O *fator analogia*. Um facto com uma importância mais ou menos limitada é posto em evidência pelos média porque se parece em certos aspetos com (um) acontecimento(s) que (fez) fizeram os grandes títulos durante os últimos dias. No seguimento de uma vaga de atentados numa capital europeia, ouvir-se-á falar de tal explosão ou de tal detenção de um suspeito armado noutras cidades europeias.

Esta maneira de proceder tem como consequência que sejamos muitas vezes empanturrados pelos média com factos sem nenhuma espécie de importância e sem a menor incidência na nossa vida pessoal.

11. O critério insólito

As pessoas interessam-se muito por tudo o que constitui (ou parece constituir) uma novidade, por tudo o que sai do que é corrente, do que é habitual: nascimento de gémeos na Grã-Bretanha, em agosto de 1994 e de novo em outubro de 2006, em que um é branco e o outro negro ou mulato; a intervenção cirúrgica para separar duas irmãs siamesas adultas iranianas, em 2003,...

Um velho adágio tem particularmente sucesso entre os jornalistas iniciantes: uma informação a propósito de um homem que morde um cão tem mais interesse do que uma sobre um cão que morde um homem. Dito de outra maneira: um facto ou uma opinião que apresenta características excecionais, que escapa ao habitual, merece uma atenção particular da parte dos média. E há mesmo emissões que só tratam deste género de factos ou acontecimentos («I comme...», na belgo-luxemburguesa *RTL--TVI*, «Explosif», na franco-belga *AB 4*, por exemplo). Mas, em boa verdade, atualmente, este género de tema tem bastante sucesso na maior parte dos telejornais, mesmo quando se pretendem sérios.

TEORIA DA INFORMAÇÃO JORNALÍSTICA

É verdade que certos factos ou opiniões podem ser inabituais, invulgares, sem que por isso apresentem algum interesse, uma vez que não têm *incidência* na vida quotidiana das pessoas e visto também que não traduzem de modo algum um *sinal tangível* da evolução de uma situação dada ou do funcionamento da sociedade em que vivemos. Convém assim procurar o sentido de um acontecimento no seu significado, no seu alcance, nas repercussões que será suscetível de ter.

12. O critério emulação

Um média evoca um acontecimento menor porque os outros já o evocaram. Ou porque — embora nenhum concorrente tenha tido ainda a possibilidade material de o evocar — receia vir a ser o único que não o evoca. No mercado dos média, na corrida para a conquista de leitores, ouvintes, espectadores ou internautas, é preciso sempre ser mais completo do que os concorrentes. É preciso ser melhor, mais atuante do que os outros. Ou, pelo menos, tão bom como os outros. «Cada um espia ou copia o outro, e não quer dar a impressão de que oculta uma notícia ao seu público. Como o espaço (no jornal) e o tempo (na radiotelevisão) são limitados, os conteúdos são cada vez mais semelhantes.» Por conseguinte, como o pretendia o ex-primeiro-ministro francês Michel Rocard, o sistema tornou-se totalitário, não difundindo senão visões unanimistas[53].

A escolha de uma informação é muitas vezes imposta pelos outros média. Entre estes, alguns gozam do estatuto privilegiado de «fazedores de informação» entre os confrades. Eles constituem geralmente a primeira leitura matinal de cada jornalista e servem simultaneamente de inspiradores de temas para as «peças» a redigir e de referencial que ajudará a determinar a importância a dar a uma informação. Nos domínios político, económico e cultural, é o caso de *Le Monde* (no início da tarde),

[53] Y. Agnès, *Le Grand bazar de l'info*, p. 63-64.

OS CRITÉRIOS DE SELEÇÃO DA INFORMAÇÃO

mas também de *Le Figaro* e de *Libération* (pela manhã)[54], em França e também na Bélgica francófona. É ainda o caso de *Le Soir* e de *La Libre Belgique*, assim como de *De Standaard* e de *De Morgen*, na Bélgica neerlandófona. É enfim o caso do *Financial Times* no meio dos correspondentes da União Europeia em Bruxelas. Nos domínios *fait divers*[55], policial e judicial, é o caso de *Le Parisien*, em França, de *La Dernière Heure* e de *Het Laatste Nieuws*, na Bélgica.

Este critério emulação, sendo embora estimulante, põe, contudo, um problema. Como escreve Ignacio Ramonet, «doravante, um facto é verdadeiro não porque corresponde a critérios objetivos, rigorosos e verificados na fonte, mas muito simplesmente porque outros média repetem as mesmas afirmações e "confirmam"»[56]. Ou como escreve Xavier Raufer: muitas vezes, a informação jornalística procede «por referência ou citação circular, uma retomando outra sem ter tempo de verificar a materialidade dos factos. No terceiro ou quarto suporte, a "notícia" adquire uma densidade considerável, e não é mais posta em questão.» Com o risco de esquecer as suas fontes iniciais e de propagar mexericos...

Desde logo, poderíamos dizer que a preocupação de ser tão completo como os outros favorece a repetição do que foi anunciado por um média concorrente, sem que a veracidade de dados avançados tenha previamente

---

[54] Ph. Merlant e L. Chatel, *Médias: la faillite d'un contre-pouvoir*, Paris, Fayard, 2009, pp. 114, 129-130 e 138.

[55] Em várias ocasiões, recorremos neste livro à noção de «fait divers» no sentido que esta noção tem na língua original e não naquele que tomou manifestamente, hoje em dia, na linguagem corrente em Portugal. Segundo Anne-Claude Ambroise-Rendu, o *fait divers*, nascido no século XIX, reconcilia de certa maneira o sensacional e o imperativo informativo. «É a notícia do dia que pode ser esquecida no dia seguinte», consistindo antes de mais em crimes, agressões, acidentes e suicídios, traduzindo o gosto do público pelo sangue e o macabro (pp. 311-315), *in* Ch. Delporte, J.-Y. Mollier e J.-F. Sirinelli (dir.), *Dictionnaire d'histoire culturelle de la France contemporaine*, Paris, PUF, 2010, 900 pp. (col. Quadrige Dicos Poche).

[56] I. Ramonet, «S'informer fatigue», *in Le Monde diplomatique*, Paris, outubro de 1993, p. 28.

TEORIA DA INFORMAÇÃO JORNALÍSTICA

sido verificada pelos outros média[57]: no máximo, reabilitar-se-á dando como fonte de tal «novidade» o média que a anunciou em primeiro lugar. Uma tal preocupação de completude leva desde logo a uma lógica de repetição interminável que funcionará como um mecanismo de homologação da veracidade (não demonstrada) da dita «novidade».

Há já alguns anos, em 1996, no que foi chamado o «caso [Elio] Di Rupo» (que era então vice-primeiro-ministro belga), viu-se alguns diários flamengos publicar uma «informação» em que ele era acusado de pedofilia e que foi retomada logo no dia seguinte pelos outros média, sem a mínima verificação. Antes que fosse demonstrado que o «caso Di Rupo» tinha sido fabricado de raiz por agentes de polícia[58]. Um «caso» de que a velha «guerra linguística» belga não esteve ausente, sendo Di Rupo ministro representante da "comunidade" francófona.

Anos mais tarde, em 2003, assistimos em França a um arrebatamento dos média a propósito do «caso Baudis», do nome do presidente do Conseil Supérieur de l'Audiovisuel, antigo presidente [*maire*] do município de Toulouse, Dominique Baudis. Acusado por uma ex-prostituta de ter participado em sessões de sadomasoquismo, seria totalmente ilibado meses mais tarde. Mas, durante longas semanas, os média jogaram com a sua reputação, mais preocupados com sensações fortes e «exclusividades» do que com verificação dos factos e discrição. Quando um desagradável ditado que pretende que «não há fumo sem fogo» impedirá sempre de lavar inteiramente a honra de um homem...

Fenómeno idêntico a propósito do «caso de pedofilia de Outreau» (localidade do Pas-de-Calais, em França): três anos mais tarde, em maio de 2004, treze (dos dezassete) acusados (que tinham sempre clamado a sua inocência) foram ilibados. Antes, os média faziam referência a estes treze

---

[57] V. a este propósito J.-Cl. Guillebaud, *La Force de conviction*, Paris, Seuil, 2005, pp. 221-247.
[58] H. Le Paige, «Les Médias et les "dysfonctionnements"», *in L'Affaire Dutroux*, Bruxelas, Éditions Complexe, 1997, pp. 215-236.

OS CRITÉRIOS DE SELEÇÃO DA INFORMAÇÃO

acusados falando de «notáveis» (quando se tratava quase sempre de pessoas exercendo pequenos ofícios [*petits métiers*]. Estes mesmos média falavam também de «redes» pedófilas (com ramificações na Bélgica: estava-se então em pleno «caso Dutroux») e mesmo de uma jovem morta durante uma orgia sádica (jovem que nunca existiu).

Tais «casos» recordam um outro que ficou célebre nos anais jornalísticos e judiciários franceses: o de Bruay-en-Artois (em 1972-76 no Pas-de-Calais). O arrebatamento mediático, acusando um notário local de assassinato de uma jovem originária do meio operário, com a colaboração de um «pequeno juiz» deslumbrado pelas luzes da ribalta mediática, impediu finalmente de conhecer o assassino. Quadro da Gauche Prolétarienne (grupúsculo maoista da época), Serge July, futuro diretor do diário *Libération*, desempenhou um papel importante no baralhar de pistas, em que só a «demonstração» dos «crimes da burguesia» era considerada importante[59].

Mas poder-se-ia também recordar, ainda em França, o «caso Grégory», uma criança encontrada assassinada, em Lépanges-sur-Vologne (nas Vosges), em 16 de outubro de 1984. As paixões desencadeadas a este propósito (vivamente alimentadas pelos média) provocaram a morte de um membro da família da criança, enquanto o autor do assassinato nunca foi descoberto[60].

Ora, como escrevem Philippe Merlant e Luc Chatel, «não nos deixemos enganar: uma das principais virtudes do jornalismo não é esta imensa liberdade perante o acontecimento? Liberdade de falar ou não, numa breve ou na primeira página, de um ou outro ângulo, utilizando a reportagem, a investigação ou a entrevista, privilegiando tal ou tal interlocutor... Perante um acontecimento, uma redação fica sempre confrontada com uma multiplicidade de escolhas»[61]. Nenhuma redação é pois obrigada a tratar de

---

[59] Ph. Cohen e É. Lévy, *Notre métier a mal tourné*, p. 82.
[60] L. Lacour, *Le Bûcher des innocents*, Paris, Plon, 1993, 680 pp.
Y. Agnès, *Le Grand bazar de l'info*, pp. 44-46.
[61] Ph. Merlant e L. Chatel, *Médias: la faillite d'un contre-pouvoir*, pp. 77-78.

um «caso» particular e ainda menos a tratá-lo numa dinâmica de rebanho de carneiros, como a adotada demasiadas vezes pela maioria dos média.

13. As especificidades do média

Em televisão, as *imagens* constituem uma componente essencial de um noticiário. É evidente que não se constrói um telejornal como um radiojornal ou um jornal impresso: muitas vezes, os responsáveis dos telejornais consideram que sem imagens não há acontecimento. Um critério toma, porém, cada vez mais peso nos telejornais: o das belas imagens. O que conduz, por vezes, a derivas que têm pouco que ver com a preocupação de informar o público. Evoca-se ou não se evoca este ou aquele outro tema no telejornal, segundo a redação dispõe ou não dispõe de belas imagens a seu propósito. Temos assim cada vez mais direito a todos os vulcões em atividade, a todas as grandes quedas de neve, a todos os lançamentos de foguetões, a todas as demolições de edifícios com cargas explosivas, a todos os «hakas» interpretados pelos jogadores da equipa neozelandesa de râguebi antes dos encontros... que são bonitos, embora sejam desprovidos de significação! Quer dizer: para o simples prazer dos olhos, raramente para uma melhor compreensão de um facto de atualidade. Da mesma maneira, assiste-se muitas vezes em televisão a exercícios de proteção civil ou de bombeiros em simulações de situações de crise do género atentado terrorista, fuga numa central nuclear, retirada do pessoal e dos utentes de uma grande empresa ou instituição,... que permitem suscitar sentimentos de angústia entre os espectadores menos advertidos ou mais frágeis no plano emocional, quando a cobertura de tais simulações diz respeito muitas vezes a operações promocionais da instituição que as desencadeou junto da opinião pública.

No que se refere à rádio, o facto de falar a *língua* na qual esta emite, do mesmo modo que a *qualidade do som*, aumenta fortemente as possibilidades de ver as declarações de uma personalidade passar na antena. Trata-se então de dar vida ao radiojornal, de o fazer escapar à monotonia das vozes habituais dos jornalistas que o apresentam ou nele intervêm. Correndo o

OS CRITÉRIOS DE SELEÇÃO DA INFORMAÇÃO

risco de, em situações de reportagem no estrangeiro por exemplo, se entrevistar pessoas pelo simples facto de falarem a língua da estação emissora ou porque são concidadãos do país da estação emissora, não sendo embora nada competentes para abordarem o assunto que constitui o tema central da reportagem.

14. As contingências internas

A todos os critérios precedentes vêm juntar-se, *in fine*, as contingências internas do média.

Em primeiro lugar, a escolha de um facto deverá submeter-se ao *formato do jornal*, à extensão do seu número de páginas ou à sua duração (e a extensão do jornal nem sempre é possível), à sua paginação [*mise en page*] (em jornal impresso), à sua *mise en onde* (em rádio) ou à sua *mise en image* (em televisão), à adequação das ilustrações ou dos ecos sonoros referentes ao posicionamento editorial do jornal.

Por vezes, esta escolha depende da *disponibilidade dos redatores* do jornal, quer se trate de uma disponibilidade *em termos de efetivos* presentes nesse momento na redação ou, mais particularmente, de uma disponibilidade *em termos de redatores especializados* na matéria de que faz parte o facto. Quando uma equipa de redação é particularmente reduzida ou quando o(s) especialista(s) do assunto está (estão) ausente(s), torna-se muitas vezes impossível tratar o facto, dar-lhe mais amplidão, pô-lo em perspetiva ou analisá-lo, limitando-se desde logo o média muitas vezes a retomar o que as agências de informação dizem sobre isso. Opção que lhe faz correr o risco de propor um conteúdo total ou parcialmente idêntico ao dos seus concorrentes, pondo assim seriamente em questão, aos olhos do público, o tão apregoado pluralismo dos média.

Além disso, os que presidem aos destinos do jornal terão muitas vezes como preocupação o *equilíbrio do conteúdo* deste jornal, entre nacional e internacional, entre economia e cultura, entre factos de sociedade e desporto. Porque é preciso que o jornal seja percebido pelo seu público

TEORIA DA INFORMAÇÃO JORNALÍSTICA

como respondendo à coerência harmoniosa à qual o habituaram, o leitor, o ouvinte, o espectador ou o internauta não gostando muito de ser desconcertado e de não encontrar no seu jornal as suas rubricas habituais, nos lugares habituais.

De todos os critérios de seleção da informação, uma noção-chave emerge e é, no fim de contas, largamente dominante: a da *proximidade*, em todos os sentidos da palavra (proximidade de tempo, de espaço, de relação, de semelhança, de opções,...). Forçando talvez um pouco o diagnóstico, poder-se-ia dizer que o jornalismo e o jornalista vivem sob a ascendência da lei da proximidade. Esta maneira de selecionar a informação conduz, todavia, a um risco que não é sem importância: o de levar o leitor, ouvinte, espectador ou internauta a viver no interior do seu horizonte pessoal habitual, tradicional, mais ou menos acanhado, mais ou menos afastado da vida que continua na «aldeia planetária».

Um reparo final impõe-se: «Os jornalistas esforçam-se bem por informar objetivamente, mas fazem-no sobre o que eles creem subjetivamente ser importante»[62]. Tanto mais que o que vem a ser informação num lugar não o é noutro e que o que o é para uma redação não o é para outra. E a perceção da pertinência de um facto tem evidentemente lados incontestavelmente subjetivos, estreitamente dependentes da cultura e da sensibilidade de cada um: «a relatividade é uma propriedade intrínseca ao carácter de notícia da informação jornalística»[63]. Desde logo, em vez do velho lugar-comum da «objetividade jornalística», conviria falar antes de rigor e de exigência jornalísticas, de competência e de honestidade jornalísticas.

[62] F. Aubenas e M. Benasayag, *La Fabrication de l'information*, Paris, La Découverte, 1999, p. 37.

[63] A. Papuzzi, *Professione giornalista*, p. 9.

CAPÍTULO II
O papel das agências de informação

Uma *notícia* é por definição uma informação que se leva *pela primeira vez* ao conhecimento de alguém ou de um conjunto de pessoas. E esta informação terá tanto mais interesse quanto ela lhes chegar rapidamente ao conhecimento (o menos tempo possível depois de o facto ter acontecido), for factual (dizendo respeito a dados precisos) e fiável (merecendo a confiança daquele que toma conhecimento dela). Porque só esta *informação rápida, factual e fiável* permite a tomada de decisões rápidas e eficazes.

As *agências de informação* vão aplicar-se a responder a estas três exigências e a ocupar um papel-chave no processo de informação das nossas sociedades, na *escolha* e na *entrada em circulação* [*mise en circulation*] das notícias pelo mundo fora. Citemos Henri Pigeat, antigo presidente-diretor-geral (PDG) da *AFP*: «O sistema internacional de comunicação é ainda hoje largamente fundado nas agências de imprensa; através delas se opera uma larga parte da política internacional e se realizam os mercados internacionais, numa economia cada vez menos nacional e cada vez mais mundial. Os sistemas de informação não são só as redes nervosas das empresas e dos governos; as ideias também se servem dos seus canais: uma moda pode atravessar o mundo em alguns dias; certos temas propagam-se pela imagem, é certo, mas muito pelos escritos, através da imprensa e, por conseguinte, das

TEORIA DA INFORMAÇÃO JORNALÍSTICA

agências»[64]. Haverá mesmo quem pretenda que dois terços da informação publicada no mundo provêm das agências de informação[65], o que mostra a importância do papel delas no processo de informação da sociedade atual.

Por outro lado, as agências de informação operam uma primeira *seleção* dos factos de atualidade, entre os que tratarão e aqueles a que não darão eco. Mas, além disto, vão operar uma *hierarquização* destes factos classificando os despachos em «urgente», «boletim», «flash», por exemplo, «que indicam aos jornalistas o grau de importância de uma notícia, desenvolvida em despachos ulteriores», imprimindo assim a(s) sua(s) «própria(s) hierarquia(s) de valores no espírito dos jornalistas»[66].

Concretamente: uma agência de informação é uma empresa que tem por objeto a *recolha*, o *tratamento* e a *difusão* de informações. Informações que propõem aos *média*, às *instituições públicas*, às *sociedades privadas* ou a toda e qualquer *pessoa* que o deseje, contra pagamento de uma *assinatura* ou de uma *retribuição* [*cachet*].

1. As agências de informação escrita
Uma agência de informação escrita difunde antes de mais a sua produção, os seus *despachos*, por intermédio de um sistema de transmissão scriptovisual: primeiro por telex, mais tarde por videotexto e mais recentemente pela internet.

1.1. As agências de informação geral
Uma agência de informação geral recolhe, trata e difunde *informações sobre os diferentes aspetos da atualidade*, tanto política como económica, social, cultural, desportiva, judiciária ou referente a qualquer outro aspeto da vida quotidiana.

---

[64] H. Pigeat, *Le Nouveau désordre mondial de l'information*, Paris, Hachette, 1987, pp. 32-33.
[65] I. Muro Benayas, *Globalización de la información y agencias de noticias*, Barcelona, Paidós, 2006, pp. 10 e 21.
[66] Y. Agnès, *Le Grand bazar de l'info*, p. 62.

OS CRITÉRIOS DE SELEÇÃO DA INFORMAÇÃO

«As técnicas de difusão das agências de imprensa evoluíram fortemente. Abandonando os telegramas e sobrescrito do início do século [XX], as agências passaram às redes *telex* utilizando as linhas terrestres ou as ondas rádio. A informação e a digitalização dos meios de comunicação alteraram mais uma vez as telecomunicações. Várias agências alugam satélites para a transmissão e a difusão dos seus produtos. As máquinas de escrever desapareceram das salas de redação e [foram] substituídas por ecrãs de computadores. Os repórteres utilizam terminais portáteis: onde quer que se encontrem no mundo, um telefone (muitas vezes móvel, também ele) chega para transmitir os bits e os bytes do seu texto diretamente ao computador central da redação. Evitam-se assim as dactilografias sucessivas de um mesmo texto, a cada etapa das transmissões. Os despachos são armazenados em bancos de dados que se podem consultar por simples ligação telefónica»[67]. Uma evolução ainda acentuada pelo aparecimento e a generalização da internet, assim como dos mais diversos aparelhos móveis de comunicação.

1.1.1. As agências mundiais

Uma agência mundial está *teoricamente presente em toda a parte no mundo*, tanto para recolher como para difundir informação. Isto não quer dizer que tem verdadeiramente correspondentes em todas as partes do mundo. Geralmente, as agências mundiais estão ligadas por acordos a diferentes agências, nomeadamente nacionais, que lhes servem ao mesmo tempo de correspondentes locais e de distribuidoras locais da produção delas (sobretudo nos países considerados pouco importantes no plano da atualidade mundial e onde se encontram poucos clientes das agências mundiais). Aquando de acontecimentos importantes, as agências mundiais despacham para o local enviados especiais, e até equipas de jornalistas.

---

[67] P. De Backer, «Belga: agence de presse nationale, maillon d'un réseau mondial», *in Guide des Médias*, vol. 1, Kluwer, Zaventem, 1990, p. Bac 2.

TEORIA DA INFORMAÇÃO JORNALÍSTICA

Alguns dados respeitantes às três *agências mundiais* põem em evidência o desequilíbrio enorme que existe entre as diferentes partes do mundo na circulação e na troca internacionais das informações[68]:

> *Agence France-Presse* (AFP), Paris
Criada em 1835 por Charles Louis Havas, sob o nome de *Agence Havas*. Tomou o nome atual em 19 de agosto de 1944. O seu estatuto jurídico, datando de 10 de janeiro de 1957, é uma mistura de sociedade anónima, de cooperativa e de estabelecimento público. Dirigida por um conselho de administração de quinze membros: oito representantes das empresas de imprensa francesa (cinco designados pela Fédération nationale de la Presse française e três pelo Syndicat national de la Presse quotidienne régionale), dois da rádio e da televisão públicas, três dos serviços públicos utentes (de facto, um representante dos serviços do primeiro-ministro, um outro do Ministério dos Negócios Estrangeiros e um terceiro do Ministério da Economia e das Finanças) e dois do pessoal da agência (um jornalista e um não-jornalista). O presidente-diretor-geral é eleito pelo conselho de administração fora dos seus membros, por três anos (renováveis) e por doze vozes (maioria qualificada). Com a chegada de Nicolas Sarkozy à presidência da República em 2007, o governo francês procurou pôr em questão o estatuto da *AFP* e fazer adotar um estatuto de sociedade privada.

Alguns dados fatuais:
= 1575 jornalistas (num total de 2326 colaboradores) repartidos por 150 países e 200 delegações[69];

---

[68] Estes dados começam, no entanto, a datar. Acusam-se muitas vezes os *média* de falarem de toda a gente menos deles. Deste ponto de vista, as agências de informaçao batem todos os recordes do silêncio. Estes dados figuram desde logo a título puramente indicativo.
[69] Sítio de *AFP*, 15 de março de 2017; *Le Monde*, Paris, 24 de abril de 1996, p. 28; H. Pigeat, «Les aspects internationaux de la communication de masse», *in* C.-J. Bertrand (dir.), *Médias*, Paris, Ellipses, 1995, p. 96.

OS CRITÉRIOS DE SELEÇÃO DA INFORMAÇÃO

= 5 centros regionais: Paris, Hong Kong [China], Montevideu [Uruguai], Nicósia [Chipre] e Washington [EUA];

= os serviços gerais distribuem 400 a 600 mil palavras por dia «sob a forma de flash, boletim, urgente, factual, desenvolvimento, síntese, reações, reportagem, análise»[70], ou seja, 5000 despachos por dia, dos quais 1250 despachos multimédia[71];

= seis línguas utilizadas na transmissão: francês, árabe, castelhano, inglês, português e russo[72].

O serviço da *AFP* em língua árabe, baseado em Nicósia (Chipre), constitui de facto a maior agência de informação em língua árabe no mundo.

> *Associated Press* (AP), Nova Iorque
Cooperativa sem fins lucrativos, criada em 1846. Dirigida por um comité composto por dezoito proprietários de jornais estado-unidenses eleitos por três anos. São eles quem escolhe entre eles um presidente e um administrador-geral.

Alguns dados fatuais:

= 243 escritórios em 120 países[73];

= conta 3 mil jornalistas[74];

= cinco línguas utilizadas na transmissão: inglês, alemão, castelhano, francês e neerlandês;

---

[70] Sítio de *AFP*, 13 de outubro de 2006.

[71] Sítio de *AFP*, 17 de outubro de 2010; sítio de *AFP*, 15 de março de 2017.

[72] *Wikipedia* em inglês, 21 de julho de 2017; sítio de *AFP*, 13 de outubro de 2006; *Le Monde*, Paris, 24 de abril de 1996, p. 28; *L'Echo de la Presse*, Paris, n.º 26, janeiro de 1992, p. 14; *Le Monde*, Paris, 24 de novembro de 1993, p. 21.

[73] Sítio de *AP*, 13 de outubro de 2006.

[74] *Wikipedia* em francês, 21 de julho de 2017.

TEORIA DA INFORMAÇÃO JORNALÍSTICA

- = em 2007, mais de 1700 jornais e 5 mil estações de rádio e de televisão eram assinantes dos seus serviços[75];
- = em finais dos anos de 1990, 85 % das suas receitas provinham do seu mercado interior[76].

> *Reuters*, Londres

Fundada por Paul Julius Reuter, em Londres, em outubro de 1851. Organizada sob a forma de cooperativa em 1941. Em 1984, *Reuters* passou a ser uma sociedade cotada em bolsa e controlada pelas britânicas *Press Association* e *Newspaper Publishers Association*, assim como pela *Australian Associated Press* e a *New Zealand Press Association*, que detinham juntas 25 % das ações e um direito de voto que lhes dava na realidade um direito de veto, nenhum outro acionista podendo deter mais de 15 % do capital[77]. Em 15 de maio de 2007, a canadiana Thomson Corporation (v. mais longe) anunciou a aquisição de *Reuters* e a sua integração no seio de Thomson Reuters, o grupo canadiano detendo 53 % da nova sociedade.

Alguns dados fatuais:

- = 2500 jornalistas em 200 escritórios de 95 países[78]. Apenas 500 trabalham de facto para o serviço de informação geral;
- = doze línguas utilizadas na transmissão: inglês, alemão, árabe, castelhano, chinês, coreano, francês, italiano, japonês, português, russo e urdu[79];

---

[75] *Wikipedia* em inglês, 21 de julho de 2017; sítio de *AP*, 13 de outubro de 2006.

[76] *El País*, Madrid, 29 de janeiro de 1998, p. 32; *Le Monde*, Paris, 10 de janeiro de 1995, p. 24; H. Pigeat, «Les aspects internationaux de la communication de masse», p. 96.

[77] P. J. Humphreys, *Mass media and media policy in Western Europe*, Manchester, Manchester University Press, 1996, p. 33.

[78] Sítio de *Reuters*, 23 de março de 2017; *Wikipedia*, 15 de março de 2017.

[79] *Wikipedia* em inglês, 24 de julho de 2017.

OS CRITÉRIOS DE SELEÇÃO DA INFORMAÇÃO

= 80 % de clientes estrangeiros (números datando de antes da tomada de controlo pela Thomson)[80].

Tradicionalmente, esta percentagem muito elevada de clientes estrangeiros (não-britânicos) era devida à existência da agência *Press Association* (PA) — sua acionista, cuja sede se encontrava, até 2005, no mesmo prédio que a de *Reuters* —, voltada, ela, para o mercado interior britânico.

Dada a situação de crise lavrada na *UPI*, que provocou a sua retirada para os EUA, assim como a origem e a situação particulares da *ITAR-TASS*, numerosos observadores estão de acordo para dizer que apenas três agências merecem ainda o título de agências mundiais: a *AP*, a *AFP* e a *Reuters*. Porém, «só a *AFP* e a *AP* continuam a ser agências com uma vocação generalista cuja clientela é maioritariamente composta pelos próprios média. *Reuters*, a mais importante pelos seus efetivos e o seu volume de negócios, voltou-se mais do que nunca para os meios económicos e financeiros»[81], apenas 7 % do volume de negócios de *Reuters* provindo dos média[82], enquanto os média representam 35 % das receitas da *AFP*[83].

1.1.2. As agências transnacionais

Tradicionalmente, a *UPI* e a *ITAR-TASS* eram consideradas agências mundiais. A importância delas é, no entanto, consideravelmente menor do que a das três outras, pelo menos no mundo dito «ocidental». Por isso, convém agora classificá-las antes entre as *agências transnacionais*.

---

[80] *Le Monde*, Paris, 10 de dezembro de 1999, p. 23; *Le Monde*, Paris, 13 de janeiro de 1999, p. 19. *Le Monde*, Paris, 10 de janeiro de 1995, p. 24; M. Palmer, «Comment Reuter a gagné la course à l'information boursière», *in Le Monde diplomatique*, Paris, janeiro de 1993, p. 19.

[81] M. Palmer, «Comment Reuter a gagné la course à l'information boursière», p. 18.

[82] *Wikipedia*, 15 de março de 2017; *Le Monde*, Paris, 13 de janeiro de 1999, p. 19; *The Guardian*, Londres, 14 de fevereiro de 1996, p. 12; *Le Monde*, Paris, 10 de janeiro de 1995, p. 24.

[83] *Le Monde*, Paris, 16 de março de 1995, p. 20.

TEORIA DA INFORMAÇÃO JORNALÍSTICA

> *UPI* (United Press International), Miami (EUA)

Nascida em 15 de julho de 1907 sob o nome de *United Press*, por iniciativa de Edward Willis Scripps. Fusiona em 24 de maio de 1958 com a *International News Service* (agência lançada em 1909 por William Randolph Hearst) e toma o nome de *United Press International*. A *UPI* pertenceu ao grupo Scripps-Howard até junho de 1982. Desde então, mudou de proprietário várias vezes e renunciou a um certo número das suas atividades (v. mais à frente), ao mesmo tempo que se concentrava fortemente nos EUA. A agência teria perdido 75 % dos seus clientes entre 1982 e 1988[84]. Mas a situação da *UPI* não para de piorar: em 21 de janeiro de 1997, ela anuncia «o encerramento da maioria dos seus escritórios da região Europa, Médio Oriente e África»[85] e, em agosto de 1999, decide vender a sua carteira de assinantes rádio e televisão à agência *AP* [86]. Em 2000, a *UPI* muda mais uma vez de proprietário, sendo desta vez retomada pela News World Communications (editora do diário *Washington Times*), sociedade detida pela Igreja da Unificação (isto é: a seita Moon).

Alguns dados fatuais :

= três línguas utilizadas na transmissão: inglês, árabe e castelhano;

= quatro centros regionais: Beirute [Líbano], Hong Kong [China], Seul [Coreia do Sul], Tóquio [Japão][87].

> *TASS* (Telegrafnoie Agentstvo sovietskavo Soyusa), Moscovo

Criada em 10 de julho de 1925 pelo Comité Executivo Central e o Conselho dos Comissários do Povo da URSS, herdeira da agência *ATSP*, criada em 1 de setembro de 1904 e que se chamou sucessivamente *ATP* e *APTR*. Logo de início, *TASS* era liderada por um diretor-geral nomeado pelo Conselho de Ministros. Desde 26 de dezembro de 1992, está sob o controlo

---

[84] *Público*, Lisboa, 18 de novembro de 1990, p. 20.

[85] *Le Monde*, Paris, 23 de janeiro de 1997, p. 33.

[86] *Le Monde*, Paris, 8-9 de agosto de 1999, p. 10.

[87] *Wikipedia*, 16 de março de 2017.

OS CRITÉRIOS DE SELEÇÃO DA INFORMAÇÃO

do Centro Federal de Informação, ele mesmo sob a autoridade direta do presidente da Rússia[88]. Em janeiro de 1992, passou a chamar-se *ITAR-TASS* (*Informatsionnoe telegrafnoe agentstvo Rossii*). Em 22 de dezembro de 1993, Boris Ieltsine restaurou a agência *ITAR-TASS* no seu estatuto «de agência oficial da Rússia»[89]. Em setembro de 2014, voltou a adotar o nome *TASS*, continuando a ter o estatuto de empresa do Estado.

Alguns dados fatuais :

= 70 centros regionais na Rússia;

= 68 escritórios em 63 países;

= duas línguas utilizadas na transmissão: russo e inglês[90].

A democratização da vida política na Rússia (diga-se lá o que se disser e apesar de aspetos claramente autocráticos do poder atual), a abertura da Rússia para o mundo exterior e a sua afirmação como potência mundial aumentam o interesse dos média estrangeiros pela produção da *TASS* e relançam assim a expansão e audiência da agência no mundo.

Ao lado destas duas ex-agências mundiais, dez outras agências transnacionais (ou pelo menos oito de entre elas) tomam cada vez mais importância como empresas de recolha, tratamento e difusão de informação. Embora recolham e difundam informação num número de países geralmente importante, estas agências transnacionais não procuram, porém — como as mundiais —, cobrir «a atualidade significativa» em todo o planeta. Geralmente, a expansão delas está ligada à *expansão económica* do país de origem, e até mesmo aos *fluxos migratórios* da população deste país.

---

[88] *Libération*, Paris, 28 de dezembro de 1992, p. 15.

[89] *Libération*, Paris, 27 de dezembro de 1993, p. 11.

[90] Sítio de *TASS*, 17 de março de 2017; sítio de *ITAR-TASS*, 14 de outubro de 2006; T. Rantanen e E. Vartanova, «News agencies in post-communist Russia», *in European Journal of Communication*, Londres, vol. 10, n.º 2, junho de 1995, p. 214; *Prima comunicazione*, Milão, janeiro de 1993, p. 75.

TEORIA DA INFORMAÇÃO JORNALÍSTICA

> *Efe*, Madrid

Criada em 3 de janeiro de 1939 a partir da agência *Fabra* (fundada em 1865, chamava-se na origem *Centro de Corresponsales*, adotando o nome *Fabra* em 1919). Absorverá em seguida as agências *Faro, Febus* e, em 1968, *Fiel* —, agências cujos nomes começavam todos pela letra F, de onde o nome da nova agência (a transcrição fonética da letra F), havendo quem veja nisso igualmente a inicial do nome do ditador espanhol Francisco Franco e a da Falange, o braço político do regime franquista. Agência nacional na origem, *Efe* adquiriu uma dimensão transnacional a partir de 1965 (com a abertura de uma delegação em Buenos Aires) e criou um primeiro serviço em língua estrangeira (o francês) em 1967[91].

Atualmente, *Efe* conta um efetivo de 1300 pessoas e está presente em 181 cidades de 120 países (das quais 30 delegações nacionais e 45 delegações internacionais[92]), difundindo 300 mil palavras por dia em 6 línguas (castelhano, catalão, galego, árabe, inglês e português)[93]. *Efe* conta três grandes centros de edição no estrangeiro: no Rio de Janeiro (criado em 2001, início do serviço em português), no Cairo (criado em 2006, início do serviço em árabe) e em Bogotá (criado em 2007. Anteriormente, um centro orientado para o continente americano tinha sido criado em Miami em 2002, mas foi transferido para Bogotá, na Colômbia, em 2007).

Na América Latina, *Efe* é a principal fornecedora de informação em proveniência da própria América Latina, assim como da Europa, e ocupa o segundo lugar no que diz respeito à informação proveniente dos EUA[94]. Depois da América Latina, *Efe* procura, com toda a evidência, ocupar um lugar importante no mundo árabe, propondo-se logo a partir de janeiro de 1995 distribuir 100 a 150 despachos diários em todo o mundo árabe[95].

[91] *L'Echo de la Presse et de la Publicité*, Paris, n.º 1211, 16 de fevereiro de 1981, p. 55.
[92] Sítio de *Efe*, 16 de março de 2017; *El País*, Madrid, 1 de maio de 2004, p. 38.
[93] *Comunicación social 1990 Tendencias*, Madrid, pp. 128 e 130.
[94] *El Mundo*, Madrid, 12 de março de 1993, p. 4C.
[95] *El País*, Madrid, 2 de dezembro de 1994, p. 35.

OS CRITÉRIOS DE SELEÇÃO DA INFORMAÇÃO

Sociedade anónima, *Efe* é controlada a 99,60 % pelo Estado espanhol[96], por intermédio da Sociedad Estatal de Participaciones Industriales (SEPI). Os seus dirigentes são nomeados pelo governo. Em 2007, 46,10 % do seu volume de negócios provinha do mercado nacional, 44,77 % de «contratos de serviços com o Estado» e 9,13 % do mercado exterior[97]. Será hoje a quarta agência de informação no mundo[98] e a primeira na América Latina (com mais de 40 % da informação internacional publicada nesta região do mundo)[99].

> *ANSA* (Agenzia Nazionale Stampa Associata), Roma
Fundada em 13 de janeiro de 1945, em substituição da agência *Stefani* (criada em 1853), *ANSA* é uma cooperativa, propriedade de 36 empresas de imprensa diária. O seu conselho de administração é composto por dezassete representantes da imprensa. Com 22 delegações regionais em Itália e 79 em 74 países, distribui diariamente «mais de 3500 notícias» em 6 línguas (italiano, alemão, árabe, castelhano, inglês e português). *ANSA* tem uma forte presença na América Latina[100].

> *DPA* (Deutsche Presse-Agentur), Hamburgo
Longínqua herdeira da agência *Wolff* (criada exatamente um século antes, em 1849) e sucessora da *DNB* (criada em 1934), a *DPA* foi fundada em 18 de agosto de 1949. Constituída sob a forma de uma sociedade cooperativa, o seu capital é detido por 191 empresas de imprensa (75 %) e de audiovisual (25 %) alemãs. Nenhuma destas empresas pode, porém, deter mais de 1,5 % do capital.

[96] *El País*, Madrid, 21 de outubro de 1995, p. 23.
[97] *Noticias de la Comunicación*, Madrid, n.º 287, janeiro de 2009, p. 45.
[98] *El País*, Madrid, 22 de novembro de 2004, p. 30.
[99] *El País*, Madrid, 6 de novembro de 1997, p. 32.
[100] Sítio de *ANSA*, 16 de março de 2017; M. Mathien e C. Conso, *Les Agences de presse internationales*, p. 6.

TEORIA DA INFORMAÇÃO JORNALÍSTICA

A *DPA* está presente em 100 países (com um interesse muito particular pela Europa Central), dispõe de 50 delegações na Alemanha e distribui 800 «peças» diárias em 4 línguas (alemão, árabe, castelhano e inglês). Conta seis centros regionais: Buenos Aires [Argentina], Madrid, Cairo [Egito], Banguecoque [Tailândia], Cork [Irlanda] e Washington [EUA][101].

Desde 15 de setembro de 2015, a *DPA* dispõe de uma redação central em Berlim, embora a sede da agência tenha sido mantida em Hamburgo.

> *Kyodo*, Tóquio
Cooperativa criada em 1946, no seguimento da dissolução da *Domei News Agency* (controlada pelo Estado). Detida por 64 grupos de imprensa, *Kyodo* dispõe de 48 escritórios no Japão e de 50 no estrangeiro[102], e emprega mais de 1000 jornalistas[103]. Distribui cada dia 220 mil letras japonesas e 35 mil palavras em inglês.

> *Jiji Press*, Tóquio
Sociedade anónima criada em 1 de novembro de 1945, no seguimento da dissolução da *Domei News Agency*. A agência *Jiji Press* é detida a 100 % pelo seu pessoal, dispõe de 82 escritórios no Japão e de 29 no estrangeiro[104], e distribui um serviço em inglês de mais de 60 mil palavras por dia[105], assim como em chinês. Desde dezembro de 1949, *Jiji Press* trabalha em sociedade com a *AFP*, da qual dispõe da exclusividade dos direitos de distribuição para o Japão dos textos, das fotografias e das infografias[106].

---

[101] *Wikipedia* em inglês e em francês, 25 de julho de 2017.
[102] J.-F. Sabouret (dir.), *L'Etat du Japon*, Paris, La Découverte, 1995, p. 295.
[103] *Wikipedia*, 16 de março de 2017.
[104] Despacho de *AFP*, Paris, 22 de agosto de 2008; J.-F. Sabouret (dir.), *L'Etat du Japon*, p. 295.
[105] Sítio de *Jiji Press*.
[106] Despacho de *AFP*, Paris, 22 de agosto de 2008.

OS CRITÉRIOS DE SELEÇÃO DA INFORMAÇÃO

As duas agências japonesas interessam-se muito particularmente pelos países do Extremo Oriente e do Pacífico. Uma e outra não conseguem, no entanto, impor-se entre a clientela estrangeira e mais particularmente nos média «ocidentais».

> *MENA* (Middle East News Agency), Cairo
Criada em 15 de dezembro de 1955 pelos meios de imprensa egípcios, *MENA* é nacionalizada em 1960. Com mais de 400 jornalistas, dispõe de escritórios e de correspondentes em 36 países estrangeiros (16 no mundo árabe, 9 na Europa, 5 na Ásia, 4 em África e 2 nos EUA). Distribui 250 mil palavras por dia, em árabe, francês e inglês[107], e é considerada a segunda agência em língua árabe (depois, portanto, do serviço árabe da *AFP*). As convulsões que conhece o Egito desde há alguns anos, com a acentuação da tendência autoritária do regime, parecem ter contribuído para fazer *MENA* perder uma certa audiência no plano internacional.

> *PTI* (Press Trust of India), Nova Deli
Criada em 27 de agosto de 1947, em Madras, mesmo se os seus serviços só começaram em 1 de fevereiro de 1949. Cooperativa propriedade dos editores de jornais, a *PTI* conta 400 jornalistas, escritórios em mais de 80 cidades da Índia e correspondentes em 13 capitais estrangeiras, distribuindo mais de 100 mil palavras por dia em inglês. Por outro lado, distribui os serviços da *AFP* e da *AP* na Índia.

> *IPS* (Inter Press Service), Roma
Agência de informação geral particularmente centrada na informação referente ao Terceiro Mundo, *IPS* é uma cooperativa, propriedade dos seus redatores. Apresenta-se como «a voz dos países do Sul

[107] Sítio de *MENA*.

TEORIA DA INFORMAÇÃO JORNALÍSTICA

e das organizações não-governamentais»[108] e pretende «dar uma voz aos sem voz»[109]. É aliás reconhecida pela ONU como organização não-governamental (ONG)[110].

Fundada em 14 de abril de 1964, conta uma rede de mais de 250 jornalistas em mais de 150 países e distribui 112 mil palavras por dia em inglês e em castelhano, mas também em 10 outras línguas (entre as quais o alemão, o finlandês, o francês, o italiano, o neerlandês, o português e o sueco, para citar apenas as europeias). Em meados dos anos de 1990, o fundador e diretor de *IPS*, Roberto Savio, afirmava que a agência vendia os seus serviços a mil jornais no mundo, assim como a 18 mil ONG[111]. É de certa maneira uma agência de complemento em relação às grandes agências, já que focaliza a atenção em zonas do mundo e temáticas a que estas grandes agências são pouco atentas.

> *Xinhua*, Pequim

Criada em 7 de novembro de 1931, *Xinhua* (*Nova China*, que até 1937 se chamou *Nova Agência da China Vermelha*) apresenta-se como a «agência de notícias oficial da República Popular da China», tem um estatuto comparável ao de um ministério e depende assim diretamente do governo de Pequim. Conta 84 escritórios na China e 162 no estrangeiro[112], e distribui os seus serviços em 12 línguas (chinês, alemão, árabe, inglês, castelhano, coreano, francês, japonês, português, russo, tibetano e uigur)[113]. O seu serviço em inglês, inaugurado em setembro de 1944, distribui diariamente 290 despachos. O serviço em francês, lançado nos anos de 1950, distribui

---

[108] *El País*, Madrid, 29 de novembro de 1994, p. 31.

[109] Sítio de *IPS*, 16 de março de 2017.

[110] Sítio de *IPS*.

[111] *El País*, Madrid, 29 de novembro de 1994, p. 31.

[112] *CRI Online* (Radio Chine Internationale), 7 de novembro de 2011.

[113] Sítio de *Xinhua*, 16 de março de 2017; despacho da agência *Lusa*, Lisboa, 10 de outubro de 2009.

OS CRITÉRIOS DE SELEÇÃO DA INFORMAÇÃO

diariamente 160 despachos. Enquanto o serviço em castelhano, criado em 1958, propõe diariamente 210 despachos[114].

Assinalemos a existência de uma segunda agência chinesa, *China News Service*, criada em 1952 e dependente, ela também, do Conselho dos Assuntos do Estado, quer dizer: o governo. Dirige-se antes de mais às comunidades chinesas residentes no estrangeiro e conta com delegações na Austrália, nos EUA, em França, no Japão e na Tailândia.

> *Tanjug* (Telegrafska Agencija nova Jugoslavija), Belgrado
Criada em 5 de novembro de 1943, *Tanjug* foi durante muito tempo o polo centralizador das agências dos países não-alinhados. Sofreu frontalmente as vicissitudes das guerras e do desmantelamento da ex-Jugoslávia que se seguiu. Em outubro de 2010, distribuía diariamente 400 despachos em sérvio e em inglês. Anunciada há alguns anos, *Tanjug* prepararia a sua passagem de agência do Estado para uma sociedade com capital misto, público e privado.

Forçoso é verificar que só três destas agências têm eco nos nossos média: *Efe*, *ANSA* e *DPA* (chamam-lhes por vezes as «pequenas mundiais»). Quer dizer: as agências de três grandes potências europeias, as duas outras potências europeias (França e Grã-Bretanha) dispondo, elas, de duas agências mundiais. Cinco outras agências encontram por momentos um certo eco nos nossos média: *Kyodo*, *Jiji Press*, *PTI*, *MENA* e mais raramente *IPS*. Em contrapartida, *Xinhua* e *Tanjug* perderam com toda a evidência um certo peso nos média, no seguimento da evolução do contexto político internacional nos anos de 1980--90. Mais recentemente, a emergência da China nos planos económico e tecnológico é de natureza a favorecer a expansão da *Xinhua*, embora a ausência de democracia política (pelo menos no sentido europeu do termo) constitua um entrave evidente à afirmação da agência no plano internacional.

[114] Sítio de *Xinhua*.

Constatemos pois que as grandes agências mundiais ou transnacionais têm as suas sedes em países que são:

> potências económicas mundiais ou/e;
> as principais potências diplomáticas mundiais ou/e;
> potências regionais.

Mas podemos igualmente constatar em seguida o enorme desequilíbrio quantitativo entre as agências mundiais e as agências transnacionais.

Por outro lado, a repartição dos correspondentes das ex-cinco grandes agências mundiais pelo mundo é igualmente reveladora de um profundo desequilíbrio na circulação da informação: 34 % na América do Norte, 28 % na Europa, 17 % na Ásia-Austrália, 11 % na América Latina, 6 % no Próximo Oriente e 4% em África. Estes números são, porém, já bastante antigos e os dados factuais atualizados sobre as agências de informação não são nada abundantes.

Segundo números igualmente antigos, um quinto dos países independentes não teria agência de informação e, em mais de metade dos países do mundo, não haveria um único correspondente estrangeiro permanente.

Este desequilíbrio posto em evidência por dados quantitativos é ainda acentuado por um dado fundamental de natureza cultural. A grande maioria dos jornalistas e correspondentes permanentes das grandes agências de informação é, com efeito, nacional dos países onde elas têm as suas sedes (mesmo se a situação tem tendência a evoluir nesta matéria há alguns anos, sobretudo no que diz respeito às agências mundiais e às grandes agências transnacionais). Por conseguinte, os centros de interesse assim como a formulação dos textos deles (quer se trate de relato ou de interpretação), as conceções deles da informação, refletem inevitavelmente um certo sistema de pensamento e de valores que caracteriza globalmente as nossas sociedades europeio-ocidentais, greco-latinas ou judaico-cristãs, democráticas, parlamentares e «pós-industriais». Um sistema de pensamento e de valores que está longe de ser universal.

Como escrevem Michel Mathien e Catherine Conso, «as agências exercem um papel-chave na determinação da atualidade quotidiana da maior parte dos média do mundo, nomeadamente no domínio da informação internacional. O inconveniente de uma tal partilha dos papéis entre atores de um "sistema mediático" é deixar à agência da qual o média é assinante (rara é a dupla assinatura) o cuidado de ser a principal ordenadora da atualidade internacional e nacional. [...] Como "filtro comandado", a agência é uma estrutura que não retém e não distribui tudo e mais alguma coisa. Ela tem uma política editorial ou redatorial conhecida pelas suas principais fontes, mas sobretudo pelos seus agentes profissionais»[115].

1.1.3. As agências regionais

Um novo tipo de agência de informação viu o dia há uma trintena de anos: as *agências regionais*. Elas cobrem antes de mais a informação de uma dada região do mundo, reagrupando vários países. São muitas vezes fruto de um acordo entre países de uma mesma região e até mesmo fruto de uma colaboração entre agências nacionais de uma mesma região do mundo. Algumas de entre elas nasceram no seguimento do grande debate sobre a «Nova Ordem Mundial da Informação» (NOMI), que ocorreu no seio da Unesco, em finais dos anos de 1970, início dos anos de 1980.

Forçoso é, porém, reconhecer que o balanço deste movimento de implantação de agências regionais no Terceiro Mundo se saldou globalmente num fracasso. Na maior parte das vezes, os governos nacionais quiseram guardar a influência na informação que tinha por origem os seus países e na que aí era distribuída. Enquanto se «esqueciam» de respeitar os seus compromissos em matéria de meios financeiros que deveriam atribuir a estas agências regionais.

---

[115] M. Mathien e C. Conso, *Les Agences de presse internationales*, p. 14.

TEORIA DA INFORMAÇÃO JORNALÍSTICA

Deste movimento iniciado e favorecido pela Unesco, tudo parece indicar que apenas duas sobreviveram, tendo, contudo, tomado posteriormente contornos diferentes dos que estiveram na origem:

> *Cana* (Caribbean News Agency), criada em 1976, na América Central, com sede na ilha de Barbados. Sucessora do serviço regional da *Reuters*, fusionou em 9 de junho de 2000 com a Caribbean Broadcasting Union para formar a Caribbean Media Corporation. Dispõe de correspondentes nos países de línguas inglesa e neerlandesa das Caraíbas.

> *Pana* (Pan-African News Agency, Agência Pan-Africana de Notícias), em Dakar. Criada oficialmente em 20 de julho de 1979 por iniciativa da Organização de Unidade Africana. Iniciou as suas atividades em 25 de maio de 1983. Os seus serviços são distribuídos em árabe, francês, inglês e português. Dispõe de uma centena de jornalistas e de delegações em Cartum (Sudão), Kinshasa (R. D. do Congo), Lagos (Nigéria), Luanda (Angola), Lusaca (Zâmbia) e Trípoli (Líbia), assim como em Paris e Nova Iorque. Privatizada em 1999, tomará o nome de *Panapress*.

Este fracasso das agências regionais — além de uma cobertura da atualidade no Terceiro Mundo realizada por agências mundiais e transnacionais segundo critérios que dizem respeito antes de mais ao institucional e ao espetacular — leva as ONG a assumirem um papel cada vez maior em matéria de informação sobre as regiões negligenciadas por aquelas. O que não deixa de levantar questões sobre os aspetos promocionais destas ações de informação das ONG, não sendo estas precisamente indiferentes à cobertura dada pelos média aos temas de atualidade no quais elas estão mais ou menos implicadas. Tanto mais que sabemos hoje que ONG estado-unidenses tomaram nestes últimos anos «o lugar ocupado até aos anos de 1980 na arte de desestabilizar a longo termo os governos» estrangeiros[116].

[116] *Le Monde*, Paris, 16-17 de outubro de 2005, p. 4 (Radio-Télévision).

OS CRITÉRIOS DE SELEÇÃO DA INFORMAÇÃO

1.1.4. As agências nacionais

Um quarto tipo de agência assume igualmente um papel essencial na circulação da informação: as *agências nacionais*. Com exceção do Luxemburgo, todos os países da antiga União Europeia a 15 contavam pelo menos uma.

> *Belga*, Bruxelas

Fundada em 20 de agosto de 1920 por Pierre-Marie Olivier e Maurice Travaileur, *Belga* — que distribuiu o seu primeiro despacho em 1 de janeiro de 1921[117] — tinha como acionistas 234 sociedades e 11 particulares. Em 1948, os editores de diários passaram a ser maioritários no capital da agência. Em março de 2017 (como em novembro de 2010!), a imprensa escrita constituía 38 % dos clientes de *Belga*, o audiovisual 23 %, os poderes públicos 16 %, as empresas 16,5 %, as agências 5 % e os novos média 1,5 %[118]. Dito de outra maneira: os seus proprietários são também os seus principais clientes, o que não deixa de pôr grandes problemas em termos de gestão. O seu conselho de administração é, com efeito, constituído por diretores de diários, de rádios e de televisões (que constituem juntos 61 % da clientela). Desde logo, como decidir aumentar as tarifas dos serviços da agência quando a maior parte dos que deverão pagar estes serviços são membros do conselho de administração que deveria decidir tal aumento?!

Funcionando na origem unicamente em francês, *Belga* criou um serviço em neerlandês em 1944, depois da Segunda Guerra Mundial. Além da sua sede em Bruxelas, a agência dispõe de seis redações regionais (em Antuérpia, Gante e Genk, Charleroi, Namur e Liège) e conta 100 jornalistas e 200 correspondentes na Bélgica mesmo. *Belga* tem, por outro lado, acordos de colaboração com as agências *AFP*, *ANP* (neerlandesa), *ANSA*, *ACP* (Agence congolaise de Presse, que sucedeu à *AZAP*, Agence zaïroise

---

[117] *La Libre Belgique*, Bruxelas, 29 de maio de 1996, p. 4.
[118] Sítio de *Belga*, 16 de outubro de 2005. Os mesmos números aparecem curiosamente no sítio de *Belga* em 17 de março de 2017...

TEORIA DA INFORMAÇÃO JORNALÍSTICA

de Presse), *DPA, Efe, ITAR-TASS, Reuters* e *UPI*, dado que não dispõe de correspondentes próprios no estrangeiro. A redação «exterior» de *Belga* dá uma atenção particular à atualidade que diz respeito à União Europeia e à OTAN-NATO, visto que as sedes delas se encontram em Bruxelas.

Belga distribui diariamente 270 despachos (em cada uma das duas línguas, francês e neerlandês), ou seja, cerca de 70 mil palavras diárias[119]. Estes despachos «ficam disponíveis durante um mês no banco de dados Belisa. O banco de dados Belgadoc, integrado no sistema Bistel, contém os despachos distribuídos por *Belga* desde 1 de janeiro de 1984»[120].

Encontramos, bem entendido, muitas agências de carácter nacional em diversos países da União Europeia:

> Alemanha: *DDP* (Deutscher Depeschendienst), em Berlim. Criada em 1971[121] por oito antigos empregados da estado-unidense *UPI*, que lhes cedeu o serviço[122]. Absorveu a *ADN* (Allgemeiner Deutscher Nachrichtendienst), a agência da ex-RDA, em 1992 e retomou o serviço alemão da *Associated Press* em 8 de dezembro de 2009. Propriedade dos financeiros Peter Löw e Martin Vorderwülbecke, a *DDP* emprega 140 redatores e fotógrafos em 35 delegações, na Alemanha e no estrangeiro, nomeadamente na Europa de Leste[123].

> Espanha:
- *Europa Press* (criada em 1953, ligada ao Opus Dei, adquiriu a *OTR* em junho de 1997);

---

[119] Sítio de *Belga*, 16 de outubro de 2005.
[120] P. De Backer, «Belga: agence de presse nationale, maillon d'un réseau mondial», p. Bac 3.
[121] P. Albert e U. E. Koch, *Les Médias en Allemagne*, p. 90.
[122] *Wikipedia*, 17 de março de 2017.
[123] Despacho de *ANSA*, 8 de dezembro de 2009; *Le Monde*, Paris, 30 de novembro de 1994, p. 10.

OS CRITÉRIOS DE SELEÇÃO DA INFORMAÇÃO

- *Colpisa* (criada em 1972, controlada por diversos diários regionais, sendo o grupo Vocento maioritário).

Por seu lado, *Fax Press* (ex-*Lid*, Línea Independiente de Diários), fundada nos anos de 1980, mudou de nome em 1991, passou para o controlo do grupo Intereconomia em 2001 e cessou as suas atividades em 30 de setembro de 2009.

> França: a *ACP Communication* (Agence Centrale Parisienne de Presse), em Paris, criada em 1 de março de 1951, foi posta em liquidação em meados de 1993[124].

Todavia, em 3 de setembro de 2009, o grupo Imacom anunciou o lançamento de uma nova *ACP* (Agence Centrale de Presse), cujas atividades começaram em janeiro de 2010, mas que foi posta em liquidação em agosto de 2011.

França é assim o único grande país da Europa ocidental a não dispor de uma alternativa à sua agência dominante, a *AFP*.

> Grã-Bretanha: *PA* (The Press Association), fundada em 1868, é de facto a agência nacional do Reino Unido e da Irlanda, e tem duas filiais: *The Scottish Press Association* e *The Press Association of Ireland*.

> Irlanda: *PA* (The Press Association of Ireland), com delegações em Belfast e em Dublim.

> Itália:
- *AGI* (Agenzia Giornalistica Italia), fundada em 1950, controlada pela sociedade petrolífera ENI desde 1965. Sede em Roma, 15 delegações regionais e uma em Bruxelas. Publica diariamente uma média de

---

[124] *Le Monde*, Paris, 7 de janeiro de 1993, p. 17; *Le Monde*, Paris, 26-27 de setembro de 1993, p. 11.

TEORIA DA INFORMAÇÃO JORNALÍSTICA

1000 notícias. Utiliza sete línguas: italiano, árabe, castelhano, chinês, francês, inglês e português[125].

- *AdnKronos*, nascida da fusão em 1963 da agência *Kronos*, fundada em 1951 e ligada ao Partido Socialista, com a *ADN* (Agenzia Di Notizie), fundada em 1959 e ligada à Democracia Cristã. Controlada desde 1978 pelo grupo Giuseppe Marra. Sede em Roma. Publica diariamente uma média de 1800 notícias[126].
- *Askanews*, resultado da fusão em 20 de outubro de 2014 da *ASCA* (Agenzia Stampa Cattolica Associata, fundada em 1969 por uma série de diários católicos) e da *TM News* (ex-*APCom*, fundada em fevereiro de 2001). Sede em Roma[127].
- *LaPresse* sucede nos anos de 1990 à agência *Publifoto*, nascida nos anos de 1930 em Turim. Em 30 de novembro de 2015, toma o controlo da *AGA* (Agenzia Giornali Associati, fundada em 1953 por iniciativa da Confindustria, confederação do patronato). Redações em Turim, Milão e Roma, com mais de 80 jornalistas e correspondentes. Acordos de colaboração com as agências *Efe*, *Press Association*, *Reuters* e *Xinhua*[128].

A multiplicidade das agências de informação em Itália põe em evidência a pluralidade de interesses concorrentes presentes na sociedade italiana. É particularmente significativo o facto de elas terem por origem, na maior parte das vezes, organizações políticas, instituições ou empresas industriais. A assinalar, porém, o facto de se assistir há vários anos a um processo de concentração e de autonomização destas agências em relação às suas origens.

---

[125] Sítio de *AGI*, 17 de março de 2017.
[126] Sítio de *AdnKronos*, 17 de março de 2017.
[127] Sítio de *Askanews*, 17 de março de 2017; *Prima Comunicazione*, Milão, n.º 398, setembro de 2009, p. 68.
[128] Sítio de *LaPresse*, 17 de março de 2017.

OS CRITÉRIOS DE SELEÇÃO DA INFORMAÇÃO

> Portugal: *Lusa*, cooperativa criada em 12 de dezembro de 1986, resultado da fusão das agências *ANOP* (Agência Noticiosa Portuguesa, criada em 1974) e *NP* (Notícias de Portugal, criada em 1982), que tinham elas mesmas sucedido à *ANI* (Agência Noticiosa de Informação, criada em 1947). Conta mais de 280 jornalistas e está presente em 24 países. Detida pelo Estado (54,14 %) e pelos grupos de média Impresa (23,36 %) e Global Média (23,35 %), detendo a cooperativa NP 2,72 %.

Além da *ITAR-TASS*, assinalemos aqui a existência de duas agências na Rússia:

- *RIA Novosti* (Rossiiskoe informatsionnoe agentstvo): sucedeu em julho de 1992 à *Apn-Novosti*, criada em 1961. Em 26 de dezembro de 1993, por iniciativa de Boris Ieltsine, voltava a ser «a agência oficial do governo» de Moscovo[129]. É antes de mais uma agência de «features» e de fotografias. *RIA Novosti* fusionou com a rádio *A Voz da Rússia* (antiga *Radio Moscovo*) para constituir o grupo Rossia Segodnia[130], criado por decreto de 9 de dezembro de 2013.

- *Interfax*: criada em junho de 1989, por iniciativa privada[131]. Focalizada antes de mais na informação respeitante à Europa e à Ásia. Dispõe de delegações em 13 capitais estrangeiras, nomeadamente, no que diz respeito à Europa, em Budapeste, Francoforte, Kiev, Londres, Minsk, Praga e Varsóvia. Produz diariamente mais de 3000 «peças»[132]. Distribui a sua produção em russo, alemão, inglês, cazaque e ucraniano.

---

[129] *Libération*, Paris, 27 de dezembro de 1993, p. 11.
[130] *La Matinale du Monde*, 16 de março de 2017.
[131] Sítio de *Interfax*, 17 de março de 2017; T. Rantanen e E. Vartanova, «News Agencies in Post-Communist Russia», pp. 207-220.
[132] *Wikipedia*, 17 de março de 2017.

TEORIA DA INFORMAÇÃO JORNALÍSTICA

1.2. As agências de informação especializada

Ao lado destas agências de informação geral, encontramos uma miríade de agências especializadas. Dada a enorme diversificação dos média a que assistimos nestes últimos anos, as necessidades destes média em matéria de informação são evidentemente diferentes. Daí a criação destas agências de informação especializada, que só tratam de um sector da atualidade e que procuram assim responder melhor às necessidades destes últimos, propondo-lhes uma informação, ao mesmo tempo, mais pormenorizada e mais aprofundada do que as agências de informação geral.

Vejamos os casos mais importantes.

1.2.1. As agências ecofin

Este sector das agências de informação económica e financeira (ecofin) desenvolveu-se muito a partir de meados dos anos de 1960 e sobretudo a partir dos anos de 1980. Além dos média, estas agências cresceram antes de mais em número de assinantes entre as empresas e os meios de negócios, porque «mais depressa se acede à informação e melhor se analisam as tendências do mercado, e mais se ultrapassam os seus concorrentes, mais se ganha dinheiro»[133].

> *Thomson Reuters*, Nova Iorque

Em 14 de junho de 2006, a *AFP* anuncia ter cedido à canadiana The Thomson Corporation a sua filial britânica *AFX News*, criada em 24 de julho de 1990 e que foi sempre deficitária[134]. No ano seguinte, em 15 de maio de 2007, este mesmo grupo canadiano, cuja sede operacional se encontra de facto nos EUA, e o britânico Reuters Group puseram-se de acordo para uma fusão das duas sociedades. O novo grupo, Thomson Reuters, do qual Thomson controla 53 % do capital e Reuters 47 %,

---

[133] *Financial Times*, Londres, citado por *Courrier International*, Paris, 2 de agosto de 2007.
[134] *Le Monde*, 16 de junho de 2006, p. 17.

OS CRITÉRIOS DE SELEÇÃO DA INFORMAÇÃO

nasceu oficialmente em 17 de abril de 2008 e emprega 2400 jornalistas num total de 93 países. Thomson Reuters controlaria doravante 34 % do mercado mundial da informação económica e financeira, à frente da Bloomberg, com 33 %.

- *Thomson Financial*, Nova Iorque
  Agência considerada a concorrente direta de *Reuters* e de *Bloomberg* no meio dos mercados financeiros. Detida por The Thomson Corporation. Opera em 22 países.

- *Reuters*, Canary Wharf (Londres)
  Confrontada com a concorrência das duas outras agências anglófonas (*AP* e *UPI*), *Reuters* procurou — a partir de 1964 — dar uma importância cada vez maior à informação económica e financeira. A agência britânica passou assim a ser aquela que os financeiros, banqueiros e outros agentes de câmbio não podem dispensar. Mais de 90 % do seu volume de negócios provém hoje da venda de informações económicas e financeiras. Em detrimento da informação geral, dizem os que receiam o termo lógico de uma estratégia de desenvolvimento.
  Antes da tomada de controlo por Thomson, *Reuters* tinha ela própria tomado o controlo, em outubro de 2001, da *Bridge Information Systems*, agência criada em 1983 pelo grupo de imprensa estado-unidense Knight-Ridder, depois de ter sido posta em falência (em abril de 2001). *Bridge*, que adquiriu a sociedade suíça Data Star, trata da economia, das finanças, das ciências e das técnicas.
  Antes da fusão anunciada em maio de 2007, *Reuters* era a segunda agência mundial em matéria de dados financeiros, com 23 % das partes do mercado, e *Thomson* era a terceira, com 11 %, depois de *Bloomberg*, que era a primeira, com 33 %[135].

---

[135] *El País*, Madrid, 5 de maio de 2007, p. 56.

> *Bloomberg News Service*, Nova Iorque

Agência estado-unidense criada em 1981, em Nova Iorque, por Michael Bloomberg (que viria a ser depois presidente da câmara da cidade). Até julho de 2008, o capital da Bloomberg Limited Partnership era detido a 72 % por Michael Bloomberg e a 20 % pelo banco de negócios estado-unidense Merrill Lynch[136]. Desde então, Michael Bloomberg detém 92 % do capital da agência. Com 146 escritórios em 72 países e 2400 empregados[137], *Bloomberg* dá uma importância particular aos dados e análises económicos e financeiros, publica diariamente mais de 2500 despachos e conta mais de 100 mil utilizadores na América do Norte e 130 mil no resto do mundo[138].

Diversos acordos ligam *Bloomberg* às agências *AFP* (desde 22 de abril de 1996), *Efe* (desde 3 de dezembro de 1996[139]) e *ANSA*.

> *Dow Jones*, Nova Iorque

Grupo estado-unidense fundado em 1882, proprietário nomeadamente da *Dow Jones Newswires*, mas também do diário *Wall Street Journal* e do semanário *Barron's*. Passou para o controlo da News Corporation (de Rupert Murdoch) em 1 de agosto de 2007. *Dow Jones* pratica de preferência uma política de alianças com outros parceiros e está assim presente em diferentes agências ecofin, nomeadamente europeias:

- *Dow Jones Newswires*, Nova Iorque

  Agência de informação económica e financeira que, em julho de 2005, afirma contar com 420 mil assinantes em 66 países. Os seus

---

[136] *Financial Times*, Londres, 8 de novembro de 2001, p. 20.

[137] *Wikipedia*, 17 de março de 2017.

[138] *Wikipedia*, 13 de outubro de 2006; *Le Monde*, Paris, 24 de abril de 1996, p. 28; *Libération*, Paris, 24 de abril de 1996, p. 36; *Trends Tendances*, Bruxelas, 4 de setembro de 1997, pp. 34-35.

[139] *El País*, Madrid, 4 de dezembro de 1996, p. 33.

serviços são propostos em dez línguas diferentes: alemão, castelhano, chinês, inglês, italiano, japonês, neerlandês, português e russo.

- *VWD* (Vereinigte Wirtschaftsdienste), Francoforte
Fundada em 1949, a agência alemã *VWD* (Vereinigte Wirtschaftsdienste) é controlada desde janeiro de 1994 pela estado--unidense *Dow Jones* e pelos diários alemães *Frankfurter Allgemeine* e *Handelsblatt*[140]. Conta 7 mil assinantes, dos quais só um décimo é média. Passou para o controlo do Carlyle Group em 2012.

- *Radiocor*, Milão
A mais importante agência de informação económica e financeira italiana. Fundada em 1953 e controlada por Olivetti entre 1986 e 1994. Em 27 de dezembro de 1994, a Editrice Il Sole-24 Ore retomou a participação de Olivetti. *Radiocor* pertence agora a 53,9 % à dita Editrice Il Sole-24 Ore e a 46,1 % à Dow Jones Telerate. Conta 45 jornalistas e dispõe de redações em Milão, Roma, Bruxelas e Nova Iorque. Produz diariamente uma média de 700 notícias[141].

Um reconhecimento maior salta aos olhos: as agências dominantes em matéria de informação económica e financeira são todas anglo-americanas, para não dizer norte-americanas. O que não deixa de se repercutir inevitavelmente na maneira como é selecionado e tratado este tipo de informação, na maneira como são estabelecidas as prioridades e decididas as abordagens dos assuntos de atualidade.

1.2.2. As agências de informação europeia
Diversas agências sediadas em Bruxelas são especializadas na informação que diz respeito à atualidade de diversas *instituições da União Europeia*.

[140] *Stratégies*, Paris, n.º 864, 4 de fevereiro de 1994, p. 16.
[141] Sítio de *Radiocor*, 17 de março de 2017.

TEORIA DA INFORMAÇÃO JORNALÍSTICA

Trata-se muitas vezes de simples estruturas que permitem justificar a presença de certos jornalistas em Bruxelas. Outras vezes, trata-se, para certos jornalistas «independentes» [*pigistes*] ou em regime de tempo parcial, de procurar rendibilizar a sua situação na «capital da Europa». Por isso, as equipas destas agências são extremamente reduzidas e até mesmo reduzidas à sua mais simples expressão.

Duas agências de informação europeia merecem, porém, uma menção especial: a *Agence Europe* e a *Europe Information Service*.

> *Agence Europe*, Bruxelas
Criada em 2 de dezembro de 1952 no Luxemburgo e instalada em Bruxelas desde 1967. A redação da *Agence Europe* conta 16 jornalistas e publica durante os cinco dias úteis da semana um «Bulletin quotidien d'Europe», de 18 páginas, em francês e com traduções em inglês e em italiano (telecarregável ou consultável na internet). Por outro lado, desde 1 de fevereiro de 2007, publica igualmente «Europe, diplomatie et defense» — que sucedeu a «Nouvelles atlantiques», consagradas à OTAN-NATO —, que cobre a PESD (Política Europeia de Segurança e de Defesa) e é publicada duas vezes por semana em francês e em inglês[142].

> *EIS* (Europe Information Service), Bruxelas
Criada em 20 de outubro de 1971 sob o nome de *Europe Documents*. Adota o nome atual em 1978. Retomada pelo Groupe Eurexpansion, passou em seguida para o controlo de diferentes grupos (Havas, Vivendi Universal, Socpresse, etc.), antes de ser retomada em 1 de outubro de 2005 pelo grupo francês SIAC, editor de imprensa especializada em matéria agrícola e agroalimentar. Nos últimos tempos, contava 17 jornalistas e propunha um boletim diário em versão papel (*Europolitique*,

---

[142] Sítio de *Agence Europe*, 13 de outubro de 2006; M. Theys, «L'Agence Europe a grandi avec la Communauté», *in Guide des Médias*, vol. 1, Kluwer, Zaventem, 1990, p. The 4.

OS CRITÉRIOS DE SELEÇÃO DA INFORMAÇÃO

em francês, e *Europolitics*, em inglês), três quinzenários e cinco mensários, assim como serviços em linha[143]. Foi declarada em falência em 24 de julho de 2015[144].

1.2.3. As agências de informação religiosa
> *Cathobel*, Bruxelas

A agência *Cathobel* tinha sucedido ao *CIP* e visava «esclarecer a informação religiosa»[145]. Fundado em 1944, o *CIP* (Centre d'Information de Presse) era uma ASBL (Associação sem fins lucrativos) que tinha por objetivo cobrir «a atualidade religiosa no sentido mais largo do termo». Como muitas instituições na Bélgica, em setembro de 1991 o *CIP* cindiu-se em *CIP* francófono (que tinha conservado a sua redação em Bruxelas) e *CIP* neerlandófono (que instalou a sua redação em Antuérpia), independentes um do outro. O *CIP Vlaanderen* desapareceu em dezembro de 1997[146]. O *CIP* francófono foi posto em liquidação em 2002.

No conselho de administração do *CIP*, tomavam lugar representantes da imprensa católica e do episcopado belgas. A agência contava apenas dois jornalistas. Em colaboração com a agência católica suíça *APIC* (de Friburgo), dispunha de um correspondente permanente em Roma. Além disso, o *CIP* procedia diariamente a trocas com agências da Alemanha, da Áustria, dos Países Baixos e da Suíça[147].

O *CIP* utilizava diariamente o faxe e a internet para transmitir informações pontuais urgentes aos seus assinantes. Além disso, desde dezembro de 1983, publicava um boletim semanal (de uma vintena de páginas), expedido por via postal.

---

[143] Sítio de *EIS*, 13 de outubro de 2006.

[144] *Wikipedia*, 17 de março de 2017.

[145] *La Libre Belgique*, Bruxelas, 16-17 de outubro de 2004, p. 52.

[146] *La Libre Belgique*, Bruxelas, 3 de dezembro de 1997, p. 5.

[147] J.-Ph. Deprez, «CIP: une agence de presse spécialisée dans l'information religieuse», *in Guide des Médias*, vol. 1, Kluwer, Zaventem, 1990, p. Dep 2.

Muito curiosamente, o sítio de *Cathobel* era o mesmo da Conferência Episcopal: *www.catho.be*. *Cathobel* cessou as suas atividades de agência de informação em 31 de dezembro de 2005[148]. No entanto, um espaço «Despachos Cathobel» existe ainda no sítio da Conferência Episcopal.

Encontramos este tipo de agência noutros países europeus como, por exemplo:

- na Alemanha: *EPD* (Evangelischer Pressedienst), agência das igrejas protestantes, e *KNA* (Katolischer Nachrichten-Agentur), agência da Igreja católica;
- na Áustria: *KAP*;
- em Espanha: *Veritas*;
- em Itália: *News Press*;
- em Portugal: *Agência Ecclesia*, propriedade do Secretariado Nacional das Comunicações Sociais. Publica dois boletins diários e um semanário;
- na Suíça: *APIC* (Agence de Presse Internationale Catholique);
- no Vaticano: *Agenzia Fides*.

Citemos igualmente aqui o caso de:

- *Zenit*, Nova Iorque. Criada em 1997 pela congregação religiosa dos Legionários de Cristo. Propriedade da sociedade de direito estadounidense Innovative Media Inc. Cobre essencialmente as atividades do papa, a atividade diplomática do Vaticano, as questões de atualidade que interessam os católicos, a vida da Igreja católica no mundo. Distribui boletins em sete línguas: alemão, árabe, castelhano (a língua de origem), francês, inglês, italiano e português.

---

[148] *Le Soir*, Bruxelas, 21 de setembro de 2005, p. 27.

OS CRITÉRIOS DE SELEÇÃO DA INFORMAÇÃO

1.2.4. As agências de «peças» [features] e de jogos

> *WPI* (Way Press International), Bruxelas

«Agência de informação geral e de reportagem», fundada em 1983, conta sete jornalistas e três fotógrafos. Ainda há poucos anos, distribuía um boletim bissemanal em francês e em neerlandês. Representa na Bélgica os estado-unidenses *Globe*, de Los Angeles, e *New York Times Syndication International*. Parece ter doravante posto o acento na fotografia e no vídeo. De qualquer maneira, a sua repercussão na imprensa belga é manifestamente muito reduzida e até mesmo inexistente.

> *Info Sud*, Bruxelas

Criada no início de 2004, faz parte da rede *Syfia* (que significava na origem: Systèmes francophones d'informations agricoles). Nascida em França em 1988, a *Syfia* reúne dez agências (das quais quatro de países francófonos do Norte: Bélgica, Canadá, França e Suíça) e afirma dispor de 70 correspondentes em 35 países. Especializada nas relações internacionais, *Info Sud* propõe semanalmente uma seleção de reportagens realizadas por correspondentes das agências-membros[149]. *Info Sud Belgique* conta dois jornalistas. Colabora com a *IPS Vlaanderen*, procedendo a trocas das respetivas produções.

> *Opera Mundi*, Bruxelas

Agência criada em 1928 por Paul Winkler em Paris. A sua filial belga cessou as atividades antes mesmo de a casa-mãe ter desaparecido, nos anos de 1990. Era conhecida pelo facto de propor artigos de «grandes assinaturas» (assim, em tempos, Paul-Henri Spaak, antigo ministro dos Negócios Estrangeiros e primeiro-ministro belga, que escrevia sobre política internacional), bandas desenhadas e jogos (palavras-cruzadas, horóscopos, sete diferenças, etc.).

---

[149] *Le Soir*, Bruxelas, 26 de fevereiro de 2004, p. 27.

Globalmente, tudo leva a crer que as agências de informação escrita terão tendência a desenvolver-se num futuro próximo. Porque a proliferação dos média fez consideravelmente aumentar o número de clientes potenciais destas agências e a procura em matéria de conteúdos especializados, adaptados a média cada vez mais diversificados. Mas também porque a implantação cada vez mais densa de computadores, de telecopiadores e, mais geralmente, de diversas técnicas de telecomunicações, nomeadamente a internet, favorecerá a criação deste género de empresas fornecedoras de conteúdos em matéria de informação. Além de que o recurso a tais fornecedores exteriores permite aos média não deverem assumir eles próprios encargos sociais que resultariam do facto de terem de empregar pessoas para produzir tais conteúdos.

2. As agências de fotografias

Mas a imprensa escrita tal como a televisão, e doravante a internet, não só têm necessidade de dados factuais e de análises: precisam também de ilustrações, e nomeadamente de fotografias — fotografias que, no caso da televisão, servem para paliar a ausência de imagens animadas ou, muito mais simplesmente, para fazer parte de um cenário.

Com a evolução das técnicas gráficas e a necessidade cada vez mais acentuada dos jornais em matéria de fotografias, dois tipos de fornecedor-grossista apareceram: as *agências de telefotografias* ditas por fio [*filaires*] (que, na maior parte das vezes, constituem de facto departamentos das agências de informação escrita) e as *agências de fotografias propriamente ditas*.

Ainda há poucos anos, as *agências de telefotografias* utilizavam a *transmissão a distância*, comercializavam sobretudo a sua produção por *assinatura*, tendo principalmente como clientes *a imprensa diária e a televisão*, e tratando antes de mais de *temas acontecimentais, quentes*. Enquanto as *agências de fotografias propriamente ditas* distribuíam a sua produção *em envelope postal*, comercializando-a preferencialmente *caso a caso* junto da *imprensa periódica*, e tratando antes de mais *temas «magazine», intemporais, frios*. Porém, no decorrer dos anos 1990, esta distinção clássica perdeu gradualmente

OS CRITÉRIOS DE SELEÇÃO DA INFORMAÇÃO

pertinência, no seguimento dos desenvolvimentos da informática e da internet, as agências de fotografias propriamente ditas recorrendo cada vez mais aos mesmos processos de distribuição das agências de telefotografias. Doravante, todos podemos ter acesso ao sítio de uma agência, às últimas produções desta como aos seus arquivos, e fazer a escolha que nos convém.

2.1. As agências de telefotografias ditas por fio [filaires]
Associated Press é a primeira agência de informação geral a criar um serviço de telefotografia em 1935. Mas o verdadeiro impulso da telefotografia só começou depois da Segunda Guerra Mundial. E em razão precisamente das dificuldades inerentes à guerra e ao contexto económico preocupante do pós-libertação, as agências europeias não se encontravam em condições de afrontar então o desafio das suas colegas estado-unidenses. O que permitiu acentuar um fosso que não pôde ser colmatado em seguida. Como escreve Henri Pigeat, antigo presidente-diretor-geral da *AFP*, durante exatamente cinquenta anos, «até 1985, a fotografia de imprensa diária no mundo inteiro foi exclusivamente americana. Os europeus só asseguravam a cobertura nacional dos seus países».

2.1.1. As agências mundiais
> AP Photos
Criada em 1 de janeiro de 1935 (um século depois da criação de *Havas*, a primeira agência de informação escrita). Dispõe de três centros regionais (em Nova Iorque, Londres e Tóquio) e distribui diariamente mais de mil fotografias pelo mundo. Os seus arquivos conservam 51 milhões de imagens[150].

> AFP Photo
O seu serviço de fotografia nacional é criado em 1 de janeiro de 1959, como consequência do desaparecimento da *Agence intercontinentale*, encarregada

---

[150] Sítio de *AP*, 23 de março de 2017.

TEORIA DA INFORMAÇÃO JORNALÍSTICA

desde 1948 deste sector de atividade. O acordo assinado em junho de 1975 com a estado-unidense *UPI* dá-lhe uma nova dimensão. Em 1984, a *AFP* distribui 25 mil fotografias por ano, os seus arquivos conservando mais de três milhões de documentos em preto e branco e em cores.

Em 29 de março de 1984, o presidente-diretor-geral da *AFP*, Henri Pigeat, anuncia o lançamento de um «serviço telefotográfico internacional» para o início de 1985. O funeral da primeira-ministra da Índia, Indira Gandhi, em novembro de 1984, leva, todavia, a *AFP* a distribuir as primeiras telefotografias a nível mundial antes da data prevista para o arranque do serviço.

Em 1 de janeiro de 1985 (cinquenta anos depois da criação da *AP Photos*, portanto), a *AFP* pôs oficialmente em funcionamento três grandes centros de produção e de distribuição de fotografias: Paris (para a Europa, a África e o Médio Oriente), Washington (para o continente americano) e Tóquio (para o Extremo Oriente e o Pacífico). Cada um destes centros realiza um serviço fotográfico especialmente concebido em função da procura dos assinantes da sua zona geográfica.

Em 1 de abril de 2003, a *AFP* anuncia a sua aliança com a estado-unidense *Getty Images*: «a *AFP* comercializará junto dos seus assinantes da imprensa diária no mundo, com exceção dos EUA e do Reino Unido, as fotografias da cobertura da atualidade norte-americana de *Getty Images*». Por seu lado, *Getty Images* «obtém os direitos exclusivos de comercialização das fotografias *AFP* no Reino Unido e na América do Norte»[151]. A *AFP* emprega então 300 fotógrafos no mundo.

Em março de 2017, a *AFP* distribui diariamente 3000 fotografias e possui em arquivo 36 milhões de imagens da agência «e das suas *partenaires*», as mais antigas datando das origens da fotografia[152].

---

[151] *Le Monde*, Paris, 3 de abril de 2003, p. 22.
[152] Sítio de *AFP*, 23 de março de 2017.

OS CRITÉRIOS DE SELEÇÃO DA INFORMAÇÃO

> *Reuter Pictures*

No seguimento do anúncio de 29 de março de 1984 da *AFP*, *Reuters* toma uma decisão parecida em 17 de abril de 1984. Em junho de 1984, *Reuters* — que não dispunha de nenhum serviço de fotografia antes — assina um acordo de dez anos com a *UPI*. Nos termos deste acordo, *Reuters* toma o controlo e a exploração da rede de fotografia da *UPI* fora dos EUA. A *UPI Photos*, criada em 1952 (no tempo ainda da *UP*, portanto), passa assim a ser uma agência puramente estado-unidense e transmite as fotografias de *Reuters* aos seus clientes estado-unidenses (um milhar de jornais).

Desde 1 de janeiro de 1985 (no mesmo dia que a *AFP*, portanto), *Reuters* dispõe também de três centros regionais que cobrem os mesmos sectores geográficos que a *AFP*: Londres (foi Bruxelas durante um certo tempo), Washington e Hong Kong.

No final de fevereiro de 1990, não satisfeita com os serviços da *UPI*, *Reuters* denuncia o acordo que a liga à agência estado-unidense. No seguimento de longas negociações, as duas agências chegaram a um acordo em 19 de outubro de 1990: a *UPI* continuará a receber fotografias do serviço internacional de *Reuters*; em contrapartida, *Reuters* assumirá ela mesma a sua cobertura fotográfica dos EUA, sem utilizar as fotos da *UPI*.

Na terça-feira 24 de fevereiro de 2004 (quase onze meses depois do acordo assinado entre a *AFP* e *Getty Images*), *Reuters* e a estado-unidense *Corbis* assinam uma «parceria global» em matéria de fotografia nos domínios do desporto, do mundo económico e do divertimento (perfis de personalidades, moda)[153].

Esta implantação de novas redes mundiais de telefotografia da *AFP* e de *Reuters* deixa antever modificações com consequências imprevisíveis. O mercado mundial da telefotografia (e da fotografia *tout court*) corre o risco de ser objeto de uma nova redistribuição das cartas. Os efeitos fizeram

---

[153] *Le Monde*, Paris, 25 de fevereiro de 2004, p. 32.

sentir-se no decorrer dos anos de 1990, as maiores agências de fotografias propriamente ditas dando sinais de fragilidade, enquanto novos gigantes apareciam no sector.

2.1.2. As agências transnacionais

> *EPA* (European Pressphoto Agency), Francoforte

Com iniciativa da *AFP* e da *DPA*, sete agências europeias (*AFP*, a neerlandesa *ANP* [Algemeen Nederlands Persbureau], *ANSA*, *Belga*, *DPA*, *Efe* e a portuguesa *Lusa*) assinaram, em 12 de novembro de 1984 em Haia, o ato de fundação da European Pressphoto Agency (*EPA*). Antes do começo das suas atividades, em 1 de janeiro de 1985 (no mesmo dia que *AFP* e *Reuters*), duas outras agências assinaram ainda estes acordos: *Keystone Suisse* e a sueca *TT* (Tidningarnas Telegrambyra).

Estas nove agências europeias trocavam a sua produção fotográfica por intermédio da rede de transmissão da *AFP*, fornecendo-lhes esta, para mais, a produção do seu serviço telefotográfico mundial. O centro operacional da *EPA* encontrava-se em Francoforte (na *DPA*) e a sua sede administrativa em Haia (na *ANP*).

A presença da *AFP* no seio da *EPA* não deixava de pôr problemas, já que a *AFP* explorava o seu próprio serviço de fotografias e que a *EPA* utilizava a rede de transmissão mundial da *AFP*. Desde logo, a *AFP* retirou-se da *EPA*, como se retirou a sueca *TT*. Retirar-se-iam também *Belga* e *DPA*. Em contrapartida, passaram a ser sócias da *EPA* a greco-macedónia *ANA-MPA* (Athens-Macedonian News Agency), a austríaca *APA* (Austria Presse Agentur), a polaca *PAP* (Polska Agencja Prasowa) e (desde 1 de janeiro de 2005) a húngara *MTI* (Magyar Távirati Iroda).

Em 1 de maio de 2003, a *EPA* dotou-se de uma rede própria de transmissão, o seu centro editorial e técnico encontrando-se doravante em Francoforte, na Alemanha. Em 2017, conta com nove agências acionistas (*ANA-MPA, ANP, ANSA, APA, Efe, Keystone Suisse, Lusa, MTI* e *PAP*), dispõe de 400 fotógrafos espalhados pelo mundo, distribui diariamente

OS CRITÉRIOS DE SELEÇÃO DA INFORMAÇÃO

1300 fotografias e possui mais de quatro milhões de fotografias em arquivo[154].

2.1.3. As agências nacionais

A importância tomada pela fotografia como documento de imprensa levou as grandes agências nacionais de informação geral a dotarem-se de serviços de fotografia mais ou menos performantes. Limitemo-nos, porém, a evocar aqui o caso da Bélgica.

> *Belga*, Bruxelas

Antes da entrada em função da *EPA* em 1985, *Belga* distribuía diariamente uma trintena de fotografias (entre as quais um certo número proveniente das agências a que estava ligada por acordo e nomeadamente, desde 1972, da *UPI*). Os seus arquivos, que datam de 1915, contam mais de dois milhões de fotografias em preto e branco e 100 mil diapositivos em cores. O seu serviço de fotografia, criado em 1946, emprega cinco repórteres-fotógrafos[155].

Em agosto de 2008, *Belga* assina um acordo de colaboração com *Van Parys Media*, no seguimento da rutura do acordo que a ligava a *Reporters*[156]. Fundada por volta de 1950 por Germaine Van Parys, falecida em 1983, a agência *Van Parys Media* é uma agência de representação. Representa a estado-unidense *Corbis*, as francesas *Sygma* e *Imapress*, a espanhola *Conti*, a italiana *Olimpia*, a sueca *Svensk Press* e a finlandesa *Suomen*. *Van Parys* distribui mensalmente 300 reportagens de uma vintena de fotografias. Os seus arquivos datam de 1903 e contariam 150 mil *clichés*[157].

---

[154] Sítio de *EPA*, 23 de março de 2017, 7 de novembro de 2004, 16 de outubro de 2005, 14 de outubro de 2006 e 10 de outubro de 2007.

[155] Sítio de *Belga*, 13 de outubro de 2003; *La Libre Belgique*, Bruxelas, 29 de maio de 1996, p. 4.

[156] Comunicado de *Belga*, Bruxelas, 22 de agosto de 2008; *MM News*, Bruxelas, n.º 884, 27 de agosto de 2008, p. 6.

[157] H. Sterkendries, «La Révolution numérique des banques d'images», p. 34.

Tendo-se retirado da *EPA*, *Belga* cria no verão de 2010 a *Image Globe*, que comercializa a produção fotográfica sob a marca *Belga Image*, que, em 2017, propõe diariamente mais de 15 mil fotografias[158].

2.2. As agências de fotografias propriamente ditas

2.2.1. As agências de fotografias de informação

Até aos anos de 1990, *grosso modo*, os média — e sobretudo a imprensa diária, mas também a televisão — tinham, antes de mais, recurso às agências ditas por fio [*filaires*] para as *fotografias acontecimentais*. A imprensa periódica preferia, quanto a ela, a produção das agências de fotografias: a qualidade técnica e estética dos seus *clichés* era geralmente superior à das agências de telefotografias. As agências de fotografias transmitiam então «verdadeiras» fotografias sob envelope, por via postal, ganhando em qualidade o que perdiam em rapidez de transmissão.

Desde então, como consequência da expansão da internet e da digitalização das imagens, as agências de telefotografias fizeram notáveis progressos nos planos técnico e estético, estando doravante em condições de transmitir «rapidamente imagens em cor e de boa qualidade»[159]. O que obrigou as agências de fotografias propriamente ditas a repensarem fundamentalmente as suas estruturas de funcionamento, nomeadamente as estruturas de arquivamento, de distribuição e de comercialização dos *clichés*. No decorrer dos anos 1990, a distinção entre as agências de telefotografias e as grandes agências de fotografias propriamente ditas perdeu seriamente pertinência: atualmente, umas e outras disputam muitas vezes os mesmos sujeitos e os mesmos clientes.

---

[158] Sítio de *Belga*, 23 de março de 2017.
[159] *Le Monde*, Paris, 28 de setembro de 1995, p. 32.

OS CRITÉRIOS DE SELEÇÃO DA INFORMAÇÃO

2.2.1.1. As agências mundiais

Ainda há alguns anos, um facto espantava sempre os observadores não avisados: enquanto os anglo-saxões se encontravam em posição dominante em todos os tipos de agência de informação, três quartos das fotografias publicadas no mundo eram franceses. «Se Paris é a capital mundial da fotografia, deve-o à vitalidade da imprensa francesa, sua cliente. Existem quinze mil jornais e revistas em França, a taxa mais elevada no mundo em relação ao número de habitantes. Segundo fator, a situação geográfica de Paris e as diferenças horárias. [...] Paris é, a este nível, a placa giratória da Europa onde se encontra concentrada, com a RFA [República Federal da Alemanha], Itália e Espanha, o maior mercado do mundo», podia escrever-se em meados dos anos 1980[160]. O sucesso da fotografia francesa era tal, que, no início de novembro de 1990, se recenseavam nada menos de 85 agências de fotografias em Paris!

No final dos anos 1990, dois gigantes estado-unidenses (*Corbis* e *Getty Images*) desencadearam uma ofensiva no sector das agências de fotografias propriamente ditas. Uma ofensiva que fez perder à Europa, e um pouco menos a França, o seu lugar preponderante no sector, em proveito, uma vez mais, dos EUA.

> *Black Star*, Nova Iorque

Fundada em dezembro de 1935 (no mesmo ano que a *AP Photos*, portanto) por Kurt Safranski, Kurt Kornfeld e Ernest Mayer, três emigrantes alemães, *Black Star* foi durante muito tempo a primeira agência estado-unidense. Criou uma filial *Black Star France* em 1984, posta em falência em finais de 1985, mas mantém uma delegação em Londres. Distribuía diariamente 16 reportagens e detinha um arquivo de três milhões de fotografias que foi adquirido por um homem de negócios canadiano e doado

---

[160] *Le Monde*, Paris, 27-28 de janeiro de 1985.

TEORIA DA INFORMAÇÃO JORNALÍSTICA

à Universidade Ryerson de Toronto[161]. Mas, desde há bastante tempo, não faz «senão fotografia publicitária»[162].

> *Magnum*, Nova Iorque, Paris, Londres e Tóquio

Espécie de «academia Goncourt» da fotografia, a *Magnum Photos* foi fundada em 22 de maio de 1947 por quatro fotógrafos: Robert Capa, Henri Cartier-Bresson, George Rodgers e David «Chim» Seymour. É geralmente considerada a mais prestigiosa das agências de fotografias do mundo, mas acusam-na de ter um pouco em demasia «desertado o terreno da atualidade» nestes últimos anos. Propriedade dos fotógrafos-membros, *Magnum* é uma sociedade cooperativa em que se entra por convite. Conta membros de pleno direito, membros associados e membros «nomeados». Baseada na origem em Paris e em Nova Iorque, tem hoje igualmente escritórios em Londres e em Tóquio. *Magnum* dispõe de uma fototeca de cerca de um milhão de fotografias, das quais 250 mil estão disponíveis em linha[163]. Em fevereiro de 2010, vendeu 185 mil tiragens dos seus arquivos de Nova Iorque (mas não de Paris ou de Londres) à MSD Capital, propriedade de Michael Dell, fundador e presidente-diretor-geral da sociedade de informática com o mesmo nome[164], que em setembro de 2013 as doou à Universidade do Texas. *Magnum* não tem representação na Bélgica nem em Portugal.

> *Gamma-Rapho*, Paris

Nascida em janeiro de 1967, *Gamma* foi durante muito tempo a segunda agência mundial de fotografias em termos de importância. Historicamente, é mesmo a mais antiga das que até há poucos anos se designavam como

[161] *Wikipedia*, 23 de março de 2017.
[162] *Le Monde*, Paris, 19 de setembro de 1997, p. 15.
[163] Sítio de *Magnum Photos*, 15 de outubro de 2006; *La Libre Belgique*, Bruxelas, 27 de janeiro de 1993, p. 2 (La Libre Culture); *Création*, Paris, n.º 67, maio 1991, p. 66.
[164] *Le Monde*, Paris, 6 de fevereiro de 2010, p. 22.

OS CRITÉRIOS DE SELEÇÃO DA INFORMAÇÃO

«as três grandes agências mundiais de fotografias». A sua criação — por Hubert Henrotte, Hugues Vassal, Léonard de Reamy, Raymond Depardon e Jean Monteux — marcou uma viragem na história do fotojornalismo. «Ao introduzir a partilha 50/50 dos encargos e dos ganhos entre o fotógrafo e a agência», Henrotte «não sabe ainda que o declínio, que se anuncia desde esta época, dos grandes magazines americanos que eram *Life* e *Look*, anuncia o fim das equipas de assalariados dos jornais e vai permitir a descolagem fulgurante das agências fotográficas»[165].

É *Gamma* que está na origem do que se chamará depois «o fotojornalismo à francesa». Três anos depois da sua criação, passa a ser a primeira agência de fotografias do mundo e faz deslocar o centro de gravidade do mercado mundial da fotografia de Nova Iorque para Paris. Em finais dos anos 1990, *Gamma* «distribui 100 000 imagens por ano, gere um fundo de arquivos de cerca de 12 milhões de *clichés*»[166] e continua a dar a prioridade ao fotojornalismo, aos temas de atualidade quente.

Por outro lado, *Gamma* forma em torno dela um grupo de agências de fotografias, tomando o controlo de *Copyright, Explorer* (ilustração geral) e *Stills* (personalidades da televisão, do cinema e da indústria do espetáculo), assim como da britânica *Spooner*[167]. Porém, em novembro de 1999, o grupo Lagardère adquire 75 % do capital da sociedade AGI, proprietária a 100 % de *Gamma*[168]. Lagardère era então o primeiro editor de imprensa de revistas no mundo e primeiro editor de livros escolares em França (dois estatutos que faziam dele um grande candidato à compra de fotografias para as suas publicações). O que explica que Lagardère adquira depois igualmente *Jacana* (especializada na fauna e na flora), *Hoa-Qui* (vida quotidiana

---

[165] C. Coste, «Histoire d'une famille éclatée», *in Stratégies*, Paris, n.º 841, 9 de julho de 1993, pp. 40-41.

[166] *Le Monde*, Paris, 14-15 de novembro de 1999, p. 26; *Création*, Paris, n.º 67, maio 1991, p. 65.

[167] *Le Monde*, Paris, 6 de outubro de 1992, p. 33; *Le Monde*, Paris, 5 de maio de 1995, p. 30.

[168] *Le Monde*, Paris, 14-15 de novembro de 1999, p. 26.

TEORIA DA INFORMAÇÃO JORNALÍSTICA

e turismo), *MPA* (retratos de personalidades), *Katz, Keystone France* (arquivos) e, em janeiro de 2001, *Rapho* (a 70 %).

Num segundo tempo, o grupo Lagardère reuniu *Gamma, Rapho, Keystone France, Hoa-Qui, Explorer, Jacana* e *Top* no seio da Hachette Filipacchi Photos. Porém, em 23 de janeiro de 2007, a Hachette Filipacchi Médias cede as suas agências de fotografias ao fundo de investimentos francês Green Recovery. Este reagrupou todas as agências de fotografias (*Gamma, Rapho, Hoa-Qui, Jacana, Explorer, Top, Keystone* e *Stills*) no seio da sociedade Eyedea, sua filial a 100 %.

Em 23 de julho de 2009, *Gamma* foi declarada em cessação de pagamentos. Enquanto, em 26 de janeiro de 2010, é a própria Eyedea que abre falência[169]. Em 6 de abril de 2010, o Tribunal de Comércio de Paris entrega o grupo Eyedea ao único candidato à retoma, François Lochon, antigo fotógrafo e acionista de *Gamma*. A nova sociedade retomou as suas atividades sob o nome de Gamma-Rapho, que integra igualmente *Hoa-Qui, Keystone, Jacana, Explorer, Top* e *Stills*.

> *Corbis (Sygma)*, Paris
Fundada por Hubert Henrotte e Monique Kouznetzoff, em 13 de maio de 1973, *Sygma* era considerada, até há alguns anos, a primeira agência mundial de fotografias, pelo volume de negócios, o número de fotografias distribuídas diariamente, a importância dos arquivos e o número de fotografias.

A partir de 1987, e durante uma dúzia de anos, a vida de *Sygma* conhece uma série de sobressaltos. Em junho de 1987, o britânico Maxwell Media toma o controlo de 25 % do capital da agência. Em março de 1990, o grupo francês Oros Communication adquire 51 % do capital, Maxwell Media passando de 25 a 34 %, os acionistas de origem conservando apenas 15 %[170].

---

[169] *Le Monde*, Paris, 28 de janeiro de 2010, p. 15.
[170] *Le Monde*, Paris, 29 de março de 1990, p. 17.

OS CRITÉRIOS DE SELEÇÃO DA INFORMAÇÃO

Pouco tempo depois, ainda em 1990, Oros Communication controla 60 % do capital, enquanto Maxwell Media já só detém 28 %[171].

Pensa-se então que, depois das incertezas do período Maxwell Media, *Sygma* vai conhecer um novo dinamismo. Em novembro de 1990, a SA Sygma toma o controlo de *Kipa-France* (criada em 1971 por Annemiek Veldman) e, em maio de 1991, o de *Interpresse* (fundada em 1933)[172], as duas principais agências fotográficas francesas especializadas na ilustração das revistas de televisão, que fusionarão sob a marca *Interpresse-Kipa*. Nessa altura, mais exatamente em 1991, *Sygma* distribui diariamente 40 reportagens, ou seja, um total de oito mil fotografias em cores e três mil fotografias em preto e branco, os seus arquivos conservando uns 15 milhões de fotografias[173].

Durante os anos 1990, *Sygma* vai orientar-se cada vez mais para temas referentes a pessoas, a «grandes deste mundo», aos «famosos». No entanto, esta adequação às «necessidades do mercado» não lhe permitirá ultrapassar as dificuldades com as quais as agências de fotografias são doravante confrontadas. Assim, em junho de 1999, *Sygma* passa para o controlo da estado-unidense *Corbis*, o banco de imagens que é propriedade pessoal de William (dito Bill) Gates (v. mais à frente). *Sygma* desaparece na primavera de 2006, absorvida por *Corbis*[174].

> *Sipa Press*, Paris
Criada por Göksin Sipahioglu, em outubro de 1973, *Sipa Press* era considerada por certos observadores a mais anticonformista das três antigas grandes agências mundiais de fotografias francesas. Dizia-se dela que era

---

[171] *Stratégies*, Paris, n.º 727, 14 de janeiro de 1991, p. 11.
[172] *Stratégies*, Paris, n.º 746, 3 de junho de 1991, p. 64.
[173] *Création*, Paris, n.º 67, maio 1991, p. 66.
[174] *Le Monde*, Paris, 9 de setembro de 2006, p. 15.
A propósito das agências de fotografias e mais particularmente de *Sygma*, ler H. Henrotte, *Le Monde dans les yeux*, Paris, Hachette, 2005, 286 pp. (col. Hachette Littératures).

TEORIA DA INFORMAÇÃO JORNALÍSTICA

«a agência que descobr[ia] os talentos» e que continuava a dar muita importância aos temas de atualidade quente.

Retomada em 7 de setembro de 2001 pelo grupo Sud Communication (100 %)[175], cedida em julho de 2011 à agência alemã *DAPD*, sendo esta posta em falência em outubro de 2012. Em 2013, *Sipa Press* foi retomada «por profissionais da fotografia de agência» (ligados nomeadamente às agências belga *Isopix* e britânica *Rex Features*) e, em 2017, anuncia uma rede mundial de mais de 1000 correspondentes, contando com a colaboração de *Associated Press, Caters, Hollandse Hoogte, Isopix, Newscom, News Syndication, Rex Features, TT News* e *Wenn*, distribuindo diariamente mais de 12 mil fotografias e dispondo de mais de 20 milhões de fotografias nos seus arquivos[176].

Perante o enorme poder de *Corbis* e de *Getty Images*, o futuro de *Gamma-Rapho* e de *Sipa Press* parece bastante problemático.

> *Contact Press Images*, Nova Iorque e Paris
A «agência independente de fotógrafos» *Contact Press Images* foi fundada em fevereiro de 1976, em Nova Iorque, pelo jornalista franco-britânico Robert Pledge e o fotógrafo estado-unidense David Burnett. Procura «suscitar e encorajar a produção independente de trabalhos documentários de inspiração humanista segundo o diapasão dos grandes acontecimentos socioeconómicos e políticos internacionais»[177]. Conta «mais de uma vintena de fotógrafos ativos de mais de uma dúzia de países»[178].

> *VII* («seven»), Paris, Nova Iorque, Los Angeles
A *VII Photo Agency* é fundada em 9 de setembro de 2001 pelos estado-unidenses Ron Haviv, Christopher Morris, James Nachtwey e John

---

[175] *Le Monde*, Paris, 8 de setembro de 2001, p. 36.
[176] Sítio de *Sipa Press*, 24 de março de 2017.
[177] *100 Photos de Don McCullin pour la liberté de la presse*, Paris, Reporters sans frontières, 2009, p. 14.
[178] Sítio de *Contact Press Images*, 24 de março de 2017.

OS CRITÉRIOS DE SELEÇÃO DA INFORMAÇÃO

Stanmeyer, o britânico Gary Knight, a francesa Alexandra Boulat e o checo Antonin Kratochvil[179], que são os proprietários. A iniciativa destes nasceu no seguimento dos movimentos de concentração e de mudança de acionistas que se operaram durante os anos 1990 e o início dos anos 2000 no sector das agências de fotografias. Os fundadores contam limitar absolutamente o número de membros da agência a 14 fotógrafos, mas são de facto 17 desde 2015. O seu coletivo tem em arquivo mais de 100 mil imagens[180].

> *Noor*, Amesterdão

A agência *Noor* («luz» em árabe) foi criada em 6 de setembro de 2007 por nove fotógrafos, alguns dos quais acabavam de deixar a agência parisiense *Vu*. Constituída sob a forma de fundação sem fins lucrativos que reúne os nove fotógrafos fundadores e a diretora da agência, visa sobretudo, como cliente, a imprensa e as organizações não-governamentais «que recorrem cada vez mais aos fotojornalistas para sensibilizar o público para as situações de urgência e comunicar acerca das suas ações»[181]. *Noor* é hoje simultaneamente uma agência e uma fundação, que reúne 13 fotógrafos de 11 países diferentes, o seu arquivo conservando mais de 30 imagens[182].

2.2.1.2. As agências nacionais

Três agências dominam o sector na Bélgica:

> *Photo News*, Bruxelas

Sucede em 1 de setembro de 1979 a *Photo News Service* criada por Benedikt Van Doorne em 1957, no seguimento da aquisição da agência *Actualit*, criada entre as duas guerras mundiais por Georges Champroux. É ao

[179] *Le Monde*, Paris, 5 de setembro de 2001, p. 18.
[180] Sídio de *VII*, 24 de março de 2017; *Wikipedia*, 24 de março de 2017; sítio de *VII*, 15 de outubro de 2006.
[181] *Le Monde*, Paris, 4 de setembro de 2007, p. 17.
[182] Sítio de *Noor*, 24 de março de 2017.

mesmo tempo uma agência de produção e uma agência de representação. Representa *Gamma* e a sua antena estado-unidense *Gamma-Liaison*. Os seus arquivos datam de 1920 e compreendem os antigos fundos de *Keystone Belgique*, de *La Libre Belgique* e de *La Dernière Heure*.

> *Isopix*, Bruxelas

Criada em 1973 por Nadia Sénépart, a agência *Sénépart* era uma agência de representação para as francesas *Kipa*, *Sipa Press* e *Stills*, a alemã *Action Press*, as britânicas *London Features*, *Allsport* (a maior agência de desportos no mundo) e *Rex Features*, e as estado-unidenses *Compix*, *Mega Productions* e *Outline*.

Criada em 20 de janeiro de 1984, a agência *Isopress* era antes de mais uma agência de produção, com seis fotógrafos permanentes, mais independentes. Dava muita importância à atualidade política e social.

Dada a complementaridade, *Sénépart* e *Isopress* assinaram um acordo de colaboração em agosto de 1992, nos termos do qual as duas agências se instalavam em locais comuns, embora guardando uma autonomia em matéria de capital e de gestão. Em fevereiro de 1993, *Isopress* adquiriu, porém, a totalidade das ações de *Sénépart*[183], adotando a agência então o nome de *Isopress-Sénépart*, antes de passar a chamar-se *Isopix* em julho de 2004. Esta mudança de nome tinha por objetivo procurar escapar à imagem de agência unicamente dirigida à imprensa, uma vez que queria igualmente dirigir-se ao meio publicitário, graças às suas fotografias de ilustração.

Em novembro de 2009, *Isopix* conta mais de seis milhões de fotografias nos seus arquivos, tanto em «direitos geridos» como em fotografias livres de direitos[184]. Em 2013, *Isopix* passou a ser acionista da francesa *Sipa Press*.

---

[183] *La Libre Belgique*, Bruxelas, 25 de fevereiro de 1993, p. 13.
[184] Correio eletrónico de Bernadette Lepers, responsável de *Isopix*, ao autor, em 17 de novembro de 2009.

OS CRITÉRIOS DE SELEÇÃO DA INFORMAÇÃO

> *Reporters*, Bruxelas, Liège (Bélgica) e Haarlem (Países Baixos)

Fundada em julho de 1991, a agência *Reporters* é ao mesmo tempo uma agência de produção e uma agência de representação. Dá muita importância aos desportos e aos temas magazine. Dispõe de «uma dezena de fotógrafos e videastas», a que se vêm juntar 35 fotojornalistas independentes. Representa 150 agências internacionais na Bélgica. Distribui diariamente mais de três mil fotografias e os seus arquivos contam sete milhões de fotografias[185]. Abriu uma representação nos Países Baixos em 2004.

Em 19 de outubro de 2005, foi anunciado que *Reporters* e *Van Parys* tinham decidido unir as suas forças, considerando que eram globalmente complementares[186]. Mas as duas agências continuavam a existir como entidades autónomas. Farão em seguida parte de um grupo chamado Dreams & Facts. Mas o acordo entre *Reporters* e *Van Parys Media* será rompido, associando-se *Van Parys Media* a *Belga* em agosto de 2008 (v. a passagem consagrada antes a *Belga*)[187].

Poder-se-ia dizer globalmente que *Photo News* presta uma atenção muito particular à imprensa diária (terreno em que enfrenta a concorrência de *Belga*), enquanto *Isopix* e *Reporters* se voltam de preferência para a imprensa magazine.

No que diz respeito à Bélgica, convém ainda citar *Way Press International* (fundada em 1983, que representa as britânicas *Alpha* e *Scope*), assim como as agências de Liège *Belpress* e *Tilt* (ambas instaladas aliás nos mesmos locais e que dispõem de um escritório regional em Bruxelas).

Assinalemos também duas agências em França que gozam de um certo prestígio:

---

[185] Sítio de *Reporters*, 24 de março de 2017, 15 de outubro de 2006.

[186] *Le Soir*, 20 de outubro de 2005, p. 33.

[187] Comunicado de *Belga*, Bruxelas, 22 de agosto de 2008; *MM News*, Bruxelas, n.º 884, 27 de agosto de 2008, p. 6.

TEORIA DA INFORMAÇÃO JORNALÍSTICA

> *Rapho*, Paris

Fundada em 1933 (dois anos antes da estado-unidense *Black Star*) por Charles Rado, um emigrante húngaro que se instalará depois nos EUA. Será reativada por Raymond Grosset em 1946. Próxima das conceções fotográficas de *Magnum*. Após a morte de Grosset, *Rapho* passa para o controlo do grupo Lagardère (a 70 %), em janeiro de 2001, antes de ser cedida em 23 de janeiro de 2007 ao fundo de investimentos francês Green Recovery. Este reagrupou todas as suas agências de fotografias no seio da sociedade Eyedea. Após a declaração de cessação de pagamentos desta, o conjunto foi retomado por uma nova sociedade que tomou o nome de *Gamma-Rapho* (v. a passagem consagrada antes a *Gamma-Rapho*). *Rapho* é considerada a mais antiga agência de fotojornalismo em França, contando a sua fototeca 4 milhões de fotografias[188].

> *Vu*, Paris

«Agência de fotógrafos e não de fotografias» fundada em janeiro de 1986 por Christian Caujolle e Zina Rouabah. Na origem, o diário *Libération* era o acionista maioritário. Desde 1997, a agência *Vu* é detida pelo grupo de informática Abvent (74 %), por *Libération* (20 %) e por privados (6 %). O essencial da sua atividade é dirigido à imprensa, mas dirige-se também à comunicação de empresa e à publicidade, e (desde a origem) dá uma importância particular às exposições e à edição de livros. Representa mais de 100 fotógrafos de 24 nacionalidades diferentes, contando os seus arquivos mais de 1,5 milhão de fotografias[189].

Assinalemos por fim, ainda em Paris, duas agências de arquivos particularmente importantes:

---

[188] *Wikipedia*, 14 de outubro de 2006; *Création*, Paris, n.º 67, maio 1991, p. 66.
[189] Sítio de *Vu*, 15 de outubro de 2006; *Le Monde*, Paris, 18 de janeiro de 2002, p. 33.

OS CRITÉRIOS DE SELEÇÃO DA INFORMAÇÃO

> *Keystone France*, Paris
Agência fundada em 1927. O seu fundo de arquivos passa por ser um dos mais importantes do mundo (dez milhões de documentos, sob a forma de gravuras, de desenhos e de fotografias) que começa em 1843[190]. Unicamente para o período de 1920-60, *Keystone* dispõe de oito milhões de fotografias de atualidade geral. Adquirida em 8 de novembro de 2000 pelo grupo Lagardère[191], antes de ser cedida em 23 de janeiro de 2007 ao fundo de investimentos francês Green Recovery. Este reagrupou todas as agências de fotografias no seio da sociedade Eyedea. Após a declaração de cessação de pagamentos desta, o conjunto foi retomado por uma nova sociedade que tomou como nome *Gamma-Rapho* (v. a passagem consagrada antes a *Gamma-Rapho*).

> *Roger-Viollet*, Paris
A agência *Documentation générale photographique Roger-Viollet* foi fundada em 14 de outubro de 1938 por Hélène Roger-Viollet e o seu marido Jean--Victor Fischer, que a dirigiram até à morte em 1985. Os fundadores legaram a agência ao Município de Paris e é hoje propriedade da sociedade anónima pública Parisienne de Photographie (na qual o Município de Paris é maioritário). O seu fundo único na Europa detém oito milhões de *clichés* e cobre mais de século e meio da história parisiense, francesa e internacional, em torno sobretudo de quatro temas: Paris, grandes acontecimentos históricos, retratos de personalidades e reproduções de obras de arte[192].

Os investimentos pesados que as agências de fotografias tiveram de fazer, por razões de ordem tecnológica ligadas nomeadamente à passagem ao digital (tanto no que diz respeito à *captação de imagens* como à *transmissão*

---

[190] *Création*, Paris, n.º 67, maio 1991, pp. 66-67.
[191] *Le Monde*, Paris, 9 de novembro de 2000, p. 24.
[192] Sítio de *Roger-Viollet*, 24 de março de 2017.

TEORIA DA INFORMAÇÃO JORNALÍSTICA

das imagens e ao seu *arquivamento*) e ao acesso às telecomunicações, trouxeram grandes dificuldades financeiras às grandes agências. Dificuldades de que as novas agências de fotografias de ilustração procuraram tirar proveito.

2.2.2. As agências de fotografias de ilustração

Para estas empresas, «a imagem não é só um *suporte de informação* mas um *produto de comunicação global*»[193], sendo a sua função acima de tudo decorativa. Duas grandes agências (por vezes chamadas «bancos de imagens») dominaram o sector durante uma vintena de anos, operando-se a sua expansão com uma extrema rapidez. A tal ponto, que a situação veio a evoluir no sentido de uma enorme concentração, de um gigantismo de certo modo monolítico de *Getty Images* e do Carlyle Group, sociedade estado-unidense de gestão de ativos que a controla.

> *Getty Images*, Seattle, Washington (EUA)
Agência estado-unidense criada em 1995 por Mark Getty, rico herdeiro da fortuna amealhada no sector petrolífero por Jean Paul Getty, *Getty Images* tomou sucessivamente o controlo de *Tomy Stone*, primeira agência de ilustração no mundo, em março de 1995; de *Photodisc* e do fundo histórico *Hulton Deutsch*, em 1996; de *Liaison*, agência estado-unidense de fotojornalismo, em 1997. Outras agências das quais *Getty Images* tomou o controlo: *Art.com, Allsport, Energy Film Library*.

Em 21 de setembro de 1999, *Getty Images* comprou *Image Bank* (30 milhões de *clichés*), agência estado-unidense criada em 1974, filial até então de Kodak, e que tinha ela mesma tomado o controlo de *Archive Photos* em 1998. Meses mais tarde, em 28 de fevereiro de 2000, *Getty Images* comprou *Visual Communication*, agência britânica que era controlada pelo grupo United News & Media. Antes, *Visual Communication* tinha tomado

---

[193] *Le Monde*, Paris, 19 de setembro de 1997, p. 15.

OS CRITÉRIOS DE SELEÇÃO DA INFORMAÇÃO

o controlo das agências francesas *Giraudon* (que pertencia antes à *Gamma*) e *Pix*, assim como da primeira agência de ilustração estado-unidense, *FPG*.

Getty Images está representada em França por *Fotogram-Stone*. Por outro lado, uma aliança com a *AFP Photo* foi anunciada em 1 de abril de 2003. *Getty Images* procura assim «estabelecer-se no mercado da fotografia de atualidade»[194].

Em fevereiro de 2008, *Getty Images* foi adquirida pelo grupo de investimentos estado-unidense Hellman & Friedman. Em agosto de 2012, passa para o controlo do estado-unidense Carlyle Group. E em janeiro de 2016, passa a distribuir as fotografias da Visual China Group e da sua filial *Corbis*.

Getty Images deteria mais de 70 milhões de *clichés* e 30 mil horas de filmes, o que faria dela o maior «banco de imagens» do mundo. Graças à distribuição de *Corbis*, passou a dispor de mais de 200 milhões de fotografias em 2017[195].

> *Corbis*, Bellevue, Seattle, Washington (EUA)
Agência estado-unidense fundada em 1989 por William (dito Bill) Gates. Em 1995, comprou a agência *Bettmann* (fundada por Otto Bettmann na Alemanha e saída clandestinamente do país em 1935 para ser instalada nos EUA; conta atualmente 17 milhões de *clichés* históricos). Mas tomou também o controlo dos arquivos de *UPI*, do *Chicago Tribune* e do *Daily News*, de Nova Iorque. Em junho de 1999, *Corbis* compra *Sygma* e, em março de 2000, *Tempsport* (que dispõe de 1,8 milhões de fotografias em arquivo), ambas francesas. Por outro lado, uma «parceria global» liga *Corbis* a *Reuters* desde 24 de fevereiro de 2004[196].

Em janeiro de 2005, *Corbis* tomou o controlo da alemã *Zefa Visual Media*. Baseada em Dusseldórfia, *Zefa* tinha sido fundada em 1958 em Heidelberga,

---

[194] *Le Monde*, Paris, 3 de abril de 2003, p. 22.
[195] Sítio de *Getty Images*, 25 de março de 2017.
[196] *Le Monde*, Paris, 25 de fevereiro de 2004, p. 32.

TEORIA DA INFORMAÇÃO JORNALÍSTICA

na Alemanha, e era o terceiro banco de imagens no mundo, com 450 mil imagens em arquivos[197]. Antes, *Zefa* tinha sido retomada em 1998 por Erwin Frey e o britânico 3i Group. Na Bélgica, *Zefa* tinha tomado o controlo de *Benelux Press*, *Fotostock* e *Fotostock Direct*, o que levará *Corbis* a anunciar a abertura de uma representação belga em janeiro de 2006[198].

Porém, Visual China Group, criado em 2000 e baseado em Shenzhen, vai tomar o controlo de *Corbis* em 22 de janeiro de 2016[199] e anunciar ceder a exploração das fotografias do arquivo de *Corbis* fora da China a *Getty Images*, propriedade do Carlyle Group.

Em outubro de 2007, Corbis anunciava dispor de uma fototeca de mais de 100 milhões de *clichés*[200].

> *Jupiter Images*, Peoria, Ilinóis (EUA)
Sucede em outubro de 2004 a *Art Today*. Propõe no início deste decénio mais de sete milhões de imagens, sendo considerada o novo terceiro ator em matéria de fotografias de ilustração perante *Corbis* e *Getty Images*. Porém, em 24 de outubro de 2008, *Getty Images* toma o controlo de *Jupiter Images*, que passa a operar como simples filial[201].

A fundação relativamente recente das grandes agências de fotografias assim como a proliferação de novas empresas põem em evidência a situação extremamente instável e evolutiva deste sector da informação. A sua expansão explica-se pelo facto de elas exigirem um número de colaboradores relativamente limitado, muitas vezes em regime de independentes, mas também porque o seu funcionamento supõe meios materiais e financeiros

[197] *MM News*, Bruxelas, n.º 726, 12 de janeiro de 2005, p. 4.
[198] *MM News*, Bruxelas, n.º 762, 26 de outubro de 2005, p. 9.
[199] *Reuters*, 22 de janeiro de 2016.
[200] Sítio de *Corbis*, 10 de outubro de 2007; H. Sterkendries, «La Révolution numérique des banques d'images», *in Media Marketing*, Bruxelas, n.º 189, p. 34.
[201] Sítio de *Bloomberg*, 25 de março de 2017.

OS CRITÉRIOS DE SELEÇÃO DA INFORMAÇÃO

relativamente modestos, se as suas ambições forem limitadas. Por fim, «last but not least», as novas técnicas gráficas (nomeadamente a heliogravura, a papel brilhante, o *offset*, a quadricromia) exigem uma qualidade de fotografias cada vez mais sofisticadas — exigência que doravante as agências de telefotografias são, porém, capazes de satisfazer.

O desenvolvimento das telecomunicações, da informatização e da digitalização das imagens alterou de alto a baixo o sector das agências de fotografias. A lógica económica permite, no entanto, prever que, após a eclosão de uma miríade de agências e a «industrialização» recente de algumas delas, a necessidade normal de uma comercialização dos produtos a uma grande escala, cada vez mais planetária, acentuará a «racionalização» do sector e a partilha do mercado mundial entre alguns grandes. Uma situação que se decantará ainda de maneira mais nítida nos próximos anos, com os investimentos necessários à reconversão tecnológica do sector (nomeadamente à digitalização dos arquivos, à transmissão e à comercialização a distância) a incitarem naturalmente à sua reestruturação. As três grandes atuais (a estado-unidense *Getty Images*, a chino-estado-unidense *Corbis* e a francesa *Gamma-Rapho*) conseguirão manter e até mesmo acentuar as suas posições?

Por outro lado, as agências de fotografias são confrontadas com «dois direitos contraditórios: o *direito à imagem* e o *direito à informação* ou à liberdade de expressão»[202]. Com efeito, as pessoas são cada vez mais reservadas quanto à ideia de ver a sua imagem colhida num lugar público, reproduzida nas páginas de uma publicação, nos ecrãs de televisão ou na internet. A hostilidade, a procura ulterior de contrapartida financeira e os processos passaram a ser práticas correntes. Ora, como o faz notar Guy Le Querrec, «se esta mentalidade se instala, deixará de haver fotografia natural e instintiva possível. Não teremos senão imagens traficadas a partir de figurantes»[203].

[202] *Le Monde des Débats*, Paris, n.º 3, dezembro de 1992, p. 14.
[203] *Le Monde des Débats*, Paris, n.º 3, dezembro de 1992, p. 15.

3. As agências áudio(fónicas)

Se a função de informar foi durante muito tempo apanágio da imprensa escrita, os anos 1950 permitiram assistir à afirmação da rádio como veículo de informação. Ora, como diria o senhor de La Palice, a rádio é som. O que quer dizer que, se as agências de informação escrita continuam a ser o seu primeiro instrumento de trabalho, são precisos também ecos sonoros, palavras e/ou sons.

Porém, se as fotografias superam facilmente as barreiras linguísticas e se os textos das agências são objeto de traduções múltiplas que fazem apenas atrasar um pouco a sua distribuição e encarecer o seu custo, não acontece o mesmo com a fala. A diversidade das *línguas faladas* no mundo constitui um obstáculo real, quase insuperável, ao desenvolvimento das agências sonoras: linguistas recensearam 6912 línguas no mundo[204] (das quais apenas mais de uma centena é escrita).

Se acrescentarmos a isso o facto de que uma boa parte dos países do mundo, até aos anos 1970-80, dispunha apenas de um único instituto de emissão, torna-se evidente que os mercados potenciais de tais agências eram relativamente limitados.

Desde logo, não é um acaso se as primeiras agências sonoras nasceram em países de língua inglesa. Quer dizer: lá onde as dimensões do mercado mundial são suficientemente vastas e lá onde, muitas vezes, um número importante de rádios comerciais disputam entre si o público ouvinte. A *UPI*, a *Reuters* e a *AP* criaram assim departamentos «áudio» em inglês, respetivamente em 1958 (aquando da fusão da *UP* com a *INS*), 1972 e 1974. Em 2 de outubro de 1991, a *UPI* anunciava, porém, que negociava a venda do seu serviço áudio[205].

---

[204] *L'Ethnologue* citado por *Le Monde*, Paris, 19 de fevereiro de 2009, p. 4; v. também o suplemento «SOS langues» publicado por *Le Monde*, Paris, 3 de outubro de 2009.
[205] *Le Monde*, Paris, 4 de outubro de 1991, p. 32.

OS CRITÉRIOS DE SELEÇÃO DA INFORMAÇÃO

3.1. As trocas áudio

Antes que a *AFP* crie um serviço «áudio» autónomo, os seus jornalistas, em França ou no estrangeiro, limitam-se a fazer «peças a pedido» das estações de rádio e de televisão. Para superar esta ausência de agência áudio, uma *Communauté radiophonique des Programmes de Langue française* nasce em 17 de novembro de 1955. Transformada em *Communauté des Radios publiques de Langue française* (CRPLF) em junho de 1983 e em *Les Radios francophones publiques* (RFP) em janeiro de 2002, reúne a Radio Suisse Romande (RSR), a Radio-Télévision belge de la Communauté française (RTBF), a Société Radio-Canada (SRC) e a Société Radio-France (SRF). Duas vezes por dia (às 11h30 e às 16h00), uma bolsa de troca permite a cada um dos parceiros recuperar crónicas, correspondências e entrevistas produzidas pelos outros institutos de radiodifusão, previamente anunciadas por telex e agora por internet.

3.2. As agências áudio propriamente ditas

A nova mutação a que se assiste há quatro decénios, com o desenvolvimento prodigioso das rádios locais privadas na Europa (quando até então a situação era globalmente a do monopólio do serviço público[206]), provoca o aparecimento de empresas pertencentes ao género *agência áudio*. Muitas vezes, elas propõem sobretudo emissões inteiramente montadas e prontas a ser difundidas, em vez de informações e de sujeitos dispersos que suporiam ainda que cada estação os montasse e os intercalasse à sua maneira numa emissão própria.

Em França, após diversos fracassos, alguns projetos de agência áudio tornaram-se realidade. Mesmo se a situação continua a ser bastante frágil e está longe de ficar estabilizada. Limitemo-nos a assinalar dois casos:

---

[206] Estranhamente, só Portugal e Espanha, sob regimes de ditadura, autorizavam legalmente a existência de rádios privadas. Em França, quatro «rádios periféricas», emitindo do exterior das fronteiras nacionais, eram toleradas.

> *A2PRL*, Paris

Em 1982, a *AFP* lançou um serviço «pronto a ler», por telex, destinado às rádios locais privadas. Em seguida, a *AFP Audio* propôs três serviços diferentes:

- *AFP événement*: criado em 1982. O essencial da informação mundial, nacional e regional em 25 mil palavras por telex, com, seis vezes por dia, a horas fixas, pontos de atualidade «prontos a ler».
- *AFP son*: criado em 1 de janeiro de 1985. Dez «bobinas» de um minuto cada uma realizadas pelos correspondentes da *AFP* pelo mundo, prontas a passar pelas ondas.
- *AFP flash*: criado em 1 de janeiro de 1985. Vinte *flashes* (de 3 minutos) difundidos diariamente.

Em setembro de 1995, a *AFP Audio* contava 115 rádios assinantes[207]. Mas, manifestamente, a *AFP* estimava que o seu serviço áudio não era um sucesso. Pelo que, em finais de 1995, *Europe 1* (do grupo Lagardère), que tinha criado a agência *Europe News* em 1986, entrou no capital da *AFP Audio*[208], os dois parceiros partilhando as responsabilidades.

A *AFP Audio* passa então a chamar-se *A2PRL*. E em 2000, Lagardère toma o controlo de 100 % do capital da agência. Com a colaboração da Lagardère Active (divisão audiovisual do grupo) e da *AFP*, a *A2PRL* passa a ser ao mesmo tempo uma agência de informação áudio e um banco de programas áudio. Propõe encontros diários de informação geral (*flashes* e jornais), encontros diários de informação desportiva, a cobertura de acontecimentos desportivos, crónicas de cultura e de lazeres, assim como um programa musical, todos distribuídos por satélite.

Em 26 de maio de 2014, o grupo Mediameeting toma o controlo da *A2PRL*. Criado em 14 de janeiro de 2004, Mediameeting define-se como «25 % de uma agência de [comunicação], 25 % de uma SSII [Sociedade de

---

[207] *Le Monde*, Paris, 13 de setembro de 1995, p. 30.
[208] *Le Monde*, Paris, 22-23 de outubro de 1995, p. 18.

OS CRITÉRIOS DE SELEÇÃO DA INFORMAÇÃO

Serviços em Engenharia Informática] e 50 % de uma rádio» e como sendo «o 1.º operador francês de rádios de empresas»[209]. A *A2PRL* propõe agora 17 «*flash[es]* de dois minutos da atualidade nacional e internacional, todas as horas entre as 6h00 e as 22h00; 8 "flash[es] express" de um minuto, entre as 6h00 e as 19h00; 4 "jorna[is] a duas vozes" de cinco minutos, entre as 6h30 e as 18h30; 7 "flash[es] de noite" entre as 23h00 e as 5h00»[210].

A abordagem jornalística da agência no início parece de certo modo bastante reduzida, a evolução ao longo de mais de trinta anos pondo aliás em evidência a fragilidade de um sector e sobretudo da profissão de informar em rádios privadas, com audiências e receitas muitas vezes bastante limitadas.

> *Sophia*, Paris
Banco de programas criado pela Radio France em 1 de abril de 1996, destinado a rádios associativas. Propõe 15 «"flash[e]s de informação" de dois minutos todas as horas entre as 6h00 e as 20h00», assumidos pela redação de *FIP*; 3 «jornais» de seis minutos às 7h35, 12h35 e 18h35, assumidos pelas redações de *France Culture* e *France Musique*; 50 crónicas semanais. A difusão é assegurada por satélite[211].

Na Bélgica, numerosas tentativas nesta matéria fracassaram. Assinalemos no entanto a existência da:

> *Belga Audio*, Bruxelas
Como consequência da nova arquitetura legal da paisagem radiofónica neerlandófona, em 1 de abril de 2004, *Belga* lança *Belga Audio*, que fornece boletins de informação nacional e internacional às rádios regionais e locais

---

[209] Sítio de *Mediameeting*, 27 de março de 2017.
[210] Sítio de *A2PRL*, 27 de março de 2017.
[211] *Wikipedia*, 27 de março de 2017; sítio da Radio France, 27 de março de 2017, 15 de outubro de 2006; *Le Monde*, Paris, 1-2 de dezembro de 1996, p. 26 (Le Monde TRM).

TEORIA DA INFORMAÇÃO JORNALÍSTICA

neerlandófonas[212]. A regularização da situação em matéria de rádios privadas na Bélgica francófona, em 2008, não favoreceu manifestamente a criação de um serviço francófono de *Belga Audio*.

A situação no que respeita a agências áudio é, como vimos, extremamente movediça. Com efeito, numerosas iniciativas em França e na Bélgica fracassaram desde os anos 1980, as empresas existentes atualmente sendo, na maior parte dos casos, mais consequência de uma racionalização de meios entre rádios de um mesmo grupo ou, mais simplesmente, de uma mesma rede. Porém, os desenvolvimentos atuais da rádio e mesmo, mais largamente, do audiovisual deixam pensar que outras iniciativas possam tomar corpo num futuro mais ou menos próximo, adotando conceções e estruturas de funcionamento diferentes, tirando proveito de tecnologias mais recentes e de necessidades novas da parte dos média audiovisuais ou mesmo de particulares.

4. As agências de imagens

Penúltimo média vindo para a cena da informação, a televisão — além das informações escritas, das imagens estáticas (desenhadas ou fotografadas) e dos ecos sonoros — tem igualmente necessidade de *imagens animadas*. Foram primeiro as empresas que produziam «atualidades cinematográficas» para as salas de cinema que assumiram a função de fornecedoras. Muito rapidamente, os institutos de televisão deram-se conta de que não estavam em condições de satisfazer sozinhos as necessidades manifestadas pelo público. Era preciso, desde logo, proceder assim que possível a trocas de imagens de atualidade entre as diversas televisões nacionais.

4.1. As trocas de imagens

Fundada em 12 de fevereiro de 1950, a Union européenne de Radio--Télévision (UER-EBU, antigamente Union européenne de Radiodiffusion)

---

[212] Sítio de *Belga*, 28 de março de 2017; *MM News*, Bruxelas, n.º 682, 28 de janeiro de 2004, p. 11.

OS CRITÉRIOS DE SELEÇÃO DA INFORMAÇÃO

lançou a *Eurovision* quatro anos mais tarde, em 6 de junho de 1954[213]. Oito organismos de televisão europeus (Bélgica, Dinamarca, França, Grã-Bretanha, Itália, Países Baixos, República Federal da Alemanha e Suíça) decidiram, com efeito, proceder a trocas pontuais de imagens. Desde então, a ideia fez o seu caminho: em março de 2017, 73 «membros» (pertencentes a 56 países da Europa, da África do Norte e do Médio Oriente) e 34 «afiliados» (de outras regiões do mundo) trocam imagens de informação diária[214]. Em 1 de janeiro de 1993, com efeito, os países-membros da antiga *Intervision* — criada em fevereiro de 1960 pela Organisation internationale de Radiodiffusion et Télévision (OIRT), que tinha a sua sede em Praga e reagrupava os antigos «países de Leste» — aderiram à UER[215]. Em 1 de setembro de 1993, o centro operacional da UER foi transferido de Bruxelas para Genebra, onde se encontrava já o centro administrativo da união.

> *Eurovision*, Genebra
No início dos anos de 2000, a rede permanente da *Eurovision* utilizava 50 canais satélite, dos quais 30 na Europa[216]. Esta rede servia de suporte às doze trocas diárias a hora fixa (as EVN, *Eurovision News*) entre os membros da UER[217]. Trinta mil assuntos de atualidade e 13,8 mil horas de programas desportivos

---

[213] As atividades da UER compreendem a Eurovision e a Euroradio. «Cada ano, a rede Euroradio coordena 1500 retransmissões de concertos e óperas, 400 manifestações desportivas e 30 grandes acontecimentos de atualidade» (*Information de presse UER*, Grand-Saconnex, setembro de 1995, p. 1).

[214] Sítio de UER, 28 de março de 2017, outubro de 2006; *Communiqué de presse de l'UER*, Grand-Saconnex, 20 de outubro de 1999; *Information de presse UER*, Grand-Saconnex, setembro de 1995, p. 1.

[215] *Le Monde*, Paris, 16 de abril de 1991, p. 22; *Le Monde*, Paris, 7 de julho de 1992, p. 19.

[216] *Communiqué de presse de l'UER*, 10 de fevereiro de 2001; *Communiqué de presse de l'UER* (PR 4/94), 18 de março de 1994; *Information de presse UER*, Grand-Saconnex, setembro de 1995, p. 1.

[217] *Communiqué de presse de l'UER* (PR 16/92), novembro de 1992; *Le Monde*, Paris, 17-18 de janeiro de 1993, p. 17; *Information de presse UER*, Grand-Saconnex, setembro de 1995, p. 1.

TEORIA DA INFORMAÇÃO JORNALÍSTICA

e culturais são assim transmitidos anualmente na rede interna de trocas da *Eurovision*[218]. Em 2017, o total das trocas de peças de televisão, «rádio e desporto» atinge cerca de 50 mil peças[219]. Tradicionalmente, o princípio de base era «a gratuidade fora dos encargos técnicos: cada televisão contribui para o fundo comum e pode ir lá buscar o que quiser»[220]. Para ser difundida, uma «peça» tinha de ser pedida pelo menos por cinco membros. Desde março de 1994, a UER decidiu pôr o seu saber-fazer ao serviço dos utilizadores privados, as suas imagens de atualidade e de desporto sendo nomeadamente subtratadas em benefício das cadeias comerciais que as pedem. A Eurovision dispõe agora de delegações em Moscovo e em Washington.

Por outro lado, a *Eurovision* procede a trocas com as congéneres seguintes:

> a *Asiavision*, criada pela Asia-Pacific Broadcasting Union (ABU, fundada em 1957), em Kuala Lumpur, na Malásia;

> a *Arabvision*, da Union de Radiodiffusion des États arabes (ASBU, Arab States Broadcasting Union, criada em 1969), em Tunes, na Tunísia;

> a *NABA* (North American Broadcasters Association), da América do Norte, em Toronto, no Canadá;

> a *OTI* (Organización de la Televisión iberoamericana), na Cidade do México, no México;

> a *Afrovision*, da Union des Radiodiffusions et Télévisions nationales d'Afrique (URTNA, criada em 1962), em Dacar, no Senegal.

> *ENEX* (European News Exchange), Luxemburgo
Criada em 14 de dezembro de 1993 pelo RTL Group, esta empresa tinha por objetivo tornar comuns os recursos em matéria de informação e organizar

---

[218] *Communiqué de presse de l'UER* (PR 8/94), 18 de maio de 1994; *Information de presse UER*, Grand-Saconnex, setembro de 1995, p. 1.

[219] Sítio da UER em inglês, 9 de agosto de 2017.

[220] *Le Monde*, Paris, 2 de fevereiro de 1991, p. 16.

OS CRITÉRIOS DE SELEÇÃO DA INFORMAÇÃO

as trocas de informações televisivas entre estações europeias. Num primeiro tempo, estas trocas aconteceram entre as estações do RTL Group[221], mas a iniciativa tomou uma certa amplitude, ultrapassando mesmo as fronteiras da União Europeia e da Europa. Em março de 2017, 52 televisões de «mais de 40 países» (entre as quais, a portuguesa SIC) fazem parte destas trocas, que atingem um volume de mais de 40 mil assuntos[222].

> *Info Vidéo 3*, Paris
Criada em 1985, *Info Vidéo 3* resultou das trocas de imagens entre as diferentes delegações regionais de informação de *France 3*. Estas imagens eram utilizadas não apenas pelas diferentes estações de France Télévisions, mas também por outras televisões francesas e estrangeiras. Por outro lado, *Info Vidéo 3* dispunha de uma «redação europeia» baseada em Bruxelas e em Estrasburgo, que produzia mais de 300 «peças» por ano[223]. Sem que tivesse havido nenhum anúncio sobre o assunto, *Info Vidéo 3* desapareceu dos organogramas do grupo France Télévisions como da televisão *France 3*, a concentração dos meios técnicos do grupo explicando que tal tenha acontecido.

Recordemos aqui duas iniciativas que fracassaram:
> *Eiba* (European Independent Broadcasting Association). Criada no início de 1986, em colaboração com *Visnews*, *Eiba* reunia televisões privadas europeias e tinha por objetivo permitir uma troca regular de imagens entre os seus membros, segundo o modelo das *EVN*.
> *Transnews*, Praga. Criada em janeiro de 1993 segundo o modelo da *Eurovision*, procedia a trocas diárias de imagens entre seis institutos de televisão da Europa central e oriental, assim como da CEI (ex-URSS). Mas

---

[221] *Le Monde*, Paris, 25 de dezembro de 1993, p. 14.
[222] *Wikipedia*, 28 de março de 2017; sítio de *Enex*, outubro de 2006.
[223] Sítio de *France 3*, outubro de 2006.

TEORIA DA INFORMAÇÃO JORNALÍSTICA

pretendia também intervir nas trocas entre diferentes partes da Europa, da América e da Ásia[224].

4.2. As agências de imagens propriamente ditas

Além destas trocas entre organismos de televisão, verdadeiras agências de imagens propõem também a sua produção às estações.

4.2.1. As agências de atualidade imediata [news]

> Reuters Television, Londres

Em julho de 1992, Reuters toma o controlo total de Visnews. Esta tinha sucedido em 1964 à British Commonwealth International Film Agency, criada em 1957. Em 1 de janeiro de 1993, Visnews muda de nome para passar a chamar-se Reuters Television[225], que declara agora ter 2500 jornalistas em mais de 160 países[226]. Os primeiros documentos dos arquivos de Reuters Television datam de 1896 e referem-se ao coroamento do último czar de todas as Rússias.

> APTN, Londres

A estado-unidense Associated Press anuncia a criação de uma agência de imagens para janeiro de 1994: APTV. De facto, a APTV é criada em novembro de 1994[227]. Mas tomará sobretudo amplidão com a tomada de controlo da Worldwide Television News (WTN) em 1998, passando a chamar-se Associated Press Television News (APTN) e instalando-se em Londres.

A WTN sucedeu em 1985 à UPITN, nascida em 1967 de uma fusão entre os serviços de informação televisiva da agência estado-unidense UPI

---

[224] Documento promocional da Transnational News Agency.

[225] La Libre Belgique, Bruxelas, 27 de novembro de 1992, p. 18; v. também M. Palmer «Comment Reuter a gagné la course à l'information boursière», p. 19.

[226] Sítio de Thomson Reuters, 10 de agosto de 2017.

[227] Le Monde, Paris, 16 de março de 1995, p. 20; N. Funès, «Le troc de l'info», in Stratégies, n.º 837, 11 de junho de 1993, p. 55.

OS CRITÉRIOS DE SELEÇÃO DA INFORMAÇÃO

(criados em 1952 pela *UP*) e os da britânica Independent Television News (*ITN*, que era então uma sociedade comum às quinze sociedades regionais da *ITV Channel 3*).

Em 1982, a rede de televisão estado-unidense *ABC* e a australiana *Channel 9* deram entrada no capital da agência, enquanto a *UPI* se retirava a partir de 1983. Antes da tomada de controlo pela *AP*, a *WTN* era controlada pela estado-unidense *ABC* (80 %)[228], a britânica *ITN* (10 %) e a australiana *Channel 9* (10 %), e contava mais de mil clientes em 102 países[229]. Em agosto de 2017, dispõe de delegações em 85 cidades de 79 países. As primeiras peças dos seus arquivos datam de 1895[230].

> *AFP TV*, Paris

Em 2001, a *AFP* cria *AFP Vidéo*, um serviço centrado na atualidade francesa. No seguimento do alargamento da procura, com a criação das televisões digitais terrestres em 2005 (os clientes potenciais tornando-se desde logo mais numerosos), a *AFP* lança *AFP TV* em fevereiro de 2007. Com 90 centros de produção através do mundo, a *AFP TV* distribui diariamente uma média de 250 «peças» sobre a atualidade francesa e mundial, a sociedade e a arte de viver, a ecologia, a ciência e a tecnologia, o desporto e os atores da atualidade, em francês, alemão, árabe, castelhano, inglês, polaco e português. Vem juntar-se a esta produção um telejornal de dois minutos, em duas edições diárias, que resume a atualidade francesa e mundial, assim como um programa semanal de 10 minutos sobre a atualidade africana. Em arquivo, a *AFP TV* dispõe de 450 mil vídeos[231].

---

[228] *Financial Times*, Londres, 13 de maio de 1998, p. 18; Cl.-J. Bertrand, *Les Médias aux États-Unis*, 4.ª ed. Paris, PUF, 1995, p. 46 (col. Que Sais-je?, n.º 1593).
[229] Documento promocional de *WTN*.
[230] *Wikipedia* em inglês, 10 de agosto de 2017.
[231] Sítio de *AFP*, 31 de março de 2017; *Le Monde*, Paris, 29 de maio de 2015, p. 8 (2.º caderno); sítio de *AFP*, 17 de outubro de 2010; *Le Monde*, Paris, 15 de fevereiro de 2007, p. 17.

> *AITV*, Paris

A *Agence internationale d'Images de Télévision* foi criada em março de 1986, por iniciativa da cimeira francófona de Paris. Produzia diariamente reportagens distribuídas pelo *Canal France International* para o Próximo Oriente, o Médio Oriente e o continente africano. Uma redação em Paris e uma rede de correspondentes numa vintena de capitais africanas. Propunha diariamente um «Journal d'Afrique» de 12 minutos em francês e em inglês, assim como um «Afrique Hebdo» semanal de 26 minutos. Produzia anualmente 3500 «peças» em francês e em inglês. A *AITV* era uma filial do *Réseau Outre-Mer 1ère*, rede de rádio, televisão e internet pública francesa, detida pela France Télévisions[232]. Em setembro de 2013, esta anunciou querer retirar-se da *AITV*, sendo então evocada a hipótese de a *AFP* retomar as suas atividades. A *AITV* cessou, porém, as suas atividades em 7 de dezembro de 2014.

A estas agências propriamente ditas, podemos acrescentar as grandes televisões transnacionais, às quais as outras estações recorrem muitas vezes, nomeadamente por ocasião de acontecimentos particularmente «quentes»:

> *CNN* (Cable News Network), Atlanta (EUA), criada em 1 de junho de 1980, foi a primeira televisão de informação contínua da História. Por ocasião dos acontecimentos terroristas de 11 de setembro de 2001, em Nova Iorque, por exemplo, a belgo-luxemburguesa *RTL-TVI* retomou muito simplesmente os seus programas em direto.

> *BBC World*, Londres (lançada em 26 de janeiro de 1995). A radiotelevisão pública britânica, de que é uma emanação, continua a gozar de um certo prestígio, que se tem apesar de tudo erodido, mas que lhe permite exportar facilmente a sua produção em matéria de informação vídeo.

---

[232] *Wikipedia*, 31 de março de 2017.

OS CRITÉRIOS DE SELEÇÃO DA INFORMAÇÃO

> *Al Jazira*, Doha, em árabe (lançada em 1 de novembro de 1996), em inglês (5 de novembro de 2006), em servo-croata (11 de novembro de 2011) e em turco (21 de janeiro de 2014), propõe uma perspetiva da atualidade no mundo e sobretudo no Próximo e no Médio Oriente diferente da proposta pelas televisões do mundo «ocidental».

> *France 24*, Paris (lançada em 6 de dezembro de 2006), em francês e em inglês desde o primeiro dia, e em árabe desde 2 de abril de 2007. Um olhar francês, latino, inevitavelmente diferente, sobre a atualidade em França, na Europa e no mundo.

Para melhor perceber a importância de cada uma das partes em presença, eis os valores referentes ao número e à origem das «peças» de atualidades no quadro da UER-Eurovision em 2003: membros da UER (54 % das «peças», ou seja, 19 438 «peças»), agências (33 %, ou seja, 12 143 «peças») e outros (13 %, ou seja, 4758 «peças»)[233]. Dados claramente antigos, que já datam de há 14 anos, mas que não perderam ainda todo o interesse.

Em matéria de agências de imagens de atualidade imediata, a situação é pois largamente dominada pelos anglo-estado-unidenses(-canadianos). Se excetuarmos a *AFP TV*, os outros países europeus, e mais particularmente os países latinos, não conseguiam dotar-se de empresas próprias de recolha e de distribuição de imagens à escala mundial, ou pelo menos de empresas suficientemente importantes, capazes de se opor ao domínio anglo-norte--americano e de propor às numerosas estações de televisão espalhadas pelo mundo uma abordagem culturalmente diferente da atualidade.

O domínio dos anglo-norte-americanos nesta matéria é tal, que vemos sistematicamente personalidades estrangeiras falarem em inglês (dando assim uma impressão falsa de que o inglês é uma língua universal), quando falam muitas vezes castelhano, português ou francês (ou outras línguas).

---

[233] *Annuaire 2004 de l'UER*, Genebra, p. 23.

Durante a Guerra do Golfo, em 1990-91, vimos mesmo jornalistas franceses a falarem em inglês... em estações francófonas, porque tinham sido entrevistados no terreno por jornalistas das agências anglo-norte-americanas!

4.2.2. As agências de atualidade magazine (não imediata)

No seguimento da simplificação das técnicas de captação e de gravação das imagens animadas, novas empresas lançaram-se à conquista do mercado audiovisual. A banalização da câmara de vídeo, capaz de captar ao mesmo tempo a imagem e o som (e permitindo sobretudo realizar reportagens em «solo»: designar-se-ão os que realizam estas reportagens em «solo» os JRI, os jornalistas repórteres de imagens), favoreceu, com efeito, a criação de novas agências de informação. E isto quando, a partir dos anos de 1970-80, o número crescente de estações de televisão alargava pela mesma ocasião o tamanho do mercado. Enquanto as antigas estações de televisão, como as novas, tiveram cada vez mais tendência a externalizar a produção de programas de informação e de reportagens.

As grandes agências mundiais de fotografias procuraram assim produzir imagens em vídeo. Mas as tentativas de *Sygma Télévision*, de *Gamma Télévision* e de *Sipa Télévision* saldaram-se em fracassos, o que as levou a suspender estas atividades.

Algumas agências de atualidade *magazine* em França:

> *Interscoop*, Paris
Criada em 1982 por Christophe de Ponfilly e Frédéric Laffont, documentaristas e grandes repórteres. Especializada em documentários de história, de política e de sociedade.

> *Point du jour*, Paris
Criada em maio de 1988, dirigida por Jean-Louis Saporito e Patrice Barrat. Vocação internacional e interesses terceiro-mundistas. Reportagens, documentários, emissões de fluxo. Temas de história, atualidade,

OS CRITÉRIOS DE SELEÇÃO DA INFORMAÇÃO

sociedade, cultura, ciência, viagens e descoberta[234]. Entre as suas produções, os célebres programas «Arrêt sur images» (sobre os média, 1995-
-2007) e «C'est pas sorcier» (vulgarização científica, 1993-2014). Passou para o controlo de Ellipse (uma filial de Canal Plus), em outubro de 1996, e de Riff International Production, em setembro de 2004.

> *Capa*, Paris
A agência *Chabalier Associated Press Agency* foi criada em 1 de agosto de 1989 pelo grande repórter Hervé Chabalier. Em abril de 1993, Canal Plus adquiriu uma participação de 20 % do capital. Em 29 de janeiro de 2010, *Capa* foi retomada por Fabrice Larue Capital Partners (FLCP) a 60 %, Hervé Chabalier conservando 17,5 % do capital, Canal Plus, 12 % e trinta quadros da agência, 10,5 %[235]. *Capa* conta hoje como filiais: Capa Presse Télévision (criada em 1989), Capa Entreprises (1991), Capa Drama (1993). Em janeiro de 2010, ocupa 230 pessoas, das quais 134 permanentes[236], e constitui «uma das principais empresas de produção audiovisual em França e na Europa»[237], produzindo reportagens, magazines, documentários e emissões de televisão. Por outro lado, a FLCP controla igualmente as sociedades de produção audiovisuais *Telfrance* (filmes e ficções) e *Be Aware* (emissões recorrentes). Em 2010, tomou o controlo do grupo Newen (ficção, programas de fluxo e animação), criado em 2008.

> *Sunset Presse*, Bolonha (França)
Criada em 1989 pelo grande repórter e realizador Arnaud Hamelin. Adquirida pelo distribuidor Marathon International. Dois departamentos: Sunset Presse e Sundoc Productions. Em outubro de 2006, a sua produção

---

[234] Sítio de *Point du Jour*, 31 de março de 2017.
[235] *Le Monde*, Paris, 2 de fevereiro de 2010, p. 15.
[236] *Le Monde*, Paris, 2 de fevereiro de 2010, p. 15; *Le Monde*, Paris, 22-23 de novembro de 2009, p. 6 («Le Monde Télévisions»).
[237] *Le Monde*, Paris, 2 de fevereiro de 2010, p. 15.

TEORIA DA INFORMAÇÃO JORNALÍSTICA

era avaliada em mais de 500 magazines, reportagens e documentários[238]. Em março de 2017, este total teria atingido quase 700[239].

> *PAD Production*, Boulogne-Billancourt
Criada em 2004 no seio da sociedade Productions Alain Denvers, antigo diretor da informação de *TF 1*, *France 2* e *France 3*. Produz reportagens, documentários e magazines.

Com toda a evidência, a multiplicação dos canais de televisão e o alargamento do sector privado em França suscitaram nestes últimos anos uma proliferação de agências de imagens. Mas a situação continua a ser particularmente movediça: quantas destas agências conseguirão afirmar-se no mercado das imagens televisivas?

No que diz respeito à Bélgica, limitemo-nos a assinalar duas agências que funcionam, antes de mais, como empresas de *apoio logístico*, de aluguer de equipamentos e de profissionais, às quais recorrem jornalistas estrangeiros, correspondentes em Bruxelas ou em reportagem em Bruxelas: *Keynews Television* (KNTV), criada em 1982[240], e *Way Press International*, cujos serviços de televisão foram criados por volta de 1988.

5. As agências de infografia
A evolução das técnicas de produção da imprensa levou tanto os diários como os periódicos [241] a prestarem uma atenção muito particular ao

---

[238] Sítio de *Sunset Presse*, 23 de outubro de 2006; *Le Monde*, Paris, 22-23 de outubro de 2000, p. 6 («Le Monde Télévisions»).
[239] Sítio de *Sunset Presse*, 31 de março de 2017.
[240] *La Libre Belgique*, Bruxelas, 14 de maio de 1996, p. 2; *MM News*, Bruxelas, n.º 322, 27 de março de 1996, p. 9.
[241] O termo «periódico» é utilizado neste livro com o sentido de não-diário. Isto é : todas as publicações que, segundo a definição clássica na matéria, são publicadas menos de cinco vezes por semana.

OS CRITÉRIOS DE SELEÇÃO DA INFORMAÇÃO

grafismo. Procuraram assim nomeadamente melhor fazer visualizar a informação, ajudados nisso pelas performances extraordinárias da informática. Por isso se viu nestes últimos anos aparecerem *agências de infografia* que traduzem sob forma gráfica um conjunto de dados factuais, propondo gráficos, quadros, «queijos», esquemas, organogramas, mapas, etc.

5.1. As agências mundiais

> *AP Graphics Bank*
A agência estado-unidense *Associated Press* dispõe de um arquivo de mais de 500 mil infografias[242].

> *AFP Infographie*
A agência parisiense lançou em 1 de outubro de 1988 um serviço de infografia que propõe, cada dia, aos assinantes ilustrações gráficas da atualidade desenhadas em computador — o que constitui uma estreia nas agências de informação que servem os *média* europeus. «A explicação visual da atualidade é representada sob a forma de mapas de localização, quadros e gráficos, cronologias e biografias, fichas técnicas e esquemas, fichas por país, etc.», como explica a própria *AFP*[243]. Um serviço proposto em francês, alemão, árabe, castelhano, inglês e português. Em outubro de 2007, este serviço propõe diariamente 80 infografias aos seus assinantes[244], dez anos depois este volume seria de 70 infografias diárias[245], o que quer dizer que a procura por parte dos média é limitada e que, no fim de contas, as redações procuram construir as suas próprias infografias.

> *Reuters News Graphics Service*
Lançado em julho de 1990, propõe diariamente infografias em inglês, árabe, castelhano e francês.

[242] Sítio de *AP*, 11 de agosto de 2017.
[243] Sítio de *AFP*, 6 de abril de 2017.
[244] Sítio de *AFP*, 10 de outubro de 2007.
[245] Sítio de *AFP*, 6 de abril de 2017.

5.2. As agências nacionais

Limitemo-nos a citar as três agências belgas que deixaram de ter ou parecem já não ter atividade nesta matéria:

> *Belga*, Bruxelas. Em outubro de 1989, propôs gratuitamente um serviço de infografia aos seus assinantes. O pouco interesse manifestado por estes por um tal serviço levou *Belga* a renunciar à sua iniciativa logo em maio de 1990. Retomou, contudo, esta atividade em 1994 e distribuía diariamente duas infografias[246]. Cessou as suas atividades nesta matéria em 1995.

> *Carpress* e *Way Press International*, ambas em Bruxelas. A primeira existia muito antes de que as agências de infografia aparecessem e mesmo antes de que os computadores tivessem invadido as redações dos jornais. *Carpress* propunha então os mais diversos mapas e gráficos, desenhados à mão, sobretudo em período eleitoral e no dia seguinte de escrutínios eleitorais. Mais recente, *Way Press* procurou, por seu lado, tirar partido das novas necessidades da imprensa no que concerne ao grafismo, mas também das potencialidades dos computadores nesta matéria. Mas, muito rapidamente, as redações começaram a produzir as suas próprias infografias, graças à generalização dos equipamentos informáticos e dos programas que tornam as suas conceções e execuções particularmente fáceis.

O sector da infografia das agências de informação parece ser aquele que menos se desenvolveu nestes últimos anos, pelas razões já indicadas numa e noutra ocasiões. Muitas vezes, as redações preferem produzir elas mesmas as suas próprias infografias adequadas aos temas de atualidade imediata ou intemporal abordados. E isto, até porque a omnipresença dos computadores nas redações e a proliferação de programas informáticos facilitaram consideravelmente o desenvolvimento

---

[246] *Annuaire officiel de la presse belge 1995*, Bruxelas, AGJPB, 1995, p. 395.

OS CRITÉRIOS DE SELEÇÃO DA INFORMAÇÃO

deste tipo de iniciativa, para melhor fazer sintetizar e visualizar os dados factuais de uma «peça».

Passar revista à situação das agências de informação põe em evidência a situação de desequilíbrio do fluxo da informação no mundo, tanto no que diz respeito às agências de informação escrita como às agências de fotografias, agências de som ou agências de imagens. O que se pode explicar pelo facto de que são os países mais ricos que sentem maior necessidade de uma informação abundante e diversificada. E procuram-na, antes de mais, nos países com os quais estabeleceram as trocas comerciais mais importantes, e que são também geralmente países ricos.

Porém, quando assistimos a um movimento de concentração mundial, assistimos também, um pouco por toda a parte, ao nascimento e ao desenvolvimento de novas empresas de recolha, de tratamento e de distribuição de informação, a expansão da internet contribuindo fortemente para acelerar o fenómeno. Novas agências que tentam responder às novas necessidades dos novos média. Mas que tentam também satisfazer as necessidades de nações que mais recentemente emergiram na cena internacional.

Teoricamente, esta multiplicação das agências não pode deixar de constituir uma garantia de reequilíbrio do fluxo da informação entre as diversas partes do mundo. Da mesma maneira, ela garante também uma informação diversificada, pluralista, suscetível de favorecer uma melhor compreensão dos problemas da nossa «aldeia planetária». Todavia, o peso das grandes agências a que passámos revista continua a ser incomensurável em relação ao das numerosíssimas pequenas agências nascidas das mais diversas mutações tecnológicas e mediáticas, às quais assistimos desde os anos de 1970. E, com toda a evidência, são as grandes agências que estabelecem a *agenda* da cobertura da atualidade no mundo.

Não impede que, nos nossos dias, o uso da internet — como o fazem notar Michel Mathien e Catherine Conso — "tende a pôr fim à diferença entre produtores e consumidores de informação [...]. Os diversos servidores

TEORIA DA INFORMAÇÃO JORNALÍSTICA

de informação presentes nestas redes nacionais ou mundiais, e o acesso do público a bases de dados atualizadas em *tempo real*, conduzem à transformação do quadro geral do mercado da informação e das modalidades da concorrência.» Da mesma maneira, «os média audiovisuais, nomeadamente as cadeias de televisão e de rádio que fazem informação permanente e em direto para seguir certos acontecimentos, podem informar os seus públicos em *tempo real* no quadro de uma presença a distância, ou *telepresença*, organizada e promovida por eles. Basta-lhes doravante alugar um feixe satelitário para o momento combinado para os diretos.» Assim, «a evolução do mercado mundial poderia conduzir as agências a excederem cada vez mais a sua função de *média de média* para se tornarem, elas próprias, *média tout court*»[247].

No início de dezembro de 2008, por ocasião de um encontro em Atlanta, os dirigentes da *CNN* sugeriram aos editores de jornais que passassem a ser assinantes dos seus serviços em vez dos de *AP*, mais não fosse porque os preços que ela pratica são mais interessantes do que os da agência...

---

[247] M. Mathien e C. Conso, *Les Agences de presse internationales*, pp. 19-22.

CAPÍTULO III
OS ENTRAVES À LIBERDADE DE INFORMAR

O poder e os meios dirigentes procuram desde sempre controlar o fluxo da informação: a história dos média é suficientemente esclarecedora a este propósito. Durante séculos, segundo os países e as épocas, os poderes civis e religiosos travaram a atividade dos impressores e editores pelo privilégio, a autorização, a caução, a censura prévia e o direito de selo. Como escreve Henri Pigeat, antigo presidente-diretor-geral da *AFP*, «até ao século dezanove, o padre, o príncipe e o guerreiro fizeram sempre do domínio absoluto da informação um dos apanágios do seu poder»[248].

Durante alguns decénios, e até aos anos 1970-80, as situações de monopólio (geralmente público e por vezes privado) da rádio e da televisão, na maior parte dos países europeus, constituíram de certa maneira entraves à liberdade de informar. Atualmente, o controlo já não se situa no domínio da *difusão*, mas antes na fase da *recolha* da informação.

1. As agências de informação
Paradoxalmente, os primeiros fornecedores de informações aos jornais (impressos, radiofónicos, televisivos ou em linha), as agências de informação, constituem muitas vezes entraves à liberdade de informar. Porque

---

[248] *Le Monde*, Paris, 20-21 de outubro de 1985.

TEORIA DA INFORMAÇÃO JORNALÍSTICA

não podem (ou não querem) desagradar aos seus *principais acionistas* ou aos seus *principais clientes*, ou simultaneamente aos dois (que podem ser tanto instituições públicas como sociedades privadas).

Apesar do estatuto de 1957 garantir a sua independência em relação ao Estado, a *AFP* suportou nestes últimos anos alguns sérios reveses. As pressões do Estado tiveram aliás tanto mais peso, que ele é o principal cliente dela (com as assinaturas subscritas pelos poderes públicos: ministérios, embaixadas, prefeituras), embora a sua parte no volume de negócios tenha vindo a baixar ano após ano, atingindo 40 % do volume de negócios em 2011, contra 63 % em 1976[249]. Como recorda Henri Pigeat, se o Estado «só tem três representantes oficiais no seio do Conselho de Administração, pesa, porém, nas decisões importantes, nomeadamente na eleição do presidente-diretor-geral, pela exigência de uma maioria qualificada de doze vozes em quinze, que lhe dá de facto um direito de veto»[250].

Depois da saída de Jean Marin, «o pai da agência» após a Segunda Guerra Mundial (que se reformou em 1975), nada menos de dez presidentes-diretores-gerais se sucederam antes da eleição de Emmanuel Hoog, em 15 de abril de 2010[251], tendo os governos de direita muitas vezes a preocupação de pôr personalidades politicamente próximas à cabeça da agência. Mas parece poder detetar-se nestes últimos anos uma evolução na matéria, sendo os últimos presidentes-diretores-gerais manifestamente menos politicamente marcados do que eram alguns dos seus predecessores.

Dada a notoriedade internacional da *AFP*, este género de procedimento é geralmente discreto [*feutré*]. Preocupação idêntica na *Efe*, na qual

---

[249] *Wikipedia* em francês, 11 de agosto de 2017; *Le Monde*, Paris, 25 de outubro de 2003, p. 21; *Le Monde*, Paris, 10 de janeiro de 1995, p. 24.

[250] H. Pigeat, «Les aspects internationaux de la communication de masse», p. 97.

[251] *Le Monde*, Paris, 15 de dezembro de 2005, p. 17; *Le Monde*, Paris, 19 de novembro de 2005, p. 23.

OS ENTRAVES À LIBERDADE DE INFORMAR

o Estado espanhol controla 99,6 % das ações[252] e assegurava ainda 46,3 % das receitas da agência no início dos anos 1990[253], o governo socialista presidido por José Luis Zapatero tendo pedido em 2006 a uma comissão de sábios [*sages*] que estudasse a aplicação de estatuto de autonomia à agência. Na Bélgica, a agência *Belga* não está ao abrigo das pressões dos diversos governos (nacional, comunitários — a assinatura do governo flamengo em 2006 representando só por si 500 mil euros[254] — ou regionais) e partidos políticos.

Por outro lado, podemos interrogar-nos sobre a margem de manobra da *UPI* no tratamento da informação, no que diz respeito tanto aos assuntos religiosos como à atualidade nacional ou internacional, desde que é controlada pela seita Moon, com posições bem marcadas nestas matérias. Será preciso recordar que a AFP ganhou prestígio [*ses lettres de noblesse*] nos EUA durante a guerra do Vietname, nomeadamente porque a *AP* e a *UPI* se mostravam demasiadamente estado-unidenses nos relatos de uma guerra que implicava a tropa do país de origem delas?...

Acionista único ou importante, cliente com um certo peso, cada um pretende intervir nos mecanismos de recolha, de tratamento e de distribuição da informação. Uma preocupação que se tornou tanto mais manifesta, que os meios dirigentes (vindos do mundo político, económico, social, cultural ou desportivo, sem falar dos militares) tomaram consciência de que a informação é poder. Sobretudo «nos períodos de crise, a informação é um *enjeu*, um elemento de poder»[255]. Em situações de conflito, de rivalidade, de hostilidade, de disputa, «as flechas trocam-se muitas vezes por média interpostos. Quem controla a informação, sobre si próprio ou sobre outrem, atribui-se um trunfo [*atout*] decisivo para a vitória»[256].

---

[252] *El País*, Madrid, 21 de outubro de 1995, p. 23.

[253] *Comunicación social 1990 Tendencias*, Madrid, p. 35.

[254] *Le Soir*, Bruxelas, 28-29 de outubro de 2006, p. 53.

[255] Y. Mamou, «*C'est la faute aux médias!*», Paris, Payot, 1991, p. 12.

[256] Y. Mamou, «*C'est la faute aux médias!*», p. 12.

Poderia resumir-se assim a origem destes entraves:

- acionistas
  - acionistas do sector público: *ITAR-TASS* (governo russo);
  - acionistas do sector privado: *UPI* (seita Moon);
- clientes
  - clientes do sector público: *AFP* (Estado francês);
  - clientes do sector privado: *Reuters* (meios de negócios internacionais);
- acionistas e clientes
  - acionistas e clientes do sector público: *EFE* (Estado espanhol);
  - acionistas e clientes do sector privado: *AP* (*média* e meios de negócios estado-unidenses) e *Belga* (média).

2. As direções de comunicação

O controlo da recolha de informação pode também efetuar-se por intermédio das *direções de comunicação* (as «dircoms»), dos *serviços de imprensa* ou dos *serviços de porta-voz* de instituições públicas ou de empresas privadas. «É a informação demasiado perigosa para ser deixada à apreciação apenas dos jornalistas? Homens políticos e chefes de empresa estão persuadidos disso. Como não podem exercer a censura — processo fora de moda e ineficiente —, tentam instrumentalizar. Se a força dos média é tocar à chamada, que este alarido sirva pelo menos os nossos interesses políticos ou comerciais, pensam eles.» Desde logo, «chefes de empresa, eleitos locais, homens políticos trabalham para transformar [os média] em simples distribuidor[es] de uma informação fabricada algures»[257].

Destinadas teoricamente a *facilitar a procura da informação* e o *acesso às fontes da informação* pelos jornalistas, as direções de comunicação servem, na realidade, e antes de mais, para:

---

[257] Y. Mamou, *«C'est la faute aux médias!»*, p. 71.

OS ENTRAVES À LIBERDADE DE INFORMAR

- *filtrar a informação*, colocando uma barreira entre os jornalistas e os detentores do poder e do saber;
- *canalizar a informação* para temas mais conformes com os interesses da instituição ou da empresa, desviando a atenção dos jornalistas de factos mais importantes, mas igualmente mais embaraçosos;
- *instrumentalizar a informação* e os jornalistas, para melhorar a imagem de marca da instituição ou da empresa, assim como a dos seus dirigentes[258].

É preciso saber, com efeito, que «numerosas empresas se dotam de serviços de comunicação com o ostentado fim de controlar a informação»[259].

As iniciativas mais correntes das direções de comunicação são sobretudo: o envio de *comunicados de imprensa*; e a organização de *conferências de imprensa*. Mas também: o envio de *fichas e brochuras de documentação*; a organização de *entrevistas* em círculo restrito (com uma ou algumas personalidades); a organização de *visitas de imprensa* (a um monumento que acaba de ser restaurado, à nova sede de uma empresa,...); e a organização de *viagens de imprensa* (por ocasião da viagem do chefe de Estado ou de um ministro a um país estrangeiro, ou da inauguração da nova fábrica que vai abrir as portas noutra região ou país estrangeiro,...).

Os jornalistas são particularmente acarinhados. E, no fim de contas, não deverão sequer procurar a informação: ela é-lhes muito simplesmente fornecida. A caixa de correio (postal ou eletrónica) de um jornalista será assim diariamente invadida por documentos provenientes das «dircoms»: comunicados de imprensa (que podem ser tomados pelo jornalistas como um instrumento de alerta), fichas de documentação, relatórios, revistas especializadas, livros especialmente elaborados com vista aos média, anuários, calendários, agendas,... Para não falar das cartas e dos telefonemas

---

[258] Y. Agnès, *Le Grand bazar de l'info*, pp. 105-108.
[259] Y. Mamou, *«C'est la faute aux médias!»*, p. 98.

TEORIA DA INFORMAÇÃO JORNALÍSTICA

pessoais ou das conferências de imprensa e dos encontros com altos responsáveis da instituição ou empresa. Ou, mais refinado: receções, almoços a sós, visitas guiadas da instituição ou empresa, «viagens de imprensa» para acompanhar o ministro ou o homem de negócios em deslocação ao estrangeiro (e ser testemunha ocular da realidade), cruzeiros exóticos,...

Para citar apenas o caso da Comissão Europeia, a sua Direção-Geral da Comunicação organiza «reuniões de imprensa» todos os dias úteis (às 12h00), assim como numerosas conferências de imprensa do presidente, dos vice-presidentes e dos outros comissários, mais pontos de imprensa por ocasião das diversas «cimeiras» e outros acontecimentos considerados importantes na vida da União Europeia. Em outubro de 2006, a Comissão dispunha de 33 delegações e antenas de imprensa e de informação nos países-membros da União Europeia.

Tanta solicitude da parte dos meios «produtores de informação» não deixa de pôr um problema de carácter ao mesmo tempo deontológico e ético: o de saber se, em tais condições, o jornalista pode ainda exercer o seu ofício num clima de total independência e honestidade. A questão é tanto mais difícil, que a ideia fixa do «furo» [scoop] leva o jornalista a aceitar tanto mais facilmente o contacto com os que detêm o poder e com o saber que eles lhe fazem cintilar a perspetiva de uma «exclusividade» de que só o seu média poderá falar.

Num livro consagrado às relações entre o diário parisiense *Le Monde* e o poder (*Le Monde et le pouvoir*), Philippe Simonnot punha a questão de saber se uma informação dada é ainda uma informação[260]. Enquanto Claude Sales, antigo presidente-diretor-geral de *Télérama*, estimava que informar é arrancar os segredos aos poderes e aos saberes[261]. O que quer dizer que o jornalismo de investigação é o único que está em condições de produzir uma informação original, não fornecida por fontes

---

[260] Ph. Simonnot, *Le Monde et le pouvoir*, Paris, Les Presses d'aujourd'hui, 1977, p. 78.
[261] Cl. Sales, «Le Journalisme en question», *in Presse actualité*, Paris, n.º 101, 1975, p. 5.

144

OS ENTRAVES À LIBERDADE DE INFORMAR

autorizadas[262]. Será preciso, no entanto, entendermo-nos sobre a noção de «jornalismo de investigação»: tratar-se-á de uma *démarche* consistindo em revelar «assuntos» instrumentalizados por meios exteriores ao jornalismo, «em que se confundem demasiadas vezes informadores e delatores [*indics*], verdadeiras investigações e receções de informações anónimas [*corbeaux*]»[263] e em que a intervenção do jornalista é muitas vezes limitada a retransmitir os ditos do «informador», até mesmo os «processos verbais» da polícia ou da justiça (o que leva a que haja quem chame a isto «jornalismo de PV»)? Ou tratar-se-á de uma *démarche* rigorosa, e muitas vezes longa e difícil, que procura pôr a nu os fios de um negócio ou assunto a propósito do qual temos o direito de nos interrogar se a versão oficial não esconde uma realidade oculta e menos gloriosa, menos agradável?

As instituições, as empresas e os seus dirigentes produzem com efeito uma informação que esperam que lhes sirva. E numerosos jornalistas consideram cada vez mais que a informação é precisamente o que o(s) poder(es) não diz(em). Em todo o caso, parece evidente que os média que se limitassem a difundir as versões oficiais ou oficiosas da informação sobre o(s) poder(es) e os meios dirigentes correriam um elevado risco de passar ao lado da realidade dos factos e da verdadeira informação.

Como escreve Yves Agnès, «esta irrupção de uma comunicação unidirecional, destinada a valorizar as fontes e não a produzir uma informação neutra e completa, contribuiu largamente para a má informação. Primeiro, tornando ainda mais difícil a seleção das notícias e a sua hierarquização. As solicitações permanentes dos serviços de imprensa e de comunicação, que se impregnaram dos métodos de trabalho e das sensibilidades dos jornalistas, são de uma tremenda eficácia. Como distinguir o importante do acessório? Como guardar as suas distâncias? Com que instrumentos avaliar as diversas gradações da manipulação? Como evitar fazer um jornalismo

[262] F. Colombo, *Ultime notizie sul giornalismo*, Roma e Bari, Laterza, 1995, p. 5.
[263] I. Ramonet ,«Médias en crise», *in Le Monde diplomatique*, Paris, janeiro de 2005.

TEORIA DA INFORMAÇÃO JORNALÍSTICA

puramente "institucional"?»[264]. A dificuldade é tanto maior, que «os serviços de imprensa e de comunicação foram muitas vezes criados ou são dirigidos por antigos jornalistas, que encontraram neles remunerações muito superiores às que conheciam antes»[265]. E esta situação tomou uma tal extensão, que a fragmentação das audiências dos média e a crise dos investimentos publicitários provocaram uma redução considerável das equipas de redação, levando cada vez mais jornalistas a procurarem emprego nas empresas de comunicação, dando assim o salto para o outro lado da fronteira que separa a comunicação empresarial ou institucional da informação no sentido jornalístico do termo.

Por outro lado, a ação das direções de comunicação leva muitas vezes os média a caírem no que se poderia chamar *o jornalismo promocional*. Vê-se assim no mesmo dia, em 12 de outubro de 1992, dois diários francófonos fazerem de dois assuntos teleguiados por serviços de imprensa os seus principais títulos de primeira página, o parisiense *Libération* titulando «La star lance livre, disque et films à Paris / Madonna en vente partout» [«A estrela lança livro, disco e filmes em Paris / Madonna em venda por todo o lado»] e o bruxelês *Le Soir* titulando, por seu lado, «Il y a cinq cents ans, Colomb débarquait en Amérique» [«Há quinhentos anos, Colombo desembarcava na América»], título seguido de uma fotografia extraída do filme de Ridley Scott sobre o tema (*1492, Cristóvão Colombo*), que saía nesse dia nos ecrãs! Um mês mais tarde, em 13 de novembro de 1992, por ocasião da saída de um novo disco de Charles Trenet, *Le Soir* fazia disso o seu principal título («Le vendredi 13 de Charles Trenet»: «A sexta-feira 13 de Charles Trenet»), enquanto faziam disso um título menos importante de primeira página *La Libre Belgique* («Chapeau, monsieur Charles Trenet»: «Chapéu, senhor Charles Trenet»), *La Meuse* e a sua edição local *La Lanterne* («Vendredi 13! Sortie mondiale, à 13 h, du dernier álbum de

---

[264] Y. Agnès, *Le Grand bazar de l'info*, pp. 112-113.
[265] Y. Agnès, *Le Grand bazar de l'info*, pp. 114.

Charles Trenet»: «Sexta-feira 13! Saída mundial, às 13h, do último álbum de Charles Trenet»), *La Nouvelle Gazette* («Trenet joue le treize»: «Trenet joga o treze») e *Libération* («Le fou s'entend»: «O louco ouve-se»). *La Dernière Heure* titulava nesse dia sobre dois acontecimentos comerciais: «Bohringer encore, Trenet toujours» [«Bohringer ainda, Trenet sempre»], Richard Bohringer tendo ido a Bruxelas para apresentar o filme *A Acompanhante*. Em 3 de março de 1993, *La Dernière Heure, La Nouvelle Gazette* e *Le Soir* titulavam em primeira página sobre a mudança de visual dos aviões da Sabena,... com o apoio das respetivas fotografias. Poucos dias mais tarde, será o visual da Belgacom (a congénere da Portugal Telecom) que fará a primeira página de *La Libre Belgique* (em 25 de março de 1993) e do *Le Soir* (em 26). Por fim, em 20 de outubro de 1993, *Libération* fazia a sua primeira página em quadricromia sobre a saída do filme *Parque Jurássico* em França sob o título «Le Dino Boom» (que se poderia traduzir por «A explosão dos dino(ssauros)».

Há alguns anos, em finais de novembro de 2000, viu-se vários diários belgas francófonos porem na primeira página cartazes das lojas H&M para a roupa interior [*lingerie*] feminina (com Claudia Schiffer), mas fazer também enormes títulos de primeira página sobre a nova consola de jogos da Sony, o novo disco de Julien Clerc, o novo Harry Potter e o novo filme dos estúdios Disney, e tudo isso em apenas poucos dias de intervalo. Anos mais tarde, em 13 de novembro de 2007, *Le Soir* e *Vers l'Avenir* fizeram títulos importantes em primeira página sobre a saída de dois álbuns de banda desenhada de *XIII*, enquanto *La Libre Belgique* fazia mesmo disso o principal título de primeira página, *Le Monde* de 14 de novembro pondo, este assunto no seu sumário de primeira página. Exemplos que mostram bem que os nossos diários passaram a ser cada vez mais *suportes promocionais*.

Por ocasião de uma conferência na Universidad Autónoma de Madrid, em fevereiro de 2010, o antigo jornalista e académico estado-unidense William Baker afirmava que há no seu país quatro encarregados de relações públicas por um jornalista e que 86 % das notícias foram fabricadas

TEORIA DA INFORMAÇÃO JORNALÍSTICA

pelos serviços de relações públicas[266]. Proporções que, no que diz respeito ao primeiro caso, terão certamente aumentado desde então. E a simples prática dos média portugueses, como leitor, ouvinte, espectador ou internauta, permite comprovar a enorme importância dos serviços de comunicação no fabrico da informação que os ditos média nos propõem...

Ainda nos EUA, vai-se até a ponto de inserir nos telejornais *publirreportagens* produzidas por publicitários. Estas publirreportagens «são realizadas com habilidade, de maneira que as cadeias de televisão possam difundi-las tal como se se tratassem de verdadeiras informações [...]. O produtor não aparece na imagem, e também não se ouve a sua voz. As perguntas são inscritas num fundo branco, para que as cadeias locais possam pô-las com a voz dos seus próprios jornalistas, como se tivessem entrevistado eles próprios a estrela»[267], dando assim mais credibilidade ao aspeto promocional.

Da mesma maneira, durante os meses que precederam a campanha para as eleições presidenciais francesas de 2007, os encarregados de comunicação de Nicolas Sarkozy e do seu partido, a UMP, proibiram cada vez mais o acesso das câmaras das diferentes cadeias de televisão às manifestações públicas do candidato, e propuseram eles mesmos imagens destas manifestações realizadas por uma empresa audiovisual exterior ao mundo da informação e trabalhando por conta do candidato[268]. Uma *démarche* adotada igualmente desde 2008 por Ségolène Royal, por ocasião das manifestações públicas organizadas pelos seus serviços. Há que perguntarmo-nos então se as imagens, o seu enquadramento e a sua montagem, não constituirão uma componente maior do jornalismo televisivo e se só a voz *off* do repórter da cadeira de televisão revelará finalmente a *démarche* jornalística.

---

[266] *El País*, Madrid, 12 de fevereiro de 2010, p. 32.

[267] *The Wall Street Journal* citado por *Courrier international*, Paris, n.º 155, 21 de outubro de 1993, p. 37.

[268] *Le Monde*, Paris, 8 de novembro de 2006, p. 3; v. também A. du Roy, *La Mort de l'information*, pp. 79-80.

OS ENTRAVES À LIBERDADE DE INFORMAR

No diário *The Guardian*, de Londres, um colaborador do semanário *The Observer* (do mesmo grupo de média) escrevia sob o título «Falsa grandeza e grandes misérias do ofício»: «[...] Para o homem da rua, é difícil imaginar a que ponto os jornalistas dependem dos que lhes fornecem a sua ração de informações. Escrevi recentemente, para o magazine *Life* de *The Observer*, um artigo sobre a vida e a obra de Cedric Brown, o presidente da British Gas, um homem muito mais afável do que a sua imagem deixa supor. A companhia de gás britânica interessou-se pelo meu trabalho. Todos os dias, despachou-me um novo adido de imprensa com a panóplia completa, indo do carro vistoso ao telefone móvel. O primeiro introduziu-me na empresa e calculou o que o meu artigo representaria para a companhia em termos de ganhos ou de perdas potenciais. O segundo fez-me sobrevoar a baía de Morecambe [costa oeste do país, a norte de Liverpool e de Blackpool] de helicóptero, para me conduzir sobre a plataforma de perfuração que Cedric Brown tinha feito construir. O terceiro mostrou-me um monte de buracos apaixonantes no solo londrino. O quarto convidou-me para um jantar regado com bom vinho, durante o qual me inundou com considerações sobre a estratégia da empresa. E o quinto acompanhou-me para encontrar o presidente da companhia. Depois de ter sido tratado desta maneira, tive de me desdobrar em esforços consideráveis para morder a mão que me tinha nutrido fornecendo-me todas estas informações. E morder significava dizer adeus a tudo o que a British Gas podia oferecer-me de bom. É concebível para um jornalista de magazine que não faz senão passar por um assunto. Para o redator encarregado da rubrica «Energia», é praticamente impossível. Quando lerdes estas linhas, não há dúvida de que um sexto adido de imprensa estará a trabalhar, fotocopiando este artigo e riscando-me talvez da lista daqueles a quem a sua empresa envia presentes.

» Os que passaram a ser mestres na arte de instrumentalizar a imprensa conhecem de cor as regras do jogo da informação. Sabem como a canalizar, a limitar e, se for necessário, bloquear o acesso a ela. Ora, este acesso, importante para a imprensa escrita, é absolutamente vital para a rádio e a televisão. E se não jogardes o jogo, estais grelhados. Deixa de haver informações para ti, rapaz. É por todo o lado a mesma coisa»[269].

Estas *démarches* das direções de comunicação, assessores de comunicação e outros relações-públicas (RP) são tanto mais insistentes, até mesmo maçadoras, que a remuneração deles está por vezes ligada aos resultados e é função do número de «artigos» consagrados pelos média (as *retombées presse*, como se diz na profissão) a propósito da campanha para a qual trabalharam[270]. Acontece, porém, que, em Espanha, «a maioria dos jornalistas considera que a informação que as empresas e instituições enviam aos média, sob a forma de comunicado de imprensa, é muito publicitária, insuficientemente factual». Desde logo, «de todos os comunicados de imprensa recebidos, os média consideram que há somente 17 % que são publicáveis», segundo um inquérito realizado em 2006 e ao qual *El País* fez referência[271].

Por vezes, os serviços de comunicação vão até a ponto de propor aos jornalistas os aspetos críticos de uma informação: «por ocasião da inauguração do túnel sob a Mancha, o dossiê de imprensa do Eurotúnel não continha algumas páginas pormenorizando as críticas que se podiam fazer à operação? Deixa de haver necessidade de investigar, senhoras e senhores jornalistas: a "com" encarrega-se disso para si! Tendo o cuidado, evidentemente, de eliminar as críticas mais fundamentais...»[272] — atardemo-nos ao secundário e esqueçamos o essencial!

Será preciso recordar finalmente que um jornalista deve ter por princípio *recusar as prendas* da personalidade ou da instituição de que tem de assumir a cobertura das atividades? Ser-lhe-á, em todo o caso, mais

---

[269] *The Guardian* citado por *Courrier international*, Paris, suplemento ao n.º 262, 9 de novembro de 1995, p. 6.

[270] *Le Soir*, Bruxelas, 5-6 de novembro de 2005, p. 29; v. também Y. Agnès, *Le Grand bazar de l'info*, p. 110.

[271] *El País*, Madrid, 28 de junho de 2006, p. 39.

[272] Ph. Merlant e L. Chatel, *Médias: la faillite d'un contre-pouvoir*, p. 243.

OS ENTRAVES À LIBERDADE DE INFORMAR

fácil guardar a sua independência... e a sua dignidade. Em matéria de almoços, o diário *Le Monde* prevê que «os jornalistas têm o cuidado de retribuir os convites que aceitaram. Podem dispensar-se disso quando se trata de convites lançados por ministérios, instituições ou empresas. Declinam os convites repetidos, sem objetivo claro»[273]. Enquanto «a aceitação de uma viagem de imprensa gratuita, ou que não é inteiramente financiada por *Le Monde*, é condicionada à autorização do chefe de serviço ou do seu adjunto, depois de uma discussão sobre o interesse editorial do assunto»[274].

Albert du Roy escreve a este propósito: «As condições ideais de uma independência perfeita não podendo ser reunidas parece mais realista, e, por conseguinte, mais razoável, definir as condições necessárias para que esta independência seja na maior medida possível preservada. Quais são elas? Nunca aceitar uma viagem mais tentadora pelo seu prazer do que pelo interesse do seu objeto; saber fazer a diferença entre o anfitrião correto, do qual se sabe que admitirá uma apreciação eventualmente reservada ou crítica, e aquele que considerará o seu convite a garantia de um relato favorável; precisar logo no início que uma resposta positiva não implica nem um artigo garantido, nem um artigo automaticamente amável. [...] Acrescentemos a isso uma última regra essencial: é preciso poder recusar»[275].

O facto é que todas estas «amabilidades» da parte das empresas e das instituições para com os jornalistas têm tendência a multiplicar-se, sem que leitores, ouvintes, espectadores e internautas sejam postos ao corrente de que elas existem e que visam orientar a prática jornalística e afetar a independência desta mesma prática. Até porque podem pesar seriamente na escolha das temáticas a tratar e na maneira de as tratar.

---

[273] *Le Style du Monde 2004*, Paris, Le Monde, 2004, p. 195.
[274] *Le Style du Monde 2004*, p. 197.
[275] A. du Roy, *Le Serment de Théophraste*, p. 126.

3. A acreditação

O controlo da recolha da informação pode também efetuar-se pelo sistema da acreditação. Com efeito, a simples carteira profissional não dá direito de acesso por todo o lado. O jornalista tem, desde logo, de se fazer acreditar junto de certas direções de comunicação (União Europeia, OTAN-NATO, ministérios,...): em 1995, em Bruxelas, «a Comissão Europeia recenseava 770 jornalistas acreditados»[276], estrangeiros na maior parte dos casos; em maio de 2004, eram 920; em 2005, chegavam aos 1300; em 2006, já só eram 1180[277] (o que faria de Bruxelas a primeira ou a segunda cidade no mundo, com Washington, onde está baseado o maior número de correspondentes); em 2008, já eram 1100; mas em 2010, não eram mais de 752[278], a crise financeira geral dos média tendo produzido os seus efeitos.

Porém, o sistema da acreditação leva muitas vezes os jornalistas a crerem que pertencem assim a um círculo de privilegiados. Na realidade, os jornalistas acreditados não podem muitas vezes revelar senão o que lhes foi autorizado divulgar. Porque, no fundo, a acreditação constitui de certo modo um ato de vassalagem: em troca de pequenas vantagens ou informações, os jornalistas alienam, de facto, a liberdade de dizer tudo o que sabem e que mereceria eventualmente ser dito. E, geralmente, o não-respeito das «regras do jogo» conduz a represálias: supressão das facilidades, das informações, dos convites ou da própria acreditação.

Thomas Ferenczi, que foi jornalista no serviço político de *Le Monde*, acreditado junto da presidência da República francesa no tempo de Valéry Giscard d'Estaing, foi proibido de acesso ao Eliseu, o que o levou a deixar o serviço político do jornal para passar ao serviço cultural. Foi ainda o mesmo Giscard d'Estaing, que, por intermédio do Ministério dos Negócios Estrangeiros, pediu a revocação do correspondente do diário milanês

---

[276] *Le Soir*, Bruxelas, 4-5 de março de 1995, p. 6.
[277] *Le Monde*, Paris, 8 de abril de 2006, p. 18.
[278] Despacho de *AFP* de 11 de março de 2010.

OS ENTRAVES À LIBERDADE DE INFORMAR

Corriere della Sera em Paris, porque falava demasiado a seu gosto do «caso dos diamantes» que lhe foram oferecidos pelo centro-africano Bokassa.

Há um pouco mais de vinte anos, o Vaticano decidiu suspender durante seis meses a acreditação do correspondente do diário conservador monárquico e católico madrileno *ABC*, porque este tinha publicado largos extratos da enciclopédia *Evangelium Vitæ* em 28 de março de 1995, violando assim o embargo decretado até 30 de março[279]...

Esta perspetiva de represálias põe evidentemente um jornalista entre a espada e a parede. Terá então de avaliar os limites da sua liberdade e os riscos profissionais que corre revelando certos factos. Porque fechar-se-ão portas diante do jornalista «indelicado» e «criticador». O que põe em evidência uma contradição importante: o sucesso profissional de um jornalista depende das boas relações que tem nos meios do poder (político, económico, sindical, cultural, desportivo,...), mas guardará dificilmente estas boas relações se não fizer um retrato globalmente favorável deles e não souber guardar uma certa reserva, uma certa discrição, em relação a eles.

No fundo, para o(s) poder(es), o jornalista deveria contentar-se em relatar o que a elite dirigente considera desejável e útil para a aplicação e o sucesso das suas iniciativas e da sua estratégia de ocupação do poder. E um média de informação geral estará condenado a vegetar se afastar sistematicamente todas as notícias provenientes do(s) poder(es) que lhe pareçam ter um carácter meramente promocional.

4. Os «fora de gravação» [*off-the-record*]

Por ocasião de uma conversa com uma personalidade dos meios do poder, esta apressa-se muitas vezes a dizer ao jornalista que o que ela lhe disser deve ser considerado *off-the-record* (fora de gravação) ou mais simplesmente em *off*. O que quer dizer que o jornalista não pode de maneira nenhuma fazer estado destas «informações» nos seus textos, nas «peças» radiotelevisivas

---

[279] *El País*, Madrid, 27 de abril de 1995, p. 34.

ou em linha. Ou, por vezes, o jornalista é muito simplesmente suposto não indicar a fonte da sua informação podendo, no entanto, repercuti-la.

A prática das conversas *off-the-record* permite criar uma ilusão de cumplicidade entre o homem do poder (ou o seu representante) e o jornalista. Mas também fazer saborear a este a doce ilusão de ser alguém com uma certa importância (como explicar de outro modo as «confidências» de uma personalidade de tão alto nível?...).

No entanto, as declarações *off-the-record* não devem de modo algum impedir um jornalista de procurar obter por outros meios, de maneira honesta, informações sobre o mesmo assunto e as publicar. De outro modo, esta maneira de atribuir a certas declarações a etiqueta *off-the-record* poderia tonar-se numa espécie de *censura externa* exercida em relação a um jornalista do qual o informador tem boas razões para crer que será posto ao corrente da mesma informação por outras fontes.

Além disso, o *off-the-record* a propósito unicamente da indicação da fonte consiste muitas vezes numa manipulação do jornalista pela fonte. Esta tem interesse em que a sua «informação» seja publicada. A menção da fonte poderia, no entanto, pô-la em dificuldade em relação ao seu próprio meio de origem ou mesmo pôr em evidência o carácter manipulador da informação (muitas vezes «exclusiva»).

Notemos, porém, que os *off-the-record* podem ser essenciais para melhor compreender o contexto de uma informação e que, muitas vezes, poderão ser utilizados ulteriormente, quando o assunto vier de novo a ser um tema quente da atualidade e o dever de reserva em relação à fonte ou ao conteúdo tiver perdido pertinência.

«Esta técnica cada vez mais corrente alimenta as rubricas de indiscrições muito apreciadas pelos leitores, aos quais dão o sentimento de penetrarem nos bastidores dos poderes. Os políticos aprenderam a dominar esta forma subtil e hipócrita de comunicação, para revelar o que não ousam dizer em público, testar sem risco uma ideia, tomar as suas distâncias em relação a uma decisão que são obrigados a assumir ou, mais trivialmente,

OS ENTRAVES À LIBERDADE DE INFORMAR

para prejudicar os seus concorrentes. Dirigem as suas confidências em *off* contra os seus próprios amigos políticos bem mais frequentemente do que contra os seus adversários, porque, destes, podem dizer mal às claras. Os jornalistas políticos são submetidos à forte procura das direções, porque os leitores apreciam as rubricas feitas de breves indiscrições, de confidências. Pelo que são convidados a produzir material *off-the-record* em jorro contínuo, sem se preocupar demasiado em saber a que manipulação é que estão a prestar-se. Esta matéria informativa é cómoda, porque, por definição, inverificável. Além disso, ajuda a manter as boas relações. [...] Em todos os artigos consagrados à vida política, florescem as citações atribuídas a um "conselheiro do presidente", um "íntimo do primeiro-ministro", um "próximo do dossiê"... Por vezes, estas citações são autênticas; por vezes, elas permitem ao autor do artigo fazer parte de um comentário pessoal de que não quer assumir a responsabilidade»[280].

De qualquer modo, é preciso nunca perder de vista que «uma informação só sai porque serve os interesses daquele que a larga»[281]. Pelo que o jornalista deve ter consciência do jogo que o querem fazer jogar e tomar a devida distância em relação precisamente a um jogo que, no fim de contas, não é o seu e em que não tem obrigação de entrar.

5. A conivência

Além mesmo da ação das direções de comunicação, os jornalistas são muito naturalmente levados a frequentar os meios políticos, económicos, sociais, culturais ou desportivos que têm como encargo cobrir. Desde logo, estabelecem-se relações entre os jornalistas e as personalidades destes meios. Relações algumas vezes puramente profissionais, outras vezes com um carácter mais social e até mesmo de amizade. Há alguns anos,

---

[280] A. du Roy, *La Mort de l'information*, pp. 108-109; v. também A. du Roy, *Le Serment de Théophraste*, pp. 116-117.
[281] Y. Mamou, *«C'est la faute aux médias!»*, p. 145.

num dossiê do diário neerlandês *NRC Handelsblad*[282], sublinhava-se assim o facto de que na Bélgica «muitos jornalistas e políticos caminhavam juntos durante decénios. Conheciam as suas esposas respetivas, convidavam-se aos mesmos casamentos. Quando um político pronuncia um discurso, não é raro que haja jornalistas que aplaudam com o público.» Porque «a imprensa e o mundo político são muito próximos. O primeiro-ministro tem uma relação aberta com os jornalistas. Toda a gente se telefona constantemente.»

Ainda a este propósito, um cronista francófono acrescentou mesmo nesta ocasião que «do lado francófono, as ligações pessoais são ainda mais intensas do que do lado flamengo [...]. Os ministros falam livremente, porque sabem que, de qualquer modo, nada será publicado.» Uma relação «compincha-compincha», como lhe chama o *NRC Handelsblad*, uma relação de conivência que constitui um sério entrave à liberdade de informar, ou pelo menos ao direito do cidadão a uma informação independente de qualidade. Poder-se-á facilmente levar ao conhecimento dos leitores, ouvintes, espectadores ou internautas factos ou opiniões que provocariam prejuízo às personalidades que frequentamos e com as quais temos relações de camaradagem ou até de amizade?

O jornalista independente e rigoroso é, pois, levado a cultivar um subtil equilíbrio entre a necessidade de frequentar os meios «produtores de informações» e a não menos necessária afirmação de uma certa distância em relação a estes meios. François Simon, antigo jornalista de *Le Monde*, evoca a este propósito o caso de Jacques Marchand, então diretor do diário desportivo *L'Équipe*, dando-o como exemplo: «Tomando conhecimento da nomeação como secretário de Estado do *sprinter* Roger Bambuck, que conhecia particularmente bem, foi dizer-lhe educadamente que, doravante, tratá-lo-ia por senhor ministro e por senhor enquanto se mantivesse nestas funções»[283].

---

[282] Citado *in Le Monde*, Paris, 26 de novembro de 2002, p. 16.
[283] F. Simon, *Journaliste. Dans les pas d'Hubert Beuve-Méry*, p. 44.

OS ENTRAVES À LIBERDADE DE INFORMAR

Uma outra faceta da conivência é a que leva os média a atribuírem uma importância muito particular a certos factos, quando atribuíram uma importância inferior a factos comparáveis, por razões ligadas a relações puramente pessoais. Viu-se assim, em finais de 2004, princípios de 2005, os média belgas francófonos atribuírem uma maior atenção ao rapto no Iraque de Florence Aubenas (na altura jornalista do diário *Libération*) do que, alguns meses antes, ao de Christian Chesnot (jornalista pago à «peça» da Radio France e da *RFI*) e Georges Malbrunot (jornalista independente para *Le Figaro, Ouest-France* e *RTL Radio*). Porque uma parte da família direta de Aubenas vivia em Bruxelas e dispunha de importantes inter-mediários nos média belgas. Mas enquanto Aubenas não colaborava em nenhum média belga, Malbrunot era há vários anos um dos correspondentes da RTBF no Próximo Oriente. É certo que, de qualquer modo, haverá sempre quem diga que «todo o média tem a sua parte de conivência»[284], como se isso fosse inquestionavelmente natural...

Como escreve Albert du Roy, «a cobertura de qualquer domínio de atividade implica normal e obrigatoriamente a frequentação assídua dos seus atores. Levantar uma cortina de ferro tornaria impossível o exercício do jornalismo. Será preciso por essa razão ir até à osmose? Tecem-se laços pessoais; forjam-se simpatias. A falta de distanciação conduz, na melhor das hipóteses, a uma forma de miopia; na pior, a uma conivência. Este inconveniente é mais acentuado no campo político do que noutros domínios. Por obrigação, mulheres e homens políticos sabem seduzir. Os jornalistas não são insensíveis a esta sedução, tanto mais que o recrutamento deles não escapa à endogamia. Há uma evidente consanguinidade entre os políticos e os que estão encarregados de os observar. Frequentemente, provêm dos mesmos meios, e muitas vezes das mesmas escolas. Partilham a mesma cultura, os mesmos códigos, as mesmas referências. [...] Tanto por gosto como por obrigação, frequentam os mesmo lugares, os mesmos restaurantes.

---

[284] Ph. Merlant e L. Chatel, *Médias: la faillite d'un contre-pouvoir*, Paris, Fayard, 2009, p. 39.

TEORIA DA INFORMAÇÃO JORNALÍSTICA

Muitas vezes, fora dos estúdios, tratam-se por tu. [...] É um erro. Por higiene pessoal, para se lembrar a si próprio, e para lembrar ao seu interlocutor que as posições respetivas são diferentes e podem ser antagonistas, [...] o jornalista deveria sempre impor este pequeno símbolo de distância que é o tratamento por senhor»[285]. Uma forma de tratamento demasiado esquecida nos média portugueses e muito particularmente nas entrevistas.

Recordemos a este propósito o parágrafo 29 da resolução 1003 do Conselho da Europa: «Nas relações necessárias que lhes é necessário manter com os poderes públicos ou os meios económicos, os jornalistas devem evitar chegar a uma conivência que prejudique a independência e a imparcialidade da sua profissão» (v. esta resolução mais à frente, na Segunda Parte, parágrafo 1).

Não confundir, porém, conivência e confiança, que, ela, é uma condição indispensável na obtenção de informações da parte das fontes. «A relação de informação não poderia funcionar sem um mínimo de confiança recíproca»[286].

6. Os embargos

Frequentemente, os jornalistas recebem antecipadamente informações, documentos ou declarações cujo conteúdo não é publicável antes do dia e da hora indicados por quem lhos comunicou. Estes embargos podem ser decididos de maneira *unilateral* por quem forneceu a informação ou então ser objeto de um *acordo prévio* entre este e o jornalista. No caso de um embargo unilateral, o jornalista não é obrigado a respeitá-lo, mesmo se é habitual fazê-lo.

Com efeito, o não-respeito destes prazos impostos pela fonte porá em questão a confiança que os que estão na origem destes comunicados «sob embargo» tinham no jornalista ao qual os tinham endereçado. Além disso,

[285] A. du Roy, *La Mort de l'information*, pp. 105-107.
[286] Y. Mamou, *«C'est la faute aux médias!»*, p. 143.

OS ENTRAVES À LIBERDADE DE INFORMAR

o não-respeito de um embargo põe um problema ao jornalista no que diz respeito aos seus confrades que decidiram respeitar o embargo e que se atrasarão desde logo em relação àquele que não o respeitou.

Além disto, os embargos podem pôr dois problemas. Primeiro, o de colocar eventualmente o jornalista que recebe documentos sob embargo numa situação em que, durante algumas horas ou alguns dias, pode sentir-se contrariado na sua *démarche* de recolha normal da informação, no domínio que diz respeito aos documentos em questão. Depois, o que consiste no facto de um média ser levado a anunciar a informação ao mesmo tempo que os outros média, o que não deixa de tomar ares de operação concertada e até mesmo de operação promocional concertada, favorável a tal personagem, a tal instituição ou a tal empresa. O que quer dizer que o dever de levar o mais cedo possível uma informação ao conhecimento do público terá sido sacrificado em benefício dos cálculos táticos ou estratégicos daquele que, exterior ao média, tomou a iniciativa de impor o embargo[287].

É de notar que nos países vizinhos da Bélgica, só o Código de deontologia da imprensa luxemburguesa afirma (no seu parágrafo 3) que «a responsabilidade do jornalista e do editor implica a obrigação de respeitar os prazos de embargo se houver imperativos excecionais e legítimos», mesmo se, como vimos, submete apesar de tudo o princípio a «imperativos excecionais e legítimos» (v. este «código» mais à frente, na Segunda Parte, parágrafo 3.5).

O artigo 11 do código de deontologia interna da antena belga da luxemburguesa *RTL-TVI* prevê que «um embargo, o facto de reter voluntariamente uma informação, só pode justificar-se em raros casos de uma extrema importância. A aceitação de um embargo é da responsabilidade da direção de informação, um jornalista não pode comprometer a palavra

---

[287] V. a este propósito J.-M. Nobre-Correia, «Le Rêve communicationnel», *in La Libre Belgique*, Bruxelas, 9-10 de setembro de 2000, p. 16.

TEORIA DA INFORMAÇÃO JORNALÍSTICA

da sua redação sem se referir a ela. A rutura de um embargo por outro média não liberta automaticamente a redação da *RTL-TVI* da sua própria promessa, será a hierarquia da redação a tomar tal decisão» (v. este «código» mais à frente, na Segunda Parte, parágrafo 4.2).

Seja como for, convém nunca esquecer que, em princípio, uma declaração de embargo é sempre feita em favor, em benefício do personagem, empresa ou instituição que o decretou. Embora se possa considerar também que, ao receber a informação, declaração ou documento antes de ser tornado público, esta antecipação permite à redação do média dispor eventualmente do tempo necessário para aprofundar o assunto, alargando o seu tratamento jornalístico, dando-lhe uma abordagem complementar diferente, situando-o num contexto, analizando-o, comentando-o, antes de o apresentar ao seu próprio público.

7. As entrevistas escritas

Assinalemos igualmente uma prática que passou a ser bastante corrente em certos meios: quando um jornalista solicita uma entrevista de uma personalidade, os «dircoms» desta ou até a personalidade ela mesma pedem cada vez mais que o jornalista lhes submeta previamente a lista das perguntas que conta fazer. Os serviços de imprensa proporão algumas vezes mudanças ou mesmo supressões nesta lista, «por uma questão de atualidade ou de oportunidade», dizem eles.

De vez em quando, pede-se ao jornalista que formule as suas perguntas por escrito, «com precisão»; respostas escritas ser-lhe-ão remetidas posteriormente (foi nomeadamente o caso da célebre «entrevista exclusiva» das Brigadas Vermelhas no semanário *L'Espresso*, de Roma). Não é raro que a personalidade entrevistada por escrito decida acrescentar algumas perguntas sobre assuntos que deseja abordar.

A internet e os correios eletrónicos [*e-mails*] tornaram a prática das entrevistas escritas mais corrente do que antes. Por vezes, porque isso permite evitar deslocações dispendiosas (em tempo e em dinheiro) ao

OS ENTRAVES À LIBERDADE DE INFORMAR

jornalista e à sua redação. Mas também porque o entrevistado pode assim tomar o tempo de consultar previamente os seus colaboradores ou colegas antes de responder a cada uma das perguntas. (Quando se leem atentamente certas entrevistas, sente-se bem que elas foram feitas por escrito, pelo facto mesmo de terem bastante falta de espontaneidade.)

Que fazer? Falhar a exclusividade e o eventual "furo" [*scoop*]? Zangar-se talvez para sempre com a dita personalidade? Além dos problemas de natureza deontológica postos por tais práticas, o facto é que tais procedimentos impedem de exercer o normal *direito de seguimento* [*droit de suite*], quer dizer:

- de fazer subperguntas sugeridas pelas respostas;
- de aprofundar assuntos abordados pelo entrevistado, procurando que ele vá ainda mais longe nas suas declarações;
- de replicar ao que diz o entrevistado e que não parece conforme aos dados de informação de que dispunha o jornalista ou à análise que este fazia previamente do assunto.

Por princípio, um jornalista deve recusar a prática que consiste em submeter as suas perguntas por escrito a uma personalidade e a receber as respostas desta por escrito. Tanto mais que nunca se poderá ter a certeza de que tenha sido realmente a dita personalidade que respondeu e não um dos seus colaboradores. Só situações absolutamente *excecionais* podem justificar que se faça uma entrevista por escrito (caso em que o entrevistado se encontra na *clandestinidade* ou está preso numa *secção de alta segurança*, por exemplo). Em contrapartida, nada pode justificar a entrevista de Paola Ruffo di Calabria (esposa do chefe do Estado) publicada nos diários belgas de 14 de novembro de 2002, «entrevista» em que as respostas provinham manifestamente de uma operação cuidadosamente conduzida por uma agência de conselho em comunicação. E foi também isso que aconteceu com a entrevista escrita de Philippe de Saxe-Cobourg (que ascendeu entretanto ao trono da Bélgica) publicada em *La Libre Belgique* e em *De Standaard* de 25-26 de março de 2006, no seguimento dos ataques de

TEORIA DA INFORMAÇÃO JORNALÍSTICA

que era objeto. De qualquer modo, os leitores devem sempre ser prevenidos das condições em que a entrevista escrita foi realizada e fazer-lhes notar que, precisamente, o média não pôde por consequência exercer o seu direito de seguimento [droit de suite].

Atualmente, as entrevistas são geralmente registadas por um gravador. Se o entrevistado o pedir, poder-se-á fornecer-lhe uma cópia da transcrição da entrevista antes que seja publicada (é, apesar de tudo, a sua palavra que é suposto propor-se aos leitores). O entrevistado poderá então corrigir passagens que teriam sido mal transcritas, os seus ditos tendo sido deformados. Mas é inaceitável que possa mudar os termos da entrevista gravada, nem mesmo que possa a posteriori matizar [nuancer] os ditos que pronunciou durante a entrevista. Neste género de conflito, a gravação servirá de prova[288].

Em 28 de novembro de 2003, nove diários alemães (entre os quais os de referência) denunciaram o hábito que consistia em submeter aos homens políticos os textos provenientes de entrevistas, uma vez que os reescreviam por vezes completamente, riscando mesmo perguntas que não lhes agradavam[289].

Esta prática que consiste em fazer previamente reler a transcrição de uma entrevista levanta, porém, muitas dificuldades. Depois de ter tomado tal iniciativa, assinalando-a no fim do texto da entrevista (e mesmo o facto de ligeiras modificações terem eventualmente sido introduzidas), Le Monde teve de renunciar a tal prática. Contudo, todos aqueles que tiveram contactos com jornalistas para entrevistas sabem a que ponto as sínteses, os resumos e (em audiovisual) as montagens podem por vezes deformar declarações apresentadas como traduzindo o ponto de vista fiel do entrevistado a propósito da questão, e tomadas aliás como tais pelos

---

[288] V. a este propósito A. du Roy, Le Serment de Théophraste, pp. 117-119; A. Papuzzi, Professione gionalista, p. 53.
[289] Le Monde, Paris, 2 de dezembro de 2003, p. 20.

OS ENTRAVES À LIBERDADE DE INFORMAR

leitores, ouvintes, espectadores ou internautas. O que quer dizer que o trabalho final de «edição» da entrevista deverá ser feito por um jornalista competente na matéria tratada, de maneira que não sejam cometidos erros de boa-fé na «peça» final proposta ao público, erros, anomalias ou absurdos que serão sempre atribuídos por este ao infeliz entrevistado e não ao entrevistador.

8. Os fornecedores de conteúdos

Qual é a margem de manobra de um média relativamente aos seus fornecedores de matéria-prima? O caso das relações dos média com o mundo do *cinema* e o da *música* é a este respeito particularmente eloquente.

A crítica de cinema desapareceu largamente da imprensa e sobretudo da televisão. Porque o lançamento de novos filmes dá não só lugar a campanhas publicitárias (v. a passagem a propósito dos anunciantes), mas também a campanhas de lançamento em que *produtores e distribuidores* vão propor entrevistas com realizadores ou atores, assim como bandas-anúncios, excluindo destas vantagens os jornalistas e os média que não são coniventes.

Esta situação é particularmente evidente em televisão, que é um importante difusor de filmes (o que supõe que as estações estejam em bons termos com os distribuidores), quando não é ela mesma coprodutora de filmes. E nesta última hipótese, imagina-se dificilmente que um jornalista possa fazer considerações críticas negativas sobre um filme cuja rendibilização interessa particularmente à própria cadeia.

A situação é relativamente comparável no que diz respeito à rádio e à televisão nas suas relações com os *editores de discos* e os seus *intérpretes*. Estes discos são também objeto de campanhas de promoção e algumas vezes de publicidade. E estas campanhas de promoção dão, na maior parte das vezes, lugar a entrevistas com os artistas intérpretes, que, em princípio, estarão mais ou menos «disponíveis» em função da «benevolência» da estação em relação aos discos precedentes do intérprete ou do editor.

TEORIA DA INFORMAÇÃO JORNALÍSTICA

9. Os anunciantes

Pode falar-se livremente, em total independência, da atualidade referente a uma grande empresa que é, por outro lado, um anunciante importante do média? Podem relatar-se livremente os conflitos sociais nesta empresa? A sua política salarial? A eventual má gestão que é praticada nela? As guerras intestinas entre membros da sua direção? A poluição provocada pelo seu funcionamento? A má qualidade dos seus produtos? Questões que não são de pura retórica: abundam os exemplos de pressões exercidas por um anunciante sobre um média. Um caso célebre: há anos, os exploradores das salas de cinema em Bruxelas, descontentes com o tom geral das recensões publicadas sobre os filmes no diário *Le Soir*, suprimiram muito simplesmente todos os anúncios publicitários no mesmo jornal (que ocupavam muitas vezes duas páginas inteiras em formato *broadsheet*) durante várias semanas, o que provocou uma perda de receitas publicitárias importante e, posteriormente, adaptações no seio da redação do diário, com a transferência de jornalistas de cinema para outros tipos de atualidade. Da mesma maneira, por ter evocado a «ineficácia» dos produtos destinados a evitar a queda de cabelo e ter escolhido como imagens de acompanhamento embalagens de diversas marcas, entre as quais algumas da L'Oréal (um enorme anunciante[290]), um jornalista da belgo-luxemburguesa *RTL-TVI* foi despedido logo no dia seguinte, o grupo industrial sendo um anunciante importante da estação.

A pressão exercida pelos *anunciantes de automóveis* é bem conhecida. Em 2005, não menos de sete anunciantes do sector automóvel figuravam entre os trinta primeiros investidores publicitários na Bélgica[291]. Compreende-se desde logo porque se atribui tanta importância à indústria automóvel nos média, porque há tantos suplementos automóvel nos

---

[290] Em 2005, a L'Oréal era o sétimo maior anunciante na Bélgica: *Spac'Essentials*, Bruxelas, Space, março-abril 2006, p. 24.

[291] *Spac'Essentials*, Bruxelas, Space, março-abril 2006, p. 24.

164

OS ENTRAVES À LIBERDADE DE INFORMAR

diários e se realizam telejornais em direto do Salão Automóvel de Bruxelas há alguns anos, e por que razão os relatos sobre os produtos desta indústria são sempre... tão globalmente positivos! E poder-se-ia fazer o mesmo género de reflexão a propósito das informações sobre *os bancos* e *as seguradoras* (e a crise financeira dos últimos meses de 2008 pôs isso bem em evidência), os *fabricantes de computadores* e de *telefones portáteis* ou as *redes de telefonia móvel*, todos eles anunciantes de peso nos nossos média.

Um média que ousa fazer uma apreciação negativa sobre um novo produto ou serviço, ou duvidar abertamente das qualidades anunciadas por este produto ou serviço, corre o risco de se ver retirar o orçamento publicitário do seu fabricante, distribuidor ou fornecedor. O média terá então de escolher entre o seu anunciante e os seus leitores, ouvintes, espectadores ou internautas, entre os seus interesses financeiros e o seu dever de informar o público. Mas a escolha nem sempre é fácil. E ainda menos se a situação financeira do média for bastante frágil... A escolha é em todo o caso mais fácil num *média generalista* (em que se encontram diversos tipos de anunciante) do que num *média especializado* (muitas vezes dependente de um único tipo de anunciante).

As exigências dos anunciantes e dos publicitários ultrapassam por vezes todo o entendimento: em 4 de março de 1993, as primeiras páginas dos diários *La Dernière Heure*, *Le Journal et Indépendance*, *La Lanterne*, *La Libre Belgique*, *La Meuse* e *La Nouvelle Gazette* estavam inteiramente ocupadas por uma publicidade consagrada ao «novo Peugeot 306». Só os diários *L'Écho*, *Le Soir*, *Vers l'Avenir* e *La Wallonie* publicaram primeiras páginas redatoriais. Este tipo de operação, dizendo respeito a outros anunciantes, repetir-se-á depois em várias ocasiões.

Por outro lado, cada vez mais publicações têm *rubricas destinadas a apresentar produtos novos*. «Sob a aparência de um serviço prestado ao leitor, trata-se muitas vezes, na realidade, de uma gentileza prestada a um anunciante ou de um pagamento na mesma moeda por um presente, um convite... Estas rubricas, da mesma maneira que as reportagens fortemente

TEORIA DA INFORMAÇÃO JORNALÍSTICA

ilustradas sobre destinos turísticos paradisíacos, são promocionais e participam na confusão entre informação e publicidade»[292].

10. Os grupos proprietários dos média

Tradicionalmente, a imprensa escrita era propriedade de «editores puros» (indivíduos ou famílias que não tinham outras atividades significativas fora da edição) ou então propriedade de organizações sociopolíticas (partidos, sindicatos,...) ou confessionais (igrejas, congregações religiosas,...). Enquanto a rádio e a televisão dependiam sobretudo do domínio do Estado, do sector público.

Desde os anos 1970 sobretudo, assiste-se na Europa à tomada de controlo de numerosos média por grupos financeiros e industriais[293]. É verdade na Bélgica (onde diários como *Het Laatste Nieuws* ou *De Standaard*, que eram tradicionalmente propriedade de famílias de editores, e mesmo *Het Volk*[294], que pertencia a um movimento associativo, ou *Vers l'Avenir*, cujo acionista maioritário era a Diocese de Namur, passaram para o controlo de grupos financeiros e industriais[295]). Mas também em França (onde o grupo Hachette — e por conseguinte *Europe 1* — é controlado pelo Lagardère; *TF1*, *LCI*, *TMC* e *HD1*, por Bouygues[296]; *Canal* +, *C 8* e *C News*, por Bolloré;

---

[292] A. du Roy, *La Mort de l'information*, p. 100; v. também A. du Roy, *Le Serment de Théophraste*, pp. 130-143.

[293] A propósito dos investimentos financeiros e industriais nos *média* na Europa, v. J.-M. Nobre-Correia e J. Vebret (dir.), «Opa sur les médias?», *in Médiaspouvoirs*, Paris, n.º 36, 4.º trimestre de 1994, pp. 37-137.

[294] *Het Volk* deixou de ser publicado em 9 de maio de 2008.

[295] V. a este propósito J.-M. Nobre-Correia, «Belgique: une architecture cadenassée mais fragile...», *in Médiaspouvoirs*, Paris, n.º 36, 4.º trimestre de 1994, pp. 107-112.

[296] Em novembro de 2004, a duas semanas de intervalo, as redes de telefonia móvel da France Télécom e da Bouygues Télécom avariaram. O jornal da *TF1* pôs então em evidência todos os inconvenientes graves (nomeadamente em matéria de serviços de socorro) causados pela avaria da France Télécom. Duas semanas depois, por ocasião da avaria da Bouygues Telecom, a sequência do jornal da *TF1* que lhe foi consagrada pôs sobretudo o acento nos esforços do pessoal da Bouygues Télécom com vista a resolver o problema técnico da rede.

OS ENTRAVES À LIBERDADE DE INFORMAR

o grupo Socpresse — e por conseguinte *Le Figaro* entre outros —, por Dassault; os diários *Les Échos*, *Le Parisien* e *Aujourd'hui en France*, assim como *Radio Classique*, pelo grupo Arnault; o diário *Libération*, o semanário *L'Express*, as rádios *BFM* e *RMC*, *BFM TV*, pelo grupo Altice; *Le Point* e diversos magazines, pelo grupo Pinault). E sobretudo em Itália (onde o grupo RCS — e por conseguinte o *Corriere della Sera* — e *La Stampa* foram controlados durante longos anos pela Fiat[297], *La Repubblica*, pelo grupo CIR, de Carlo De Benedetti[298], que passou também a controlar *La Stampa*, quando a família Agnelli, principal acionista da Fiat, decidiu retirar-se da imprensa italiana... e adquirir 43 % do britânico *The Economist*).

Os grupos financeiros e industriais explicam esta intervenção no domínio dos média afirmando que este virá a ser um sector «muito promissor» nos próximos anos. Mas poderemos interrogar-nos sobre o facto de saber se esta argumentação económica não esconde, antes de mais, uma tripla preocupação: a procura de um consenso social favorável ao desenvolvimento dos negócios (é o que Serge Dassault, proprietário de *Le Figaro*, chama permitir «fazer passar um certo número de ideias sãs»!); a procura de uma forma de pressão sobre as escolhas económicas dos governos, das administrações públicas e dos aparelhos políticos; a procura de um poder de intervenção no seio mesmo da área dos negócios. Uma coisa é certa: a margem de manobra destes média em matéria de informação económica e social, e até política, é consideravelmente reduzida como consequência da multiplicação dos entraves à sua liberdade de informar. Entre os leitores, ouvintes, espectadores ou internautas, de um lado, e os seus proprietários

---

[297] Também *La Stampa* cobriu de maneira muito especial o suicídio de Edoardo Agnelli, o falecimento de Giovanni Agnelli (pode assim ler-se um texto de agradecimento da sua viúva no alto da primeira página) ou (em 2003) a crise financeira da Fiat.

[298] No sábado 13 de novembro de 2004, *La Repubblica* consagrava toda a página 21 ao aniversário do seu patrão, Carlo De Benedetti, com o título «I settant'anni di De Benedetti "La Passione per l'indipendenza"» [«Os setenta anos de De Benedetti "A Paixão pela independência"»].

TEORIA DA INFORMAÇÃO JORNALÍSTICA

com múltiplos interesses, de outro lado, os média são muitas vezes forçados a servir os interesses destes últimos. Com efeito, como falar facilmente das greves ou dos despedimentos numa empresa, da poluição provocada por esta empresa ou da qualidade insatisfatória dos seus produtos ou serviços, se o média tem esta empresa como proprietário ou acionista importante? «Poder-se-á imaginar Lagardère, Bouygues ou Dassault conscientemente descontentar este Estado [francês] de que dependem os mercados de armamento, de obras públicas ou de aviação? Esta vulnerabilidade industrial em relação ao poder político influencia necessariamente o vigor e o rigor dos seus anexos mediáticos»[299]. E Albert du Roy evoca os «dois efeitos desta ligação incestuosa entre interesses industriais e informação. O primeiro é a autocensura: mesmo inconscientemente, um jornalista vigia a sua pena quando fala dos negócios do seu patrão. E se não o faz, o seu chefe de serviço ou o seu diretor chamá-lo-á à prudência. O segundo é a intervenção direta do proprietário. Não é raro que conflitos, raramente públicos, se declarem nas redações por ocasião de atos de censura manifesta»[300].

Em março de 2002, o semanário bruxelês *Le Vif-L'Express* fazia notar que desde que Richard Miller, então ministro liberal do Audiovisual da Comunidade Francesa da Bélgica, tinha «dado, em março de 2001, luz verde para a criação da televisão *AB 3*», tinha deixado «de ser entrevistado, de aparecer, ou mesmo de ser citado no ecrã da [*RTL-*]*TVI*. Equipas da cadeia deslocaram-se por vezes aos seus encontros de imprensa, mas sem seguimento no [telejornal] "19 Heures"»[301]. Os interesses do RTL Group estavam postos em questão na Bélgica francófona. Desde logo, a sua filial belga reagia em função dos interesses da casa-mãe. E tanto pior no que diz respeito ao direito dos ouvintes e espectadores de ser informados...

---

[299] A. du Roy, *La Mort de l'information*, Paris, Stock, 2007, p. 92.
[300] A. du Roy, *La Mort de l'information*, p. 94.
[301] *Le Vif-L'Express*, Bruxelas, 29 de março de 2002, p. 28.

OS ENTRAVES À LIBERDADE DE INFORMAR

Ainda no que concerne ao grupo germano-luxemburguês, pode perguntar-se se a imprensa diária belga francófona trata com a mesma independência a atualidade que diz respeito às rádios e às televisões do RTL Group (quando ela é acionista da filial belga deste, a SA TVI) e as da pública RTBF. Como pode perguntar-se se as rádios e as televisões do RTL Group estão perfeitamente à vontade para tratar a atualidade que se refere aos seus acionistas belgas, aos seus grupos de imprensa e aos seus média.

Os jornalistas perdem assim «parte da sua autonomia para poder tratar partes inteiras da atualidade. A que diz respeito às empresas que pertencem aos seus editores, por exemplo. Ou então a de grupos recentemente associados a estes últimos. Ou ainda a dos novos acionistas dos jornais deles»[302]. É aliás raramente no próprio jornal que se podem ler as informações mais completas, com a necessária perspetivação, sobre a vida do jornal, da sua sociedade de edição ou do seu grupo proprietário.

De que margem de manobra dispõe, com efeito, um jornalista no tratamento da informação referente ao seu próprio média ou referente ao grupo de média de que faz parte? Não foi em primeiro lugar no *Le Monde* que se pôde ler que o jornal procurara constituir um grupo de média (mas é preciso reconhecer que as coisas mudaram muito nesta matéria desde que Éric Fottorino passou a ser diretor do jornal em junho de 2007), nem no *Le Figaro*, que Serge Dassault se preparava para tomar o controlo do jornal, nem no *Libération*, que se preparavam mudanças sucessivas no seu grupo de acionistas. Poder-se-ia dizer o mesmo de *El País* a propósito das atividades de rádio e televisão do seu grupo. Ou do *Corriere della Sera* a propósito das mudanças que intervieram em 2004 no seio do seu grupo de acionistas e das suas direções (editorial e administrativa). Na maior parte das vezes, é pelos média concorrentes que tomamos conhecimento das notícias que dizem respeito ao nosso média preferido.

---

[302] J.-M. Nobre-Correia, «Les enjeux...», *in Médiaspouvoirs*, Paris, n.º 36, 4.º trimestre de 1994, p. 96.

TEORIA DA INFORMAÇÃO JORNALÍSTICA

No entanto, os parágrafos 10 e 13 da resolução 1003 do Conselho da Europa preconizam a salvaguarda da «liberdade dos média evitando as pressões internas", lembrando que «o respeito legítimo da orientação ideológica dos editores ou dos proprietários é limitada pelas exigências incontornáveis da veracidade das notícias e a retitude moral das opiniões» (v. esta «resolução» mais à frente, na Segunda Parte, parágrafo 1).

11. Os pilares e as redes

Os jornalistas são regularmente confrontados com a dificuldade bem real de irem em sentido oposto ao de posições das corporações, partidos, sindicatos, associações, fraternidades e outras comunidades institucionalizadas, que agem como grupos de pressão junto dos média. Pressão exercida sob a forma de ameaças de recusarem doravante qualquer contacto com tal jornalista ou tal média, de secarem assim uma fonte de informação, até mesmo sob a forma de ameaças de fazerem circular rumores a propósito do jornalista ou do média, ou mesmo de agressão física.

Qualquer tomada de distância em relação à palavra oficial torna-se problemática, até mesmo dificilmente ultrapassável. E a dificuldade torna-se sobretudo percetível quando se trata de investigar o que se passa no interior destes grupos de pressão, com certezas muitas vezes inabaláveis, e de informar sobre isso mesmo.

De maneira mais geral, viram-se nestes últimos anos meios ativistas islamitas decretarem proibições em matéria de informação e praticarem ameaças, e até exações, em relação a profissionais dos média demasiado independentes, livre-exaministas e laicos para o gosto deles, criando assim um clima de receio pouco favorável ao exercício do direito de informar. Lembrar-nos-emos do tema das «caricaturas de Maomé», série de doze desenhos representando «o profeta» com um turbante em forma de bomba, provocando numerosas manifestações pelo mundo fora, os responsáveis do jornal recebendo por seu lado ameaças de morte. Tendo publicado estas caricaturas em 8 de fevereiro de 2008, «por solidariedade e por princípio»,

OS ENTRAVES À LIBERDADE DE INFORMAR

o semanário satírico *Charlie Hebdo* foi objeto de um pedido em tribunal de apreensão provisória, por iniciativa do Conselho Francês do Culto Muçulmano. Antes de, anos mais tarde, em 7 de janeiro de 2015, a redação de *Charlie Hebdo* ser vítima de uma atentado reivindicado por meios islamitas que fez oito vítimas mortais.

Recordemos também toda uma série de acontecimentos pretensamente antissemitas, nomeadamente em França, postos em relevo por meios radicais, correndo o risco de se descobrir em seguida que o rabino se tinha mutilado na sua sinagoga parisiense (em janeiro de 2003), que o incêndio de um centro social judaico tinha sido obra de um dos seus membros (em agosto de 2004) e que a agressão de um jovem com uma quipá num dia de sabat tinha sido obra de um grupo de que fazia parte um judeu (em junho de 2008)[303]! A campanha conduzida por certos meios pró-israelitas em relação ao diário bruxelês *Le Soir*[304] nos últimos meses de 2001 é também significativa: ela procurava provocar a renúncia à assinatura e à compra avulso do jornal, assim como a recusa de inserções publicitárias correntes, nomeadamente em matéria de necrologia.

Depois de longos séculos de persecuções, *pogroms*, autos de fé (nomeadamente da parte da Inquisição) e um genocídio massivo pelo nazismo durante a Segunda Guerra Mundial, a má consciência dos outros europeus em relação a estes momentos da sua história autoriza alguns nos meios de cultura judaica a acusarem de «antissemitismo» qualquer informação e qualquer opinião que vá contra o que eles consideram ser os interesses de Israel ou da «comunidade judaica». O que criou progressivamente uma tensão palpável entre jornalistas e média, de um lado, e meios radicais desta «comunidade», do outro, o que se traduz muitas vezes entre os primeiros por uma travagem mutilante no tratamento da atualidade a propósito de Israel e no que diz respeito à «comunidade» ou aos seus membros.

[303] Ph. Merlant e L. Chatel, *Médias: la faillite d'un contre-pouvoir*, pp. 55-57.
[304] V. a este propósito sobretudo *Le Soir* de 17 de outubro de 2001, pp. 14-15.

Conhecem-se, por outro lado, todas as dificuldades que os jornalistas encontram em tratar assuntos respeitantes às diversas obediências maçónicas, devido mesmo ao seu lado secreto (os maçons preferem chamar-lhe «discreto»). Quer se trate de agitação no interior das «lojas» ou de intervenções de meios maçónicos no mundo «profano» político, económico, social, cultural, os jornalistas são confrontados com um muro de silêncio ou uma instrumentalização dificilmente ultrapassável, as decisões tomadas nas «lojas» estando ligadas pelo segredo (quase) absoluto. Reparos que poderiam ser feitos igualmente a propósito de outras fraternidades, tais como a do Opus Dei, por exemplo.

Para melhor conseguir entravar a liberdade de informar dos jornalistas no que diz respeito às atividades e aos interesses destes diversos meios, vários representantes destes pilares sociais ou redes sociais (no sentido original destes dois últimos termos) procuram introduzir-se o mais possível no mundo dos média e ocupar neles posições de responsabilidade, com vista a permitir-lhes tomar decisões favoráveis aos meios de origem, assim como aos seus companheiros, camaradas correligionários ou irmãos.

12. Os abusos do segredo administrativo

Os nossos Estados democráticos têm demasiadas vezes tendência para classificar como «confidencial-defesa», «secreto-defesa», documentos que põem em questão o funcionamento do aparelho de Estado, da sua administração pública, do seu governo ou das suas Forças Armadas, proibindo desta maneira que os cidadãos possam ser informados com rigor de disfunções eventuais destes. Abrindo, deste modo, as portas a todas as espécies de suposição, especulação e manipulação.

A situação não é, porém, a mesma por toda a parte na Europa. Na Suécia, «uma lei datando de 1776 permite a total transparência dos serviços públicos (até às notas de despesas dos ministros)». Pelo contrário, em França, uma lei de 1978 permite o acesso a estes tipos de documento via uma comissão de acesso aos documentos administrativos, mas ela é «raramente

OS ENTRAVES À LIBERDADE DE INFORMAR

utilizável em razão da classificação "confidencial-defesa" de todo o documento mencionando uma identidade»[305].

A questão que se põe é a de saber se a «razão de Estado» deve impor-se perante o direito de informar (dos jornalistas) e o direito à informação (dos cidadãos) reconhecidos, no entanto, na maior parte das vezes de maneira explícita pelas cartas constitucionais. Se o Estado democrático é administrado segundo os mais elementares preceitos da democracia e do Estado de direito, que razões outras que as da segurança exterior e da soberania nacional podem justificar tais interditos em relação aos jornalistas e aos cidadãos?

A noção de «razão de Estado», «em si inaceitável, não pode, no entanto, ser sistematicamente rejeitada. Mesmo se isso é difícil de admitir, e sobretudo de definir, é preciso reconhecer a todo o Estado o direito ao segredo», uma observação que «é evidentemente válida apenas para os Estados democráticos, quer dizer, regularmente sancionados por eleições livres»[306].

É preciso saber, com efeito, que «não se imaginou ainda método mais eficaz para encravar a mecânica de uma decisão que está a ser tomada, uma nomeação prevista, um contrato em fase final de negociação, do que tornar pública a informação demasiado cedo, o que tem por resultado imediato despertar as hostilidades, estimular os concorrentes, suscitar os últimos tiros de barragem. Acontece, assim, que uma informação seja correta no domingo à noite, mas passe a ser falsa na segunda-feira de manhã, como consequência da sua revelação prematura»[307].

Por outro lado, em matéria de rapto ou de tomada de reféns, «na maior parte das vezes, o raptor comum (se se pode dizer) não dispõe dos meios necessários para a sua publicidade; pode fazer pressão sobre uma

---

[305] *Le Monde*, Paris, 3 de dezembro de 2004, p. 32.
[306] A. du Roy, *Le Serment de Théophraste*, p. 25.
[307] A. du Roy, *Le Serment de Théophraste*, pp. 151-152.

TEORIA DA INFORMAÇÃO JORNALÍSTICA

família, sobre uma polícia, não sobre um país inteiro. Dantes, os jornais reagiam em desordem perante este problema, uns informando largamente, os outros preferindo a discrição. Há alguns anos, um código não escrito foi adotado: todos se impuseram guardar silêncio até à conclusão do caso, salvo se os investigadores ou as famílias da vítima desejam o contrário»[308].

Não impede que «se a retenção de informação é por vezes legítima antes que uma decisão seja tomada, que uma operação seja levada a cabo, que um contrato seja assinado, que uma aliança seja concluída, não se justifica depois». Desde logo, «para ser legítimo, o segredo deve ser excecional e provisório. Se passa a ser a regra, deixamos de estar em democracia; se perdura, é porque há qualquer coisa a esconder, porque se é incapaz de o explicar, ou de o justificar»[309].

Estas problemáticas tomaram especial importância desde o início dos anos de 2000 e do começo de uma vaga terrorista que tomou repetidamente grande amplitude nos países da Europa ocidental, mas igualmente noutras partes do mundo. O que tem levado serviços especiais de polícia e de justiça a investigações difíceis que supõem a discrição absolutamente indispensável para poderem chegar a resultados concretos em defesa das populações dos nossos países. E os jornalistas não podem ignorar soberanamente esta necessidade de discrição.

13. A linha editorial

Além mesmo de todos os entraves evocados precedentemente, a liberdade de informar, a liberdade do jornalismo, nunca é total. Que mais não seja porque, dando entrada numa redação, um jornalista aceita *ipso facto* a linha editorial do média que o emprega. Uma linha definida explícita ou implicitamente pelos que controlam a propriedade do média e/ou que

[308] A. du Roy, *Le Serment de Théophraste*, pp. 174-175.
[309] A. du Roy, *Le Serment de Théophraste*, p. 33.

OS ENTRAVES À LIBERDADE DE INFORMAR

dirigem a sua redação. Uma linha que leva muito naturalmente um jornalista a interiorizar mecanismos de autocensura (na escolha de temas como na maneira de os tratar), para melhor conseguir fazer parte da comunidade editorial que produz o seu jornal.

Como o faz notar Yves Agnès, «o jornalista é um assalariado, a sua contratação numa publicação equivale a um contrato moral, um ato de lealdade para com os valores que ela enaltece, a moral profissional que pratica, as posições que defende»[310]. É esta aliás a razão por que, em França, o Código do Trabalho prevê a evocação possível por um jornalista de uma «cláusula de consciência» que autoriza a deixar a redação do seu média no caso de «uma mudança notável no carácter ou na orientação de um jornal ou periódico, se esta mudança cria para a pessoa empregada uma situação que prejudique a sua honra, a sua reputação ou, de uma maneira geral, os seus interesses morais», recebendo, no entanto, uma indemnização de despedimento.

Este passar revista a uma série de entraves à liberdade de informar não pretende de modo algum ser exaustivo. Na prática quotidiana de recolha e de tratamento da informação, os jornalistas são confrontados com muitas outras dificuldades, algumas vezes insuperáveis. É certo que o direito de informar (do jornalista), assim como o direito à informação (do cidadão), é mais ou menos explicitamente reconhecido pelos textos legais (e até mesmo constitucionais) que regem as nossas democracias. Não impede que toda a sociedade humana se articule em torno de mecanismos de defesa e de autorregulação diversos, que não são necessariamente favoráveis ao desenvolvimento de uma informação livre, democrática, pluralista e cidadã, no sentido absoluto, radical, destas palavras.

Mas, como escreve Albert du Roy, verificar que «a liberdade de informação não existe não consiste de modo algum em estabelecer uma

[310] Y. Agnès, *Manuel de journalisme*, p. 316.

TEORIA DA INFORMAÇÃO JORNALÍSTICA

confirmação de insucesso, nem redigir um ato de rendição; é, pelo contrário, um convite a lutar ainda mais»[311], de maneira a melhor cumprir o contrato de confiança que o jornalista estabeleceu implicitamente com os seus leitores, ouvintes, espectadores e internautas.

---

[311] A. du Roy, *Le Serment de Théophraste*, Paris, Flammarion, 1992, p. 10.

CAPÍTULO IV
MECANISMOS DE DISTORÇÃO DA INFORMAÇÃO

Certas *abordagens editoriais*, certos *géneros jornalísticos*, certas *astúcias do ofício* podem, na realidade, constituir sérios mecanismos de distorção da informação. Esta não pode desde logo desabrochar em toda a sua *capacidade de exposição* de um facto ou de uma opinião, em toda a sua *potencialidade de interpretação* destes últimos. Antes pelo contrário, ao enviesá-los, impedem de perceber *a amplitude e a eventual complexidade* deste facto ou desta opinião.

1. A acontecimentização

No século XIX, a imprensa deixou de ser, antes de mais, um instrumento ao serviço das opções políticas, filosóficas ou culturais dos meios sociais dominantes ou pelo menos ativistas. Passou a ser progressivamente uma atividade profissional no pleno sentido do termo, a sua vertente industrial tornando-se cada vez mais importante. E, como indústria, precisará procurar vender o máximo de exemplares para tentar realizar o máximo lucro. É certo que a escolarização e a concentração urbana aumentaram o número potencial de leitores de jornais[312]. Porém, o aumento das vendas de um jornal só pode ser consequência:

---

[312] V. a este propósito J.-M. Nobre-Correia, *Histoire des Médias en Europe*.

TEORIA DA INFORMAÇÃO JORNALÍSTICA

- do alargamento do *mercado global* dos jornais (há cada vez mais gente a ler jornais) ou
- do aumento do *potencial de concorrência* de um jornal à custa dos outros.

A primeira hipótese resulta sobretudo de fatores demográficos e/ou socioeconómicos (*fatores externos*, exteriores aos média). A segunda é sobretudo fruto das políticas editoriais e comerciais do jornal (*fatores internos*, próprios dos média).

Para atrair leitores, certos jornais farão a escolha de seduzir, chocar, impressionar. Deverão então provocar a emoção, o medo, a obsessão, o sonho, o desejo, sobretudo se se posicionam como publicações ditas «populares», evidentemente. A informação, a sua recolha e o seu tratamento, custa caro: é preciso pois rendibilizá-la. Desde o século XIX, o político e o social nos diários «populares» vão *fait-diversificar*-se. Hoje, praticamente todos os aspetos da atualidade foram igualmente atingidos pelo que poderá chamar-se, com um termo bastante infeliz: a «pipolização» (do inglês *people*). A preferência será desde logo dada às proezas individuais, aos pormenores sensacionais, ao insólito, ao extraordinário. Como consequência, doravante será o *acontecimento* que fará a informação[313]. Uma *démarche* que tomou uma amplitude totalmente diferente com a desmonopolização na Europa do sector audiovisual nos anos 1970-80. E que se acentuou ainda com o aparecimento e o desenvolvimento da internet nos anos 1990-2000. «Quando a informação não é "vendedora", os editores serão tentados a embelezá-la, a enfeitá-la, a agravá-la, a dramatizá-la, o que a tornará menos exata, mas muito mais atraente»[314].

---

[313] V. a este propósito J.-M. Nobre-Correia, «Un regard équivoque», *in* H. Le Paige (dir.), *Le désarroi démocratique*, Bruxelas, Labor, 1995, pp. 249-262.
[314] A. du Roy, *Le Serment de Théophraste*, p. 18.

1.1. O acontecimento

Um acontecimento é aquilo que rompe a rotina da atualidade. É um escândalo, um perigo, uma transgressão em relação à quotidianidade e às normas habituais da sociedade. Em suma, um acontecimento caracteriza-se, antes de mais, pela sua «a-normalidade», pelo seu lado «extra-ordinário».

«O acontecimento não é necessariamente uma má notícia, mas um facto que sai do habitual. [...] É o que, positivo ou negativo, sai da norma que é interessante. A *démarche* informativa consiste então, no essencial, em revelar ou em repercutir, em relatar, em explicar, em analisar o anormal. Fora desta lógica, não haveria informação, e aliás nem sequer leitor! Mas a *démarche* comercial dos média, e desde logo a *démarche* concorrencial, vai mais longe. Ela consiste em tornar mais atrativa uma informação que não o é suficientemente. Uma "revelação" é mais aliciante do que uma informação, um "drama", mais atrativo do que um *fait divers*, um "escândalo", mais sedutor do que uma desonestidade, um "requisitório", mais cativante do que uma argumentação, um "mistério", mais provocador do que uma interrogação... Daí a perpétua tentação de radicalizar a linguagem, de sobrevender o acontecimento, de levar a significação ao seu paroxismo»[315].

Poder-se-ia, porém, fazer notar que «são os média eles mesmos — e os jornalistas — que escolhem, entre a multiplicidade de factos de que têm conhecimento, os que são suscetíveis de fazer acontecimento. Nada mais normal: a exaustividade tornou-se impossível, e a simples justaposição de factos todos postos ao mesmo nível de importância seria fastidiosa para o leitor»[316]. Foi tempo em que o diretor do diário parisiense *Le Temps*, o órgão mais influente da Terceira República Francesa (e antecessor de *Le Monde*), dizia aos seus jornalistas, em finais do século xix:

---

[315] A. du Roy, *Le Serment de Théophraste*, pp. 193-194.
[316] Ph. Merlant e L. Chatel, *Médias: la faillite d'un contre-pouvoir*, p. 159.

«Messieurs, faites emmerdant» [Senhores, façam chato], uma *démarche* editorial em termos de escrita hoje inconcebível, mesmo nos melhores jornais de referência.

Desde logo, o leitor, ouvinte, telespectador ou internauta passa a ser *voyeur*. A informação passa a ser espetáculo, entretenimento, divertimento. Um espetáculo posto em cena pelos títulos [*titraille*], a paginação [*mise en page*], a ilustração, os registos sonoros, os acompanhamentos sonoros (música ou ruídos), os planos, as sequências, as montagens... Segundo a música ou a sonoplastia escolhida como fundo para uma sequência sonora ou vídeo, a reação emocional provocada no ouvinte, telespectador ou internauta pode, assim, ser muito diferente e suscitar desde logo uma perceção contrastada dos simples dados factuais da sequência, reforçando o seu lado afetivo, sensacional ou dramático, por exemplo. Limitemo-nos a evocar o caso de Maio de 68, em Paris: a captação dos ruídos da rua pelas viaturas-rádios das estações de rádio ditas «periféricas» dava a qualquer ajuntamento menor uma amplitude excessiva, os ouvintes sensibilizados por esta revolução ao-fundo-da-rua metamorfoseando-se em mirones e criando finalmente eles mesmos a barafunda.

Nesta perspetiva das coisas, os *faits divers*, o desporto, as informações alegres ou sensacionais, os temas divertidos [*fun*] têm a prioridade sobre as informações políticas, sociais, económicas ou culturais. E o média vai dar cada vez mais lugar aos acontecimentos fortes. Chega, porém, um momento em que a escalada [*surenchère*] deixa de permitir encontrar notícias-choque na vida quotidiana. É preciso então criar *pseudoacontecimentos*, aos quais procurar-se-á dar a maior atratividade possível.

1.2. O pseudoacontecimento

Um pseudoacontecimento apresenta geralmente três características:

- não é natural, espontâneo. Foi imaginado ou suscitado por alguém;
- tem relações ambíguas com a verdade dos factos. É aliás desta ambiguidade que decorre o seu interesse, porque o credibiliza;

MECANISMOS DE DISTORÇÃO DA INFORMAÇÃO

- tem por objetivo ter uma difusão imediata e máxima, atingindo o público mais vasto possível num curto lapso de tempo.

Por outro lado, o pseudoacontecimento pode:
- depender da encenação [*mise en scène*] ou
- ser inventado de raiz.

Um pseudoacontecimento pode ter três origens: os média, os poderes ou os excluídos.

1.2.1. O pseudoacontecimento dos média
Este pseudoacontecimento dos média tem pelo menos três objetivos:
- fazer que o média disponha de uma exclusividade, de algo em primeira mão. De onde uma perceção deste média pelo público como sendo particularmente bem informado, dinâmico e original;
- alargar a audiência do média, a curiosidade do público levando-o a ler, ouvir ou ver o média em questão;
- encontrar um eco nos outros média, que serão, na maior parte das vezes, levados a repercutir o dito pseudoacontecimento e a fazer referência ao média que lhe está na origem. Daí um interesse promocional evidente para o dito média.

Em plena desestalinização, certos jornais «sérios» retomaram a entrevista falsa da pretensa ama do «paizinho dos povos» (Estaline), entrevista publicada por um magazine francês algum tempo antes. A boa senhora contava as proezas do pequeno Estaline, que arrancava as asas às moscas e torturava os seus camaradas. O seu sucessor à cabeça do Partido Comunista da URSS, Nikita Khrushchov, teria feito referência a este pseudoacontecimento erigido em facto histórico[317].

[317] E. Behr, *Y a-t-il quelqu'un qui a été violé et qui parle anglais?*, Paris, Robert Laffont, 1978, pp. 100-101.

TEORIA DA INFORMAÇÃO JORNALÍSTICA

É nesta perspetiva de uma procura desesperada do sensacional, da «exclusividade», que é preciso situar o caso dos «cadernos de Hitler», em maio de 1983. Lançado com grande alarido pelo magazine federal--alemão *Stern* — ao qual *The Sunday Times* de Londres, *Panorama* de Milão, *Tiempo* de Madrid e *Paris-Match* se apressaram a comprar os direitos de reprodução —, o assunto mudou bruscamente de direção: depois da publicação do segundo dossiê de uma série que tinha sido prevista como longa, verificou-se que os famosos cadernos de Hitler eram falsos! Obcecada pela ideia de «marcar uma grande golpada», de «realizar o furo do século», a direção de *Stern* não tinha muito simplesmente tomado o cuidado de submeter os ditos cadernos a peritos em matéria de documentos históricos.

Pode igualmente recordar-se «a exclusividade» do diário britânico *Daily Mirror*, que publicou, em 1 de maio de 2004, fotografias de militares britânicos brutalizando um prisioneiro iraquiano. Fotografias que se revelaram falsas e que obrigaram o diretor do jornal a demitir-se, duas semanas depois.

Mas a procura do pseudoacontecimento pode também conduzir a situações horríveis. Como, por exemplo, durante a guerra da Argélia, quando a OAS (Organisation Armée Secrète, partidária de manter a Argélia francesa) organizou, de propósito, o fuzilamento de uma mulher... para que um jornalista pudesse ter fotografias exclusivas! E «como esquecer que o coronel nigeriano Azikwe organizava em 1969 execuções para ser agradável com enviados especiais "com pressa de obter imagens"?»[318], durante a guerra de secessão do Biafra da Nigéria. Ou a história de uma estação de televisão de Anniston (Alabama), nos EUA, que difundiu, no início de março de 1983, uma sequência insuportável de um homem que se transformou em tocha viva à vista de um operador de câmara impassível que continuou a filmar a cena.

---

[318] Y. Roucaute, *Splendeurs et misères des journalistes*, Paris, Calmann-Lévy, 1991, p. 358.

MECANISMOS DE DISTORÇÃO DA INFORMAÇÃO

William R. Hearst [1863-1951], que foi um dos criadores da imprensa a sensação estado-unidense, resumia bem esta conceção da informação: «No futuro, seremos nós a provocar as epidemias, e como seremos os autores delas, teremos a exclusividade, dado que estaremos *in loco* antes de quem quer que seja...»[319]. Os média criam assim o acontecimento de raiz. A técnica é particularmente utilizada quando há um período vazio na atualidade. E é assim que voltam por intermitência os pseudoacontecimentos do tipo monstro do lago Ness, triângulo das Bermudas ou óvnis.

Foi porque as grandes manifestações desportivas estavam já monopolizadas pelas estações de televisão concorrentes que Ted Turner — o fundador da *CNN* (Cable News Network) — criou, ele mesmo, os «Goodwill Games» [«Jogos da Boa Vontade»] entre atletas estado-unidenses e soviéticos. E será preciso lembrar que foi o diário *L'Auto* (o antepassado de *L'Équipe*) que lançou a Volta a França em bicicleta em 1903? Que foi também *L'Équipe* que esteve na origem da Taça da Europa de futebol, da Taça da Europa de basquetebol e da Taça do Mundo de esqui[320]? Que foi o grupo Amaury (então proprietário de *L'Équipe* e de *Le Parisien*) que retomou o Rali Paris-Dakar? Que, na Bélgica, o diário de Gante *Het Volk* (hoje desaparecido) pôs de pé uma corrida ciclista a que deu o seu nome em 1945? Que, em Espanha, foi o diário de Bilbau *El Correo Español* que esteve na origem da «Vuelta» [Volta a Espanha em bicicleta] em 1955? E que, organizadora do «Giro» da Lombardia ciclista em 1905 e do Milão-Sanremo ciclista em 1907, foi *La Gazzetta dello Sport* que criou também o «Giro» de Itália [Volta a Itália em bicicleta] em 1908?

1.2.2. O pseudoacontecimento dos poderes

Consequência da influência do mercado sobre as empresas de média: a informação-acontecimento, a informação-espetáculo, visa igualmente

[319] A. Harris e A. de Sedouy, *Qui n'est pas de droite?*, Paris, Seuil, 1978, p. 33.
[320] *Le Monde*, Paris, 24 de fevereiro de 1996, p. 15.

prestar os melhores serviços ao(s) poder(es) e aos meios dirigentes provenientes do mundo político, económico, social, cultural ou desportivo. Tendo observado o funcionamento dos média, os meios dirigentes dizem para si mesmos que podem muito facilmente utilizá-lo em proveito próprio, fornecendo aos média a «pitança» de que precisam para o seu dia a dia.

1.2.2.1. O destinado a pôr-se em valor
A ascensão das estruturas tecnocráticas e burocráticas nas sociedades industriais e pós-industriais teve como consequência que a propriedade, em muitos aspetos, cedeu de certo modo o lugar à função. Hoje, em termos de visibilidade, de notoriedade, muitas vezes é a *função* que faz o estatuto social de um personagem, em vez da sua situação em termos de capital.

As novas classes dirigentes governam de maneira mediatizada e precisam, pois, de notoriedade. Elas são o que se diz delas e o que se pensa delas. Vão por isso produzir pseudoacontecimentos, isto é, acontecimentos que só o são em relação aos média, do género:

- fazer *declarações* sobre qualquer questão de atualidade, tendo o cuidado de nelas fazer deslizar «pequenas frases» que os jornalistas afeiçoam e que levarão os média a retomá-las;
- gerir *blogues* nos quais se dissertará sobre temas de atualidade (na esperança de que sejam retomados por outros média);
- manter uma presença ativa nas *"redes sociais"* na Internet;
- organizar *conferências de imprensa* sobre temas suscetíveis de interessar os média;
- propor dar *entrevistas «exclusivas»* em que se apresentarão «cachas», *scoops*, de que os média são particularmente apreciadores;
- propor-se participar em *emissões de debate*, em rádio ou em televisão;
- organizar *encontros internacionais* ou pelo menos participar neles,... tendo o cuidado de figurar ao lado de personalidades influentes;

MECANISMOS DE DISTORÇÃO DA INFORMAÇÃO

- participar em *manifestações públicas,...* sem esquecer de se pôr na primeira fila (aquela que será objeto de fotografias de imprensa e de imagens de televisão);
- proceder a *inaugurações* de toda a espécie, tendo o cuidado de convidar previamente os média para assistirem e fazerem o relato,...

Para fazer falar de si, é preciso suscitar incessantemente o acontecimento sensacional. É preciso cuidadosamente organizar a orquestração do acontecimento. Porque a *encenação do gesto* prima sobre o *conteúdo* mesmo do gesto. Nesta matéria, as *agências de comunicação acontecimental* assumem um papel cada vez mais importante. Um papel singularmente nefasto no plano da informação, já que torna difícil a cobertura da atualidade em termos puramente jornalísticos[321].

Esta preocupação de se pôr em valor, em bicos dos pés, de estar omnipresente lá onde, como consequência da atualidade, se encontram as câmaras de vídeo, suscita práticas dos meios políticos que passaram a ser correntes: «Não há falecimento que não seja preciso saudar com um elogio lacrimoso. Nem uma libertação de reféns que não exija uma presença presidencial ou governamental na pista de aterragem. Nem um crime que não seja preciso estigmatizar com um comunicado consternado e vingador. Nem um drama que possa dispensar uma presença ministerial compadecida e dispensadora de promessas no terreno [...]. O mais cómico — ou o mais triste, como quiserem — é que estas presenças ministeriais são inúteis e prejudiciais: inúteis porque se decide mais lucidamente na calma do seu gabinete do que com os pés na lama; prejudiciais porque as medidas protocolares e de segurança exigidas pelas deslocações perturbam as operações de socorro. Tratar-se-á, como se diz, de reconfortar as vítimas? Mas,

---

[321] V. a este propósito M. M. Carrilho, *Sob o signo da verdade*, Lisboa, Publicações Dom Quixote, 2006, p. 179. Nele, fala o autor de uma «passagem da *mercantilização* da informação para a sua progressiva *mercenarização*».

TEORIA DA INFORMAÇÃO JORNALÍSTICA

então, porquê embaraçar-se com um esquadrão de portadores de câmaras que dificultam o contacto humano, isolam o visitante dos que ele veio, supostamente, consolar? Basta de hipocrisia! Trata-se sempre e muito simplesmente de ser visto na televisão [...]. E tanto a habilidade dos comunicantes como a ingenuidade do público vão mesmo até fazer de maneira que isso seja suficiente: ser visto é ter feito», como escreve Albert du Roy[322].

Por outro lado, as reportagens são cada vez mais realizadas no seguimento de uma iniciativa de uma personalidade do mundo político ou económico, até mesmo social, cultural ou desportivo, que convidou os média a acompanhá-la. No tempo em que Nicolas Sarkozy era ministro do Interior, mas visava já a presidência da República francesa, «cada semana, a equipa [dos seus colaboradores], sem faltar ninguém, fabrica[va] os "acontecimentos" da semana», que os média seriam levados a tratar[323]. Desde logo, «não se omite convidar os jornalistas para cada deslocação, facilitando a vinda deles, preparando para as câmaras o anúncio de novas medidas»[324]. Os grandes repórteres viajam assim cada vez mais frequentemente «nas bagagens» dos ministros, dos homens de negócios, dos exércitos ou das organizações humanitárias (o que é raramente assinalado ao público do média[325]). De que autonomia dispõem eles então para fazer o seu trabalho de jornalistas? Poderão permitir-se não pôr em valor a pessoa, a empresa ou a instituição que os convidou? Poderão permitir-se não entrevistar a pessoa ou o representante da empresa ou instituição?

Cai-se assim regularmente num *jornalismo de declarações*. Declarações que são muitas vezes difíceis de eliminar, mesmo quando não trazem nada

---

[322] A. du Roy, *La Mort de l'information*, pp. 69-70.

[323] Ph. Cohen e É. Lévy, *Notre métier a mal tourné*, p. 46.

[324] Y. Agnès, *Le Grand bazar de l'info*, p. 119.

[325] Certos média, em certos países, assinalam sistematicamente ao seu público que o seu jornalista se deslocou em reportagem a convite de tal empresa ou instituição. É o caso do diário *Público*, em Lisboa, por exemplo.

MECANISMOS DE DISTORÇÃO DA INFORMAÇÃO

ou pouca coisa de novo. Declarações que enchem, no entanto, as páginas ou o tempo de antena dos jornais em detrimento de informações provenientes de um trabalho de investigação da redação. Em meados dos anos de 1990, havia quem pretendesse que, na imprensa espanhola, por exemplo, «mais de 70 % do espaço das rubricas políticas e económicas e mais de 50 % das rubricas cultura e sociedade» se limitavam a recolher declarações de uma «autoridade»[326].

Na Bélgica, desde os últimos anos do reino de Baudouin de Saxe Cobourg, a família real escolheu pôr-se em evidência. Mediatizar certos dos seus feitos e gestos. Dar uma imagem de «olimpianos» próximos das pessoas. Propor um modelo de família, de moral, de virtude. Afirmar-se como salvadora última de uma nação sem rumo. Desde logo, o serviço de imprensa do palácio real passou a ser uma oficina de promoção, funcionando em regime de sobreaquecimento, invadindo as redações com comunicados de todo o género. Enquanto iniciativas absolutamente inabituais são tomadas: entrevista «exclusiva» de Paola Ruffo di Calabria (mulher de Albert de Saxe Cobourg, futuro chefe do Estado) à agência *Belga*, a vida de Philippe de Saxe Cobourg e da sua mulher, Mathilde d'Udekem d'Acoz (que sucederão aos dois anteriores), programada pelas quatro grandes televisões do país, a fotografia de Astrid, irmã de Philippe (num perfeito estilo de manequim de moda[327]) em *La Libre Essentielle*, suplemento feminino mensal do diário *La Libre Belgique*, de setembro de 2005...

Porém, a família real belga manifestamente só percebeu o falso brilho da mediação, sem se dar conta dos contragolpes desta. Porque a colocação em evidência das particularidades da vida privada de uma personalidade pública tem isto de terrível: atribui-lhe primeiro uma incontestável aura,

---

[326] *El País*, Madrid, 22 de julho de 1994, p. 22.

[327] ... com os agradecimentos de circunstância, nomeadamente ao fotógrafo e ao cabeleireiro, devidamente citados!

TEORIA DA INFORMAÇÃO JORNALÍSTICA

trivializando-a em seguida; facilita-lhe uma útil operação de promoção, ao mesmo tempo que dá vontade de saber mais sobre isso. Desde logo, ao mesmo tempo que se dissipa a dimensão sagrada, afirma-se o desejo de penetrar nos segredos de uma vida privada que a personalidade pública tinha ela mesma impudicamente começado a pôr a descoberto. E quando a clivagem entre o discurso e a prática salta aos olhos, as consequências no plano da opinião pública são por vezes temíveis: foi o que aconteceu, em outubro de 1999, no «caso Delphine» e da paternidade atribuída a Albert de Saxe-Cobourg, chefe do Estado belga[328]. A contradição entre sacralização do poder e mediatização do poder produziu então consequências implacáveis (depressa esquecidas, acrescentarão alguns).

1.2.2.2. O destinado a atenuar ou a escamotear
O pseudoacontecimento pode, todavia, exercer outras funções. Como por exemplo:

- atenuar o impacto de uma informação desfavorável;
- escamotear o verdadeiro acontecimento com incidências bastante negativas,

informação e acontecimento que podem muito bem situar-se num passado recente como num futuro próximo.

Em finais dos anos de 1960, quando os EUA sofriam um revés no Vietname, o presidente Lyndon B. Johnson apressava-se a improvisar uma conferência de imprensa sobre um assunto totalmente diferente, para que os média se voltassem para este novo assunto.

Em março de 1981, François Mitterrand, então primeiro secretário do Partido Socialista francês, era o convidado da emissão «Cartes sur table», na *Antenne 2* (futura *France 2*). O presidente Valéry Giscard d'Estaing

---

[328] V. a este propósito J.-M. Nobre-Correia, «L'"affaire Delphine": l'inévitable rupture», *in Le Soir*, Bruxelas, 25 de outubro de 1999, p. 2.

MECANISMOS DE DISTORÇÃO DA INFORMAÇÃO

conseguiu então neutralizar o impacto de tal emissão na imprensa do dia seguinte, convidando, para o mesmo dia, 14 diretores de diários de província a irem ao Eliseu e dando-lhes uma entrevista.

O diário *Libération* e o semanário *Le Canard enchaîné* acusaram o presidente [*maire*] da Câmara de Paris, Jacques Chirac, de mandar fazer estudos falsos cujo primeiro objetivo era encher financeiramente as caixas do seu partido, o RPR (Rassemblement pour la République, Reagrupamento para a República). Mas acusavam-no também de receber dinheiro dos dirigentes políticos do Gabão. Chirac contra-atacava então acusando o governo de esquerda de instalar uma «polícia política», o que ia passar a ser um tema igualmente tratado pelos média, atenuando assim a importância do outro assunto. «Para evitar que um rumor mediático venha a ser uma informação comprovada, trave-a com contra-informação nos [média]»[329].

Anos mais tarde, em outubro de 1990, um polícia acusado da morte de um pastor protestante homossexual procurou fazer dos seus superiores hierárquicos responsáveis, declarando que o tinham também encarregado de apanhar «em flagrante delito de homossexualidade» um antigo ministro e um presidente de estação de televisão (insinuando assim que eram ambos homossexuais). Bruno Frappat, na altura diretor da redação de *Le Monde*, escreveu a este propósito que o «caso de serviços secretos de informação, também dito "caso Doucé", ficará nos manuais de deontologia das escolas de jornalismo como uma questão de curso. Questão que poderia ser assim redigida: "Se um polícia perseguido pela justiça vos declara que o presidente da República foi visto num mijadouro próximo de uma escola de frades das escolas cristãs numa atitude ambígua, deverão reter esta informação ou publicá-la? Se o chefe do Estado recusa desmentir, poderá comentar este facto insistindo no embaraço do Eliseu que equivale a confissão? Se ele publica um desmentido seco e desprezante, poderá

---

[329] Y. Mamou, *«C'est la faute aux médias!»*, p. 135.

TEORIA DA INFORMAÇÃO JORNALÍSTICA

você, em consciência, assegurar que não há fumo sem fogo, como o atesta a publicação mesma de um desmentido?»[330].

Adaptando a célebre lei do financeiro inglês Thomas Gresham [1519--1579], fundador da Bolsa de Londres (e que falava da moeda), poder-se--ia dizer que:

- os novos acontecimentos afastam os antigos;
- a má informação afasta a boa.

Desde logo, a melhor maneira de fazer esquecer um ataque ou uma acusação é lançar um contra-ataque, criando um novo acontecimento.

Por outro lado, as pessoas do poder (a direção de um grupo industrial, por exemplo) podem também estar na origem de uma *fuga organizada* que terá grande repercussão nos média e que, paralelamente, suscitará reações de receio e de hostilidade da parte dos interessados (o pessoal do grupo industrial, para ficar no mesmo exemplo). Um documento «exclusivo» aparecido na imprensa anunciará assim o próximo despedimento de 1700 membros do pessoal. No auge da vaga de emoção dos assalariados, a direção do grupo anunciará que haverá «apenas» 500 perdas de emprego: reação de alívio do pessoal e fim do movimento de contestação. A fuga organizada terá tido o resultado esperado por aqueles que a orquestraram: fazer crer que medidas radicais, bastante estrondosas, vão ser tomadas, para que, na devida altura, as decisões realmente adotadas possam ser percebidas por aqueles que a elas dizem respeito como bastante moderadas e, no fim de contas, um mal menor. Foi provavelmente o que se passou com a Danone em janeiro de 2001[331].

A propósito do acontecimento criado para prevenir os efeitos negativos de uma informação que está para vir, Umberto Eco ilustra-o com o que chama «o efeito bomba», evocando a *démarche* que seria a do primeiro-

---

[330] *Le Monde*, Paris, 28-29 de outubro de 1990, p. 31.
[331] *Libération*, Paris, 19 de janeiro de 2001, p. 24.

MECANISMOS DE DISTORÇÃO DA INFORMAÇÃO

-ministro italiano de então, Silvio Berlusconi: se sei que dentro de dias vai rebentar uma revelação que terá efeitos negativos para a minha imagem de marca, resta-me fazer rebentar uma bomba numa estação, num banco ou à saída de uma missa. Ficarei assim certo de que, durante pelo menos quinze dias, os jornais (escritos, rádio e televisão) abrirão sobre este assunto, enquanto o assunto desagradável que me diz respeito será apenas evocado numa página interior ou em fim de jornal, sem que finalmente as pessoas se apercebam disso[332].

1.2.2.3. *O destinado a testar uma hipótese de trabalho*
São os chamados «balões de ensaio». Antes de apresentar tal projeto ao parlamento, por exemplo, um ministro encarregará membros do seu gabinete de provocar uma *fuga*. Tal jornalista e tal média, felizes por serem os únicos a ter a «exclusividade» e receando fazer-se «grelhar» por concorrentes, difundirão o mais depressa possível esta «informação».

Caso a opinião pública, os partidos políticos e os média reajam de maneira *positiva* perante este projeto, o ministro virá confirmar a informação, arredondando se necessário for alguns ângulos do projeto final. Caso esta reação seja *negativa*, o ministro dirá que nunca tinha sido questão apresentar tal projeto no parlamento. Inconscientemente, de boa-fé, o jornalista e os média terão pois jogado o jogo que o ministro queria que jogassem... E nunca é fácil confessar aos seus leitores, ouvintes, espectadores ou internautas que se foi manipulado: de que credibilidade gozariam ainda junto do seu público?

Esta prática é também adotada pelas empresas que procuram testar previamente um projeto (subida de preços, mudança de horário de abertura ao público, fecho definitivo de sucursais,...), projeto de que se receia que possa suscitar reações negativas e até mesmo reações de rejeição, tanto por parte do pessoal como dos clientes dessas empresas.

---

[332] *El País*, Madrid, 16 de novembro de 2003, pp. 4-5 (Domingo).

TEORIA DA INFORMAÇÃO JORNALÍSTICA

1.2.2.4. O destinado a lesar um rival

Como escreve Yves Mamou, «o confronto é o princípio mesmo da democracia. O problema é que muitas vezes os lutadores não desejam aparecer de cara descoberta. [Os média servem-lhes] então de instrumento[s] para acertar as contas ou pôr em andamento uma solução que lhes convém»[333]. E o mesmo autor escreve mais adiante: «utilizar os média para resolver conflitos ou desestabilizar um adversário passa a ser uma prática corrente na esfera governamental. Em política mais do que noutra parte qualquer, a informação é uma questão de poder»[334]. Desde logo, nunca se deve perder de vista que um informador «é feito de carne e de sangue, tem interesses a defender, e a informação é uma das armas que lhe permitem chegar aos seus fins». Pelo que, «provocar uma crise é um dos meios ao alcance dos representantes do poder económico ou político para desestabilizar um adversário ou acelerar o desbloqueamento de uma situação»[335].

Se duas ou várias pessoas são candidatas a um mesmo posto, há sempre uma que se encarregará de *fazer chegar* a um ou a outro média o documento comprometedor suscetível de prejudicar um dos seus rivais, e até mesmo de o abater definitivamente no plano socioprofissional (Os meses que precederam as eleições autárquicas belgas de outubro de 2006 foram, a este propósito, particularmente ricos em «informações exclusivas» tornadas públicas pelos média, sobre, nomeadamente, mandatários socialistas das capitais provinciais Charleroi e Namur.)

Do mesmo modo, por ocasião da substituição num lugar em vista, o novo titular é por vezes levado a comunicar indiretamente a alguns média os documentos do período precedente capazes de dar uma golpada fatal na carreira do seu antecessor (é então provável que, uma vez entradas em

---

[333] Y. Mamou, *«C'est la faute aux médias!»*, p. 41.
[334] Y. Mamou, *«C'est la faute aux médias!»*, p. 45.
[335] Y. Mamou, *«C'est la faute aux médias!»*, p. 113.

MECANISMOS DE DISTORÇÃO DA INFORMAÇÃO

funções, as novas maiorias autárquicas se deem ao prazer de fazer chegar aos média «revelações» sobre comportamentos de antigos membros dos executivos autárquicos).

Um dos exemplos mais impressionantes desta instrumentalização dos média rebentou em janeiro de 1993 na Grã-Bretanha: acusados de irresponsabilidade perante a vida privada da família real, depois do anúncio do divórcio de Charles Windsor e Diana Spencer, alguns grandes diários britânicos anunciaram que as informações deles tinham Diana e Charles como origem[336]! O objetivo: levar Elisabeth Windsor a aceitar a separação deles. É preciso saber, com efeito, que «as indiscrições emanavam frequentemente dos próximos mesmo da estrela, dos seus colaboradores ou dos seus íntimos. [...] Cada vedeta é rodeada por uma corte de amigos e de parasitas; cada corte é partilhada por clãs que disputam os favores e ficam à espreita das golpadas que podem prejudicar a concorrência. [...] Certas reportagens, aparentemente "roubadas", são também fruto de uma negociação em boa e devida forma entre a caça e o seu caçador...»[337].

No caso com carácter sexual entre o presidente dos EUA William (dito Bill) Clinton e a estagiária Monica Lewinsky em 1998, «toda a gente admite hoje, nos média americanos, que 95 % das informações publicadas [...] provinham da mesma fonte. Uma fonte única, partidária e manipuladora: o gabinete do procurador Kenneth Starr»[338].

Da mesma maneira, na Bélgica, no «caso Agusta»[339], as «exclusividades» aparecidas na imprensa, em dezembro de 1993-janeiro de 1994,

---

[336] *Libération*, Paris, 13 de janeiro de 1993, p. 16; *Le Monde*, Paris, 14 de janeiro de 1993, pp. 1 e 4; *El Mundo*, Madrid, 15 de janeiro de 1993, pp. 1-2.

[337] A. du Roy, *Le Carnaval des hypocrites*, p. 73.

[338] I. Ramonet, *La Tyrannie de la communication*, Paris, Galilée, 1999, p. 25.

[339] Caso judiciário que estalou em 1993-94 referente à corrupção ligada à compra pelo Ministério da Defesa belga de helicópteros de combate à sociedade italiana Agusta em 1988.

TEORIA DA INFORMAÇÃO JORNALÍSTICA

tinham, com toda a evidência, sido instrumentalizadas por partes interessadas no caso. E há grandes probabilidades de que seja também assim no que diz respeito aos casos que estalaram nos média em finais de 2005 referentes à corrupção nos alojamentos sociais na Valónia ou ao custo gigantesco do Grand Prix automóvel de Francorchamps. Para não falar da repetição desde 2005 de casos respeitantes ao ex-presidente [*bourgmestre*] da Câmara Municipal de Charleroi, Jean-Claude Van Cauwenberghe, e alguns dos seus próximos.

Convém, porém, não esquecer que, como escreve Jean-Yves Lhomeau no *Le Monde*, «os "segredos" da vida privada dos homens políticos merecem interesse com a condição de que se responda primeiro positivamente a duas questões: são eles reveladores de uma prática enganadora contraditória com o discurso público do interessado? Influenciarão eles o exercício da sua função?»[340].

Como prevê o artigo 23 da *Resolução 1003 do Conselho da Europa sobre a ética do jornalismo*, de 1 de julho de 1993, os jornalistas «devem respeitar o direito das pessoas à sua vida privada. As pessoas que assumem funções na vida pública têm direito à proteção da sua vida privada, salvo nos casos em que pode haver incidências na vida pública. O facto de uma pessoa ocupar um posto na função pública não a priva do direito ao respeito da sua vida privada» (v. esta resolução mais à frente, na Segunda Parte, parágrafo 1).

1.2.2.5. O destinado a alargar uma margem de manobra
Se um juiz de instrução descobre implicações graves de altas personalidades do aparelho do Estado, do mundo político ou do meio económico num caso de natureza penal (por causa de corrupção ou de tráfico de influência, por exemplo), o dito juiz de instrução será tentado a favorecer «fugas» para um ou outro média que goza de um evidente peso social.

[340] *Le Monde*, Paris, 4 de novembro de 1994, p. 11.

MECANISMOS DE DISTORÇÃO DA INFORMAÇÃO

O choque provocado pelas «revelações» do média terá como consequência provável que as altas personalidades em questão sejam desestabilizadas. Elas estarão em todo o caso menos em condições de procurar exercer pressões sobre o aparelho judiciário para que o caso seja calado, receando ver os média revelarem estas pressões. Para mais, o facto de o caso ter sido posto na praça pública dará uma maior margem de manobra na instrução do dossiê do caso.

Este tipo de iniciativa pode muito evidentemente ter por origem não apenas um juiz de instrução, mas também advogados da parte civil que poderiam recear que uma instrução fosse silenciada ou fortemente atamancada. A atenção prestada pelos média aos seguimentos do caso fará que o aparelho judiciário seja menos vítima das pressões provenientes do poder político. O que não o põe, no entanto, ao abrigo das que têm por origem a «opinião pública» e os média eles mesmos, os advogados das partes em presença procurando naturalmente orientar a investigação ou os debates em favor dos seus clientes. Os tribunais, nomeadamente os júris populares, pronunciarão assim, por vezes, sentenças decorrentes em linha direta da influência que a «pressão popular» teve neles. De onde a pergunta que é absolutamente necessário fazer: entrevistando os advogados das partes civis ou dos acusados, os jornalistas estão a aprofundar a qualidade da informação proposta ao público ou a ser instrumentalizados (muitas vezes involuntariamente) pelas estratégias de manipulação destes advogados? E, a partir daqui, há que fazer outra pergunta: «Os magistrados, que não brilham todos pela sua coragem e a sua abnegação, saber[ão] resistir à pressão pública mediática e julgar contra uma opinião maioritária?»[341].

Notemos ainda a este propósito que «se os jornalistas detêm segredos, é porque alguém lhos revelou. A justiça brinca aos hipócritas quando se indigna de ver violado o segredo da instrução, e considera

[341] A. du Roy, *La Mort de l'information*, p. 207.

TEORIA DA INFORMAÇÃO JORNALÍSTICA

a imprensa responsável por esta violação. Na maior parte dos casos, a indiscrição vem de um magistrado, de um advogado, de um polícia, de um juiz de instrução»[342]. Em 2010, no caso de Éric Woerth-Liliane Bettencourt (o ministro francês do Trabalho e a herdeira do grupo L'Oréal), «quem decidiu do momento da publicação das escutas? Não foram os média, mas sim o advogado Olivier Metzner. Quando ele propõe este "documento explosivo" aos média, duas semanas antes da abertura do processo Bettencourt, tem a superintendência do calendário e da mensagem. Ele sabe qual é o momento que convém melhor ao seu próprio calendário de advogado de Françoise Bettencourt Meyers [que se opõe à sua mãe]. Sabe que os média não terão tempo de fazer um verdadeiro trabalho de investigação»[343] para verificar o que é dito nesse «documento explosivo».

Considerado um dos investigadores da imprensa francesa mais renomados, Pierre Péan declara a este propósito: «a grande maioria dos [chamados] grandes jornalistas de investigação [não são] na realidade mais do que gestores de fugas. Ou, pura e simplesmente, porta-vozes, assessores de gabinete dos grandes juízes. São estes [que têm] a sua convicção e [fazem] de maneira a impô-la metendo a opinião pública no bolso»[344].

Em matéria de instrumentalização dos média por gente do poder, as «fugas» constituem um instrumento temível. Ora, «cada vez que um documento não destinado a publicação chega às mãos de um jornalista, a sua publicação responde a uma necessidade: servir os interesses de quem, na sombra, tomou a decisão de organizar a fuga. E estes interesses são raramente aparentes. Os jornalistas sabem que a informação nunca é gratuita e que as lutas pelo poder no seio de um aparelho político ou

---

[342] A. du Roy, *Le Serment de Théophraste*, p. 57.

[343] S. Kauffmann, «Une affaire révélatrice des maux français», *in Le Monde*, Paris, 12-13 de julho de 2010, retomado por *Le Mensuel*, Paris, n.º 7, agosto de 2010, p. 37.

[344] P. Péan *in Médias*, Paris, n.º 26, outono de 2010, p. 13.

MECANISMOS DE DISTORÇÃO DA INFORMAÇÃO

económico geram inevitavelmente fugas. Os leitores, eles, ignoram-o. De onde a dificuldade quotidiana do ofício e a lancinante questão: sou ou não manipulado?»[345]. Porque, como escreve o mesmo autor, «a fonte real de um escândalo — a pessoa que informa o jornalista — é raramente animada pela moral. Uma informação filtra apenas porque alguém tem interesse nisso»[346].

Este ponto referente às relações entre os meios da justiça e os meios jornalísticos toma especial atualidade no que se refere aos média portugueses e à série contínua de «exclusividades» que tem surgido nestes últimos anos, sobretudo na imprensa e muito particularmente no que diz respeito ao «caso José Sócrates». Dados os meios (financeiros e humanos) extremamente limitados de que dispõem as redações dos média ditos «nacionais», é por de mais evidente que a grande maioria das «exclusividades», para não dizer a totalidade, tem por origem «fugas» manifestamente provenientes dos meios da justiça.

Acrescentemos ainda que as «fugas» podem também ter por origem uma estratégia de conquista ou de alargamento da influência em mercados específicos: em finais dos anos de 1980, princípios dos anos de 1990, «na guerra económica que trava o Japão contra o resto do mundo, não é raro ver [os média] anunciarem a próxima comercialização de um novo *gadget* eletrónico destinado a revolucionar o mercado da alta fidelidade ou da televisão. Estas proclamações ruidosas só tinham um objetivo: convencer os concorrentes americanos e europeus a abandonarem as suas pesquisas, uma vez que os japoneses dizem ter já atingido esse objetivo»[347].

[345] Y. Mamou, *«C'est la faute aux médias!»*, p. 57.
[346] Y. Mamou, *«C'est la faute aux médias!»*, p. 112.
[347] Y. Mamou, *«C'est la faute aux médias!»*, p. 176.

TEORIA DA INFORMAÇÃO JORNALÍSTICA

1.2.3. O pseudoacontecimento dos excluídos

Esta lógica do acontecimento da qual a gente do poder procura tirar proveito será igualmente recuperada

- pelos excluídos do poder

e sobretudo

- pelas minorias ativas.

«Porque o poder se exerce por exclusão, os média passam a ser o único meio à disposição dos excluídos para se fazerem ouvir»[348].

Ao lado do acontecimento-espetáculo vai desenvolver-se o acontecimento-violência. E quanto mais um gesto (físico ou verbal) será violento, mais será espetacular e mais estará na lógica da informação acontecimental.

1.2.3.1. O destinado a utilizar os média como veículos de uma mensagem

Aquele que se estima vítima de uma injustiça aumenta as suas probabilidades de ser ouvido se usar a violência. Na maioria dos casos, um grupo marginal só é reconhecido pelos média depois de ter recorrido à *violência* ou a um *gesto espetacular*. «O recurso à violência ou à desobediência cívica aparece como o único meio de pressão. Lá também com uma utilização cada vez mais hábil e eficiente das técnicas de mediatização. Quer seja a abordagem do [navio] *Clemenceau* pela Greenpeace, a pilhagem do McDo[nald's] de Millau ou de um campo de OGM [Organismos Geneticamente Modificados], o despejo de couves-flores ou de estrume diante de uma prefeitura, as barragens de estradas ou de vias ferroviárias, as operações de engarrafamento dos veículos pesados, as tendas selvagens [da associação] dos Enfants de Don Quichotte, as ações altermundialistas à margem de cimeiras internacionais fechadas a cadeado pela polícia, quer mesmo os motins de subúrbios, a desobediência cívica

---

[348] Y. Mamou, *«C'est la faute aux médias!»*, p. 36.

MECANISMOS DE DISTORÇÃO DA INFORMAÇÃO

substitui a falta de intermediário político com, quanto mais espetacular, quanto mais brutal, a garantia de uma repercussão mediática. Fazer explodir uma repartição de impostos lá para os lados da Córsega ou circular em bicicleta totalmente nu nas ruas de Paris são dois meios, entre os mais cómodos e menos custosos, de chamar a atenção sobre a Córsega e de advogar contra a poluição...»[349].

O acontecimento-violência faz do meio de comunicação social um *intermediário* entre

- os criadores do acontecimento e
- o(s) poder(es) e a opinião pública.

O seu primeiro objetivo é, pois, levar os média a falarem da organização que desencadeou este pseudoacontecimento ou dos que ela pretende representar. Os média passam a ser intermediários entre a pessoa ou o grupo ativista, por um lado, e a opinião pública e/ou os poderes instituídos, por outro lado. «Nós existimos! Eis a nossa condição, eis o nosso programa.»

Os palestinianos utilizaram o acontecimento-mensagem praticando desvios de aviões e atentados espetaculares. Estas ações tiveram certamente muita influência na tomada de consciência do problema palestiniano pelos média. «Abou Ayad, líder da organização Setembro Negro, recordava, nas suas Memórias, que o objetivo dos palestinianos por ocasião do massacre dos atletas israelitas nos Jogos Olímpicos de 1972 era "explorar a concentração inabitual dos média em Munique para dar publicidade ao combate deles, positiva ou negativa pouco importa"»[350].

Em 20 de fevereiro de 1981, a ETA raptou os cônsules da Áustria, de El Salvador e do Uruguai em Espanha para fazer apontar os projetores da atualidade sobre o País Basco. Mas a organização nacionalista foi

---

[349] A. du Roy, *La Mort de l'information*, p. 84.
[350] F.-H. de Virieu, *La Médiacratie*, Paris, Flammarion, 1990, p. 280.

apanhada na sua própria armadilha: um novo acontecimento (a tentativa de golpe de Estado de 23 de fevereiro, conduzida pelo coronel Antonio Tejero) afasta o antigo. E a ETA não pode senão render-se à evidência e soltar os seus reféns.

Após o assassinato de Louis Mountbatten (tio do marido da rainha de Inglaterra e último vice-rei da Índia), em 27 de agosto de 1979, responsáveis do IRA declararam explicitamente que a escolha de uma personalidade conhecida no mundo inteiro tinha como único objetivo chamar, uma vez mais, a atenção da imprensa internacional sobre a situação na Irlanda do Norte.

Lembremo-nos também das violentas manifestações anti-estado-unidenses diante da embaixada dos EUA em Teerão (novembro de 1979-janeiro de 1981). Os manifestantes iranianos esperavam de facto que as câmaras das televisões ocidentais se pusessem em funcionamento para se enfurecerem, criarem *slogans* hostis ao presidente James (dito Jimmy) Carter, agitarem as suas armas, agitarem a efígie de um ou de outro aiatola.

Outro exemplo: em 25 de novembro de 1999, às 10h40, ao telefone, uma voz anuncia ao diretor de *France 3 Corse* (a televisão regional corsa que integra a rede pública *France 3*): «colocámos bombas [em quatro edifícios diferentes]. Vão explodir dentro de 25 minutos». Às 11h23, a deflagração aconteceu num dos edifícios. Uma equipa de *France 3* «filma a cena. Às 11h40, os dois jornalistas disparam para a estação, com as imagens na caixa. Às 12h20, estas já lhes escapavam. Em Paris, a agência interna de *France 3, Info Vidéo 3*, acaba de receber as imagens não montadas [*rushes*] deles. Às 12h26, as imagens [de um dos edifícios] em fogo aterram na redação de *France 3* nacional, que as difunde imediatamente no seu jornal de 12-13. Às 12h30, o exclusivo de *France 3 Corse* chega a todas as redações das cadeias francesas, via uma torneira de imagens alimentada entre outros por *Info Vidéo 3* [...]. [A televisão de informação contínua] *LCI* passa e repassa a explosão. *TF 1* e *France 2* fazem o mesmo nos seus TJ das 13h.» Porém, durante a tarde, as redações nacionais de *TF 1*, *France 2* e *France 3* reúnem-se

MECANISMOS DE DISTORÇÃO DA INFORMAÇÃO

e decidem «não redifundir estas imagens. Por que razão? O receio de "manipulação" pelos colocadores de bombas. "As três redações decidiram não se submeter a isso" [...] As imagens caíram mesmo no esquecimento nos telejornais da noite»[351]. Impunha-se não estar inconscientemente a servir a propaganda de um provável grupo terrorista-nacionalista-mafioso.

Uma categoria social pode igualmente recorrer a este género de procedimento a fim de apoiar as suas reivindicações. Peguemos num exemplo: «Quando os guardas de prisão não conseguem romper a surdez da sua administração de tutela, utilizam meios de ação próprios para chamar a atenção dos média. Bloqueando as transferências de prisioneiros para os tribunais ou decidindo eles próprios suprimir o direito de visita dos presos, recorrem a um lógica de descontrolo e de pressão aperfeiçoada pelos grupos terroristas»[352]. Isto é: provocar disfuncionamentos em série para se fazer ouvir.

Numa perspetiva puramente pessoal, recordemos o «caso Marie L.», em julho de 2004, que pôs as mais altas autoridades francesas, os média e a opinião pública em agitação. Jovem mãe francesa de 23 anos, dirigiu-se à polícia para apresentar queixa, afirmando ter sido agredida na RER (Rede Expressa Regional de transportes comuns por via férrea) parisiense. Seis magrebinos armados de facas tinham-lhe rasgado o vestuário, arranhado a cara, cortado mechas de cabelo e inscrito cruzes gamadas sobre a barriga, enquanto tinham dado empurrões ao seu bébé e feito que rebolasse no cais, sem que nenhum passageiro tivesse intervindo. Interrogada pela polícia, confessará a sua trapaça três dias depois, afirmando que queria que lhe prestassem atenção! Mas, antes desta confissão, os mundos político e mediático tinham entrado em ebulição.

Algumas semanas mais tarde, no início de agosto de 2004, telejornais do mundo inteiro mostram imagens em vídeo, captadas na Internet, pondo em cena uma nova execução de um refém estado-unidense no Iraque.

---

[351] *Libération*, Paris, 26 de novembro de 1999, p. 2.
[352] Y. Mamou, «*C'est la faute aux médias!*», p. 59.

TEORIA DA INFORMAÇÃO JORNALÍSTICA

Poucas horas depois, os mesmos telejornais são obrigados a revelar que se tratava de uma farsa posta em cena pelo jovem que aparecia nas imagens. O que lhe dará, por sinal, direito a uma entrevista em que explicará a *démarche* que o tirou do anonimato.

1.2.3.2. O destinado a utilizar os média como agentes de desestabilização
Na fase seguinte da lógica do acontecimento, o média passa a ser *instrumento de ação, arma política*. Os média passam a ser os veículos de uma exigência, de uma reivindicação, de uma chantagem, de uma ação de desestabilização, de uma ação de desagregação do sistema social e/ou político.

Os comunicados das Brigadas Vermelhas italianas dirigidos aos média durante o cativeiro de Aldo Moro (em março de 1978)[353] ou do juiz Giovanni d'Urso (em 1980-81) tinham como primeiro objetivo utilizar os média como instrumento de desagregação do aparelho do Estado italiano, caso este tivesse sido forçado a ceder às exigências de uma minoria. E na eventualidade em que os média recusassem publicar qualquer comunicado, dariam razão às Brigadas Vermelhas, que pretendiam que o Estado tinha deixado havia muito tempo de ser liberal, o uso da censura sendo aliás uma das suas manifestações evidentes.

São com efeito estas contradições da democracia liberal que grupos terroristas europeus tentaram explorar nestes últimos anos, aproveitando igualmente potencialidades de uma lógica que conduz os média a acontecimentarem a informação.

Em setembro de 1995, viu-se o *Washington Post* (com o apoio de *The New York Times*, que, por «razões técnicas», não o pôde fazer) publicar em oito páginas o «Unabomber's manifesto» de um assassino em série[354].

---

[353] M. Wieviorka e D. Volton, *Terrorisme à la une*, Paris, Seuil, 1987, pp. 27-32.
[354] *The Guardian*, Londres, 20 de setembro de 1995, pp. 2 e 8; *Libération*, Paris, 20 de setembro de 1995, p. 8; *El País*, Madrid, 20 de setembro de 1995, p. 31; *Le Monde*, Paris, 21 de setembro de 1995, p. 32.

MECANISMOS DE DISTORÇÃO DA INFORMAÇÃO

O que levou o diário *The Guardian*, de Londres, a denunciar «a era do terrorismo verbal».

A propósito da vaga terrorista do início dos anos 2000, Gilles Kepel, especialista do mundo arabo-muçulmano, explica: depois de ter feito um balanço do fracasso global da estratégia de luta armada para tomar o poder, a área de influência islamita mais radical decide mudar a sua estratégia de operação. Doravante, «o modo de operação escolhido será organizar operações terroristas-suicídios extremamente espetaculares, concebidas para ser sobre-expostas mediaticamente, semear o terror entre as vítimas e galvanizar pela sua audácia os que pretende mobilizar». Daí o 11 de Setembro de 2001 em Nova Iorque e em Washington. «A ideia do 11 de Setembro é jogar a sobre-exposição mediática, lançar o bom *slogan* para romper o isolamento. É a aposta principal da área de influência terrorista»[355]. Depois, virão o 11 de março de 2004 em Madrid, o 5 de julho de 2005 em Londres, o 7 de janeiro de 2015 em Paris (nomeadamente contra o semanário *Charlie Hebdo*), o 22 de março de 2016 em Bruxelas, o 14 de julho de 2016 em Nice, o 19 de dezembro de 2016 em Berlim, o 7 de abril de 2017 em Estocolmo, o 22 de maio de 2017 em Manchester, o 17 de agosto de 2017 em Barcelona e Cambrils...

Esta mesma análise é corroborada por outro especialista do Islão, Olivier Roy, após a execução de Osama bin Laden: «Al-Qaida só existe pela ação, ou mais exatamente, pela encenação de ações espetaculares. A organização tem, pois, necessidade de intermediários mediáticos: necessidade de imagens, de encenação, de *suspense* também: quando é que Al-Qaida vai dar o golpe? Onde se encontram as células adormecidas, os infiltrados, os campos de treino? Isso funciona porque a opinião pública ocidental é convidada a participar neste imaginário: avisam-nos das "represálias" de Al-Qaida, o que mostra que a organização já não precisa de existir para ser.» E mais longe: « Al-Qaida precisa de uma "encenação": o voluntário da morte faz-se filmar antes de passar à ação, as execuções de

---

[355] *Le Monde*, Paris, 11 de setembro de 2004, p. IV (Dossiê).

TEORIA DA INFORMAÇÃO JORNALÍSTICA

reféns fazem-se diante da câmara, segundo um ritual macabro. A continuidade da encenação é em seguida garantida gratuitamente pelos média: passagem repetidamente do ataque contra o World Trade Center, títulos enormes sobre todo e qualquer atentado em que morrem ocidentais inocentes. O efeito de espelho acentua o medo e dá à ação de Al-Qaida uma dimensão mundial e apocalíptica, que é, no fundo, a sua única verdadeira capacidade de nocividade. A "vitória" de bin Laden é ter ocupado o espaço mediático, obrigando o Ocidente a pô-la no coração dos seus medos e a "sobrerreagir"»[356]. Reflexão que continua a ser voluntariamente ignorada pelos nossos média e mais particularmente pela televisão, pouco ou mesmo nada preocupados com as consequências de tal maneira de proceder sobre a vida social e política nos países da Europa ocidental.

1.3. A descontinuidade da informação

Sendo a informação construída em função de acontecimentos e de pseudoacontecimentos (até porque nos interessamos por aquilo que é novo e não por aquilo que dura), vimos que — consequência lógica — os novos acontecimentos afastam os antigos. Tais práticas provocam inevitavelmente uma descontinuidade da informação: entre dois feitos estridentes, o decurso das coisas não existe.

Investigadores científicos mostraram que entre 1921 (ano em que Londres reconhece o «Irish Free State») e 5 de outubro de 1968 (dia dos primeiros motins em [London]Derry), os média britânicos tinham praticamente ignorado a existência da Irlanda do Norte.

Da mesma maneira, com a exceção da Revolução Cubana (1959), da proclamação da Aliança para o Progresso (1961), da Conferência de Punta del Este (1967), da eleição do «marxista» Salvador Allende (1970) e do seu derrubamento (1973), da Revolução Sandinista (1979-90) e da guerra civil

---

[356] O. Roy, «La mort d'Oussama Ben Laden, son dernier grand rôle», *in Le Monde*, Paris, 6 de maio de 2011, p. 20.

MECANISMOS DE DISTORÇÃO DA INFORMAÇÃO

em El Salvador (1979-92), os média dos EUA (porém, tantas vezes citados como referência) esqueceram quase completamente a América Latina, um continente que eles consideram coutada reservada sua.

Da segunda crise do Congo (em 1964) à revolução etíope (em 1974) e à descolonização portuguesa (em 1974-75), só a guerra do Biafra-Nigéria (em 1967-70) mereceu uma certa atenção dos grandes média ocidentais.

Depois da saída dos soldados soviéticos do Afeganistão (em 1989)[357] e da dos soldados estado-unidenses da Somália (em 1993), o silêncio caiu sobre os média a propósito destes países, antes que um destacamento militar internacional, com os EUA à sua cabeça, venha derrubar o regime dos talibãs no poder em Cabul (em 2001). E, depois de uma presença quase diária nos média europeus, por ocasião do genocídio de 1994, que sabemos agora da situação no Ruanda?

Como escreve Milan Kundera em *O Livro do Riso e do Esquecimento*, «o assassinato de Allende rapidamente encobriu a recordação da invasão da Boémia pelos russos, o massacre sangrento do Bangladesh fez esquecer Allende, a guerra no deserto do Sinai cobriu com a sua algazarra as queixas do Bangladesh, os massacres do Cambodja fizeram esquecer o Sinai, e assim de seguida, e assim de seguida e assim de seguida, até ao esquecimento completo de tudo por todos»[358].

A consequência de um tal estado de coisas é evidente: quando um feito notável acontece, num ou noutro sector, num ou noutro país, o público dos média e mesmo os jornalistas são incapazes de:

- situar o acontecimento;
- situar os seus principais atores;
- situar os grupos sociais que se encontram implicados;

---

[357] Em 27 de março de 1996, *Le Monde* afirmava que tinha havido «pelo menos vinte e cinco mil [mortos] em Cabul desde a queda, em abril de 1992, do regime ex-comunista — mais do que em Sarajevo durante o mesmo período».

[358] Tradução para português feita aqui a partir da edição em francês de M. Kundera, *Le Livre du rire et de l'oubli*, Paris, Gallimard, 2001, p. 20.

TEORIA DA INFORMAÇÃO JORNALÍSTICA

- descrever o contexto no qual se insere;
- descrever o clima social, económico e cultural que lhe está na base.

O que implica inevitavelmente uma visão do mundo e da sociedade de natureza impressionista e em mosaico, em vez de uma visão de conjunto racional e coerente[359]. Tanto do lado do público como do dos jornalistas.

2. A surpresa programada

O facto não estava previsto. Os que estão na origem dele procuram precisamente provocar um efeito de surpresa. E aquele ou aqueles que suportam as consequências não estavam de modo algum à espera disso. No entanto, os jornalistas estavam lá. Como explicar esta presença de jornalistas por ocasião de tais operações de surpresa?

Quando as câmaras se encontram lá para uma ação, manifestação, intervenção (policial, por exemplo) supostamente secreta, espontânea, clandestina. Quando se vai acordar o ministro em casa, de madrugada. Quando se desencadeia uma operação da direção de vigilância do território na sede dos Mujahidin do Povo Iraniano em França, em 23 de junho de 2003. Quando interpelações de militantes nacionalistas corsos são filmadas por câmaras. Quando 200 polícias investem contra o bairro dos Tarterêts em Corbeil-Essonnes, em França, em 25 de setembro de 2006, para encontrar os agressores de dois CRS (polícias da Compagnie Républicaine de Sécurité), microfones e câmaras estavam também lá e despachos de agência eram emitidos pouco depois. Quando um escritor (bastante desconhecido) despeja tinta «vermelha como o sangue dos congoleses» sobre a estátua de Léopold II em Bruxelas, em 9 de setembro de 2008[360]. Não é porque os que tomaram a iniciativa querem fazer disso uma operação

---

[359] V. a este propósito J.-Cl. Guillebaud, *La Force de conviction*, pp. 225-228.
[360] O que deu lugar à publicação de fotografias do «acontecimento», nomeadamente em *La Libre Belgique* (p. 7) e em *Le Soir* (p. 10) de 10 de setembro de 2008.

MECANISMOS DE DISTORÇÃO DA INFORMAÇÃO

de imagem de marca? A operação teria acontecido, teria sido muito simplesmente desencadeada, se os jornalistas não estivessem lá? A operação montada não tinha sobretudo um objetivo mediático? A repercussão que os média lhe deram não constitui uma dimensão importante e até mesmo a principal dimensão da dita operação?

Dito de outro modo: muitas operações de surpresa são desencadeadas unicamente (ou em todo o caso largamente) com uma perspetiva mediática. Quer dizer: esperando tirar benefício do impacto que a difusão delas pelos média terá na opinião pública, mais não seja fazendo conhecer um ator (indivíduo, ou organização) e uma temática que serviu de pretexto à operação.

3. O efeito de contágio

Os tumultos nos subúrbios parisienses, em outubro-novembro de 2005, levam os média belgas a tratarem a problemática das comunas e bairros bruxeleses, onde a população de origem magrebina e subsariana é importante.

Da mesma maneira, o facto de, em 2006, o filme *Indigènes*[361] levar o governo francês a tomar decisões em matéria de pensões favoráveis aos antigos combatentes da Segunda Guerra Mundial provenientes de colónias francesas de então faz que os média belgas se tenham interrogado sobre a sorte reservada aos antigos combatentes provenientes das colónias belgas da África Central.

Pode acrescentar-se ainda o caso da «votação» de iniciativa popular na Suíça, em 29 de novembro de 2009, proibindo a construção de minaretes de mesquitas. Logo no dia seguinte, o mesmo assunto foi abordado por média belgas e franceses. A televisão pública belga francófona RTBF fez-nos assim descobrir que havia um minarete em Virton (cidade da província belga de Luxemburgo, no sul do país). A televisão

---

[361] Em Portugal, o título adotado para este filme foi *Dias de Glória*.

TEORIA DA INFORMAÇÃO JORNALÍSTICA

pública *France 2*, que havia também um em Créteil (cidade da periferia no sudeste de Paris).

Por outro lado, terá sentido titular na primeira página, como *Vers l'Avenir*[362] em 1 de dezembro de 2006, «Os valões votam Ségolène: A nossa sondagem», fazendo ocupar um bom terço da primeira página com o dito título e as fotografias de Ségolène Royal (43 % dos votantes) e de Nicolas Sarkozy (33 %)? E tivemos direito a sondagens parecidas por ocasião das eleições presidenciais de 2008 nos EUA...

Dito de outro modo: a especificidade belga da atualidade é criada por média belgas por meio de uma espécie de efeito de contágio da atualidade de um país vizinho e muito particularmente se se tratar de França. Mas não há o risco de desencadear uma atualidade no fim de contas pouco pertinente? Será o papel dos média (e dos jornalistas) o de cobrir a atualidade ou de suscitar uma ilusão de atualidade?

4. A «protagonização»

Além da acontecimentização da informação, os média vão igualmente «protagonizar» a informação, sendo esta então focalizada num personagem.

As «peças» jornalísticas, as reportagens, terão uma ação e um herói. É a receita do magazine estado-unidense *Time*: «Os acontecimentos novos não devem o seu nascimento a "forças históricas" ou a governos ou a classes sociais, mas a indivíduos»[363]. Receita copiada em seguida não só pelos *newsmagazines* que tomaram *Time* como modelo, mas também por um certo jornalismo atual que se quer «contador de histórias» e considera que este fator humano torna a informação mais viva, impedindo-a de cair numa narração insípida e incolor. Receita cujo valor foi aliás confirmado pelo trabalho de Rudolf Flesch (1911-1986) e a sua teoria sobre o «interesse humano».

---

[362] Os diferentes nomes dos diários do mesmo grupo adotaram em seguida como título único *L'Avenir*, em 1 de junho de 2010.

[363] H. M. Enzensberger, *Culture ou mise en condition?*, Paris, UGE, 1973, p. 102.

MECANISMOS DE DISTORÇÃO DA INFORMAÇÃO

«Nesta representação do mundo, o indivíduo está no centro e tira todos os cordelinhos»[364]. Desde logo, a informação sobre a vida de um país, de um povo, é concebida a partir de individualidades bem precisas, e não de grupos sociais. «Desaparecido o combate coletivo, só ficava o destino dos homens, de que era preciso fazer heróis, positivos ou negativos, seja qual for o seu estofo»[365]. Na maior parte das vezes, só importam os «grandes homens» (as «grandes mulheres»), as suas declarações, as suas rivalidades, as suas interpretações da vida quotidiana e dos acontecimentos, os seus pontos de vista sobre os conflitos. E, de preferência, nesta conceção do jornalismo, a «peça» («artigo» ou «assunto») será construída como se se contasse uma história, numa formulação mais ou menos literária[366].

4.1. As personalidades-atores da vida social

A história do mundo é observada através de *personalidades* que são sistematicamente *identificadas com um acontecimento*: a Primavera de Praga era Alexandre Dubček; a dissidência na URSS, Andrei Sakharov; a Revolução Iraniana, Ruhollah Khomeini; a revolta na Polónia, Lech Walesa; a oposição na Roménia, Doina Cornea; o «novo» Afeganistão, Hamid Karzai; o «novo» Irão, Mahmoud Ahmadinejad...

Os média interrogam, aliás, sempre as mesmas personalidades para falar de certos assuntos: na Bélgica, o Partido Socialista é Elio Di Rupo, o Movimento Reformador (liberal) é Olivier Chastel (a não ser que seja Charles Michel e ainda, por vezes, Louis Michel!), o Centro Democrata Humanista é Benoît Lutgen (a não ser que seja ainda Joëlle Milquet!)... A opinião destas enormes organizações que são os partidos ou os sindicatos limita-se assim unicamente às ideias dos seus líderes. «No discurso do

---

[364] Ph. Merlant e L. Chatel, *Médias: la faillite d'un contre-pouvoir*, p. 166.
[365] Ph. Cohen e É. Lévy, *Notre métier a mal tourné*, Paris, Mille et une nuits, 2008, p. 38.
[366] Ph. Merlant e L. Chatel, *Médias: la faillite d'un contre-pouvoir*, p. 169.

TEORIA DA INFORMAÇÃO JORNALÍSTICA

telejornais flamengos: Di Rupo é o PS, o PS é a Valónia, a Valónia é a opinião pública francófona no seu conjunto. Finalmente, Di Rupo e Valónia são percebidos como sinónimos»[367].

A chamada «primeira guerra do Golfo» traduziu-se num duelo entre George H. Bush e Saddam Hussein. E, depois da vida política em França ter sido resumida durante muito tempo a uma confrontação entre Jacques Chirac e Lionel Jospin, eis que meses depois passou a ser do duelo Dominique de Villepin-Nicolas Sarkozy ou então Nicolas Sarkozy--Ségolène Royal de que os média passaram a tirar partido (duelos grandemente fabricados pelos média e institutos de sondagens). Enquanto as consequências dos acontecimentos do 11 de Setembro de 2001 nos EUA se transformaram numa confrontação entre George W. Bush e Osama bin Laden, e mais concretamente «entre o bem e o mal». É o que se poderia chamar a belicização da informação: «É certo que a informação é obrigada a refletir a natureza conflitual da sociedade ou do comportamento governamental. Mas a encenação guerreira e a personalização dos conflitos são orientações jornalísticas deliberadas, espontâneas, que nunca deram lugar a uma reflexão»[368].

A História é eles, as suas aventuras e as suas desventuras, as suas «pequenas frases» e os seus «pequenos gestos». O «novo penteado» do jogador de ténis Yannick Noah passa a ser um assunto muito apreciado pelos média em setembro de 1982, ou o da cantora Britney Spears em fevereiro de 2007. A escapadela de Carolina Grimaldi (de Mónaco) com Guillermo Vilas numa ilha do Pacífico é um sujeito da informação do verão de 1982 (mas tranquilizemo-nos, tudo voltou à ordem:

---

[367] D. Sinardet, da Universidade de Antuérpia, entrevistado por *Le Soir*, Bruxelas, 19-20 de março de 2007, p. 49. Note-se que «a opinião pública francófona» na Bélgica compreende os habitantes da Valónia, mas também 90 % da população da região de Bruxelas teoricamente bilingue, separada geograficamente da Valónia, incrustada geograficamente na Flandres, mas administrativamente autónoma...

[368] Y. Mamou, *«C'est la faute aux médias!»*, p. 154.

MECANISMOS DE DISTORÇÃO DA INFORMAÇÃO

«primeira-dama do Mónaco assume por todo o lado a sucessão da sua mãe» em 1983, até ao casamento do seu irmão Albert). O idílio de Andrew Windsor e da «sex-star» Koo Stark é um centro de interesse importante dos *média* em outubro-novembro de 1982. Assim como as aventuras da sua ex-mulher Sarah Ferguson, as ruturas de Johnny (Halliday) e Adeline, a nova viagem em solitária de Diana (Spencer) ou as gravidezes de «Stéph de Monac» (aliás, Stéphanie Grimaldi). Para não falar dos óculos do presidente Jacques Chirac por ocasião da sua alocução de 14 de novembro de 2005 na televisão[369], quando França se encontrava em pleno período de tumultos nos subúrbios[370]...

Em resumo: as personalidades-atores da vida social encontram-se nos média como:

- personalidades identificadas com um acontecimento, emblemáticas de uma situação;
- personalidades identificadas com uma organização ou movimento;
- personalidades que se afrontam num duelo; ou
- personalidades que se procura diabolizar (como foi o caso de Slobodan Milosevic, nos anos 1990, ou de Saddam Hussein, nos anos 1990 e início dos anos 2000).

Como escrevem Florence Aubenas e Miguel Benasayag, «a designação dos que se vão tornar estrelas da informação faz-se num mesmo consenso mediático. Com um acordo sem falha, de Nova Deli a Tóquio, serão consagrados estrelas planetárias Lady Di ou Michael Jackson, cuja notoriedade absoluta ultrapassa largamente o impacto da própria vida»[371]. E os dois autores acrescentam: os média consagram-se todos os dias a fazer «o que faria corar o último da classe: mostrar o mundo através da vida dos grandes

---

[369] *Le Monde*, Paris, 20-21 de novembro de 2005, p. 18.
[370] V. também M. M. Carrilho, *Sob o signo da verdade*, pp. 60, 76 e 78.
[371] F. Aubenas e M. Benasayag, *La Fabrication de l'information*, p. 15.

TEORIA DA INFORMAÇÃO JORNALÍSTICA

homens. Os historiadores fizeram-no durante muito tempo, partindo do princípio de que algumas figuras ou alguns acontecimentos deviam poder contar, representar, a totalidade da época deles. A multiplicidade tinha acabado por desaparecer em proveito destes fragmentos e a História tinha passado a ser esta longa litania de datas e de nomes de soberanos»[372].

4.2. As personagens da vida quotidiana

Mas esta protagonização da informação vai ainda mais longe. É no domínio do tratamento mesmo da informação que a protagonização intervém: para dar um só exemplo, a reportagem construída em torno de um único personagem (de um único indivíduo, de uma criança, de uma família,...), de uma única vida quotidiana, ganha cada vez mais terreno, em detrimento da reportagem «clássica», globalizante, em que encontrávamos as situações e os intervenientes mais diversos. Certas emissões de televisão fazem deste género de *démarche* o seu estilo: é o caso do documentário «Strip-tease», na RTBF, por exemplo.

Este tipo de *démarche* jornalística dá, no fim de contas, mais importância aos *aspetos emocionais* do que aos dados factuais, racionais, de uma situação. E «esta preponderância do registo psicológico traduz-se pela inflação do número de perfis nos programas ou nas ondas, enquanto a investigação vê o seu lugar regularmente diminuir»[373].

Como o fazem notar Gilles Balbastre e Pierre Rimbert, «cada um conserva na memória o ícone mediático da Primavera de Pequim em 1989: um homem só, parando a progressão de uma coluna de tanques, a vontade do indivíduo contra a força do Estado. As centenas de milhares de manifestantes concentradas em volta dele foram excluídas do enquadramento. Se o recurso compulsivo ao perfil, tanto na imprensa escrita como na audiovisual, deriva desse individualismo, ele reflete também uma preguiça alimentada pela corrida à audiência (ou à tiragem). Mais

---

[372] F. Aubenas e M. Benasayag, *La Fabrication de l'information*, p. 15.
[373] Ph. Merlant e L. Chatel, *Médias: la faillite d'un contre-pouvoir*, p. 167.

MECANISMOS DE DISTORÇÃO DA INFORMAÇÃO

fáceis de realizar do que uma investigação, os perfis de alunos, de pais ou de comerciantes perturbados pelas greves são também mais cativantes: fazem apelo ao íntimo, à emoção. Mas o género acomoda-se mal com causas comuns. Privilegia o que distingue em detrimento do que reúne. Os antagonismos políticos e sociais dissolvem-se aí na psicologia individual»[374].

5. A lógica do conflito

Quando um ponto de vista, uma análise, uma tomada de posição, um projeto, parece particularmente difícil de expor, até mesmo rebarbativo, difícil em todo o caso de pôr em som ou em imagens, de sintetizar no plano intelectual, os média têm muitas vezes tendência a recorrer a uma espécie de lógica do conflito.

O autor deste ponto de vista, análise, tomada de posição ou projeto é assim posto em posição de antagonismo perante outro ator da vida social e sobretudo da vida política. Trata-se, no que diz respeito ao média, de dar ao assunto uma pitada de «interesse humano» suscetível de chamar a atenção do leitor, ouvinte, espectador ou internauta. Uma tal *démarche* não é, no entanto, desprovida de riscos. Ela traduz, em todo o caso, uma espécie de inércia, de preguiça intelectual, que convida o jornalista a não procurar um ângulo de abordagem do assunto mais adequado, de maneira a torná-lo mais facilmente interessante e compreensível.

Será que entre Jacques Chirac (então presidente da República) e Lionel Jospin (então primeiro-ministro) havia apenas um «combate de galos»? Será que toda e qualquer iniciativa de Laurent Fabius constituía um ataque às posições de Dominique Strauss-Kahn, e vice-versa? Interrogação que se pode igualmente formular no que diz respeito às relações entre Alain Juppé e Nicolas Sarkozy, primeiro, entre Dominique de Villepin e o

---

[374] G. Balbastre e P. Rimbert, «Les médias, gardiens de l'ordre social», *in Le Monde diplomatique*, Paris, setembro de 2003.

TEORIA DA INFORMAÇÃO JORNALÍSTICA

mesmo Sarkozy, em seguida. É verdade que tais dimensões não estavam e não estão provavelmente ausentes. Mas reduzir à única lógica do conflito as decisões políticas de uns e de outros constitui uma maneira de deformar os pormenores das ditas decisões e, desde logo, um mecanismo de distorção da informação.

De facto, «os média apresentam a cena política como um permanente combate de chefes em campos opostos»[375]. O tratamento jornalístico da realidade política é muitas vezes feito em termos de *jogo de competição*, «observando a política, antes de mais, como uma luta de ambições e de pessoas»[376]. O que faz que «os jornalistas políticos cheguem a ponto de "esquecer" que a política, num sentido menos restritivo, é também feita de programas ou de políticas públicas que poderiam suscitar outras tantas análises, comparações, reportagens, nomeadamente para situar os seus usos e efeitos práticos»[377]. A este propósito, a maneira como os média cobriram geralmente o 75.º Congresso do Partido Socialista francês, realizado em 14-15 de novembro de 2008, é significativa: não se soube praticamente nada do conteúdo de cada uma das quatro moções submetidas a um congresso que tinha por objetivo eleger um novo primeiro secretário do partido. Para os média, o congresso quase se resumiu a uma confrontação entre «as ambições pessoais» de Ségolène Royal, Bertrand Delanoë, Martine Aubry e Benoît Hamon, entre «egos desmedidos»...

Esta conceção da informação faz que «os jornais ou emissões que pretendem organizar debates contraditórios pareçam mais combates de luta livre do que processos que se esforçam por precisar os reais pontos de desacordo»[378]. E se tais debates forem organizados em presença de um público com direito a manifestar-se mais ou menos ruidosamente, apro-

---

[375] Y. Agnès, *Le Grand bazar de l'info*, p. 137.
[376] J.-B. Legavre, «Les Journalistes politiques: des spécialistes du jeu politique», *in* F. Matonti (dir.), *La Démobilisation politique*, Paris, La Dispute, 2005, p. 120.
[377] J.-B. Legavre, «Les Journalistes politiques: des spécialistes du jeu politique», p. 118.
[378] Ph. Merlant e L. Chatel, *Médias: la faillite d'un contre-pouvoir*, p. 243.

MECANISMOS DE DISTORÇÃO DA INFORMAÇÃO

vando ou desaprovando o que o interveniente acaba de declarar, então as noções de debate, de informação, de serena confrontação de ideias, passam a ser extremamente ténues e incertas.

Será necessário dar exemplos (extremamente abundantes) deste tipo de situação nas televisões e mesmo nas rádios portuguesas?

6. A espetacularização

A tendência é cada vez maior nos média para privilegiar os *aspetos espetaculares* de um facto ou acontecimento. Por isso, em matéria de fotografia, como de rádio e sobretudo de televisão, vai pôr-se o acento nas situações e nos gestos mais burlescos: pessoas que se disfarçaram de maneira particularmente vistosa, que fazem gestos particularmente extravagantes, cómicos ou violentos, cujas declarações são singularmente metafóricas, lacrimosas ou obscenas.

Por isso, o leitor, ouvinte, espectador ou internauta conservará antes do mais deste facto ou acontecimento a imagem forte que os média lhe propuseram. Isto é: uma espécie de caricatura que permitirá muito dificilmente compreender os dados essenciais do facto ou acontecimento e ainda menos as problemáticas [*enjeux*] de que é eventualmente questão. Primeiro exemplo: em maio de 2002, por ocasião da cimeira da OTAN--NATO em Reiquiavique, capital da Islândia, onde o ministro dos Negócios Estrangeiros belga, Louis Michel, se sentiu mal e perdeu os sentidos, os telejornais detiveram-se apenas neste facto, nada (ou quase nada) tendo sido dito sobre o que esteve em questão e sobre os resultados da dita cimeira. Segundo exemplo: «em posição de força depois da vitória do "não" no referendo europeu, [o socialista francês] Laurent Fabius quer corrigir a sua imagem de grande burguês social-liberal indo à festa de *L'Humanité* [o diário do Partido Comunista Francês] em setembro de 2005. À sua chegada, alguém lhe lança um ovo cuja gema vai espalhar--se no seu crânio. Uma câmara encontra-se lá e vai filmar o incidente. À noite e no dia seguinte, telejornais e diários da imprensa escrita vão

TEORIA DA INFORMAÇÃO JORNALÍSTICA

tirar partido desta imagem, que passa a ser o facto central da festa, eclipsando todo o resto»[379]. Terceiro exemplo: por ocasião do encerramento da conferência das Nações Unidas sobre as alterações climáticas, em Bali, no sábado 15 de dezembro de 2007, o seu secretário-executivo põe-se a chorar durante a sua intervenção nos microfones, e é esta sequência que é retomada pelos telejornais (e mesmo três vezes no de *France 2* às 20h00), sem que, na maior parte das vezes, tenhamos tido direito às explicações mais elementares a propósito dos resultados dos trabalhos da dita conferência. Quarto exemplo: por ocasião da quarta sessão das Conferências Mundiais contra o Racismo, realizada em Genebra de 20 a 24 de abril de 2009 por iniciativa da Unesco, a intervenção do presidente iraniano qualificando Israel de Estado racista fez passar em silêncio na maior parte dos média todas as outras intervenções, assim como as conclusões da reunião.

Numa entrevista publicada pelo diário *Le Monde*, o antigo jornalista Jean-François Kahn fazia reparos parecidos: «fui a Dijon, à reunião iniciada por Vincent Peillon [deputado europeu do Partido Socialista francês]. Certo, houve o incidente com Ségolène Royal durante o almoço. Mas, durante o resto do dia, houve cinco comissões, reunindo centenas de pessoas, nas quais verdadeiramente se refletiu e trabalhou. Mas apenas se reteve a disputa.» Um outro exemplo dado pelo mesmo Kahn: «Há uns dias, realizou-se um colóquio sobre o reaquecimento climático, antes da conferência de Copenhaga [sobre o clima]. Não estava lá, mas teria gostado de saber o que se lá disse. De novo, nem uma palavra na imprensa. Falou-se apenas que [François] Bayrou e [Daniel] Cohn-Bendit tinham apertado a mão [quando se tinham disputado violentamente por ocasião de uma emissão de televisão recente]. O que valia três linhas»[380].

[379] A. du Roy, *La Mort de l'information*, p. 156.
[380] *Le Monde*, Paris, 5 de dezembro de 2009, p. 23.

MECANISMOS DE DISTORÇÃO DA INFORMAÇÃO

Levada ao extremo, esta maneira de proceder tem consequências terríveis: «dia após dia, os nossos média moldaram a imagem de um planeta estruturado pelo ódio, devastado pela violência, onde se sucedem, a uma cadência acelerada, massacres dos indivíduos e dos povos»[381].

Por ocasião da falência da companhia belga de aviação Sabena, em novembro de 2001, «os média belgas consagraram muito mais tempo a mostrar o desamparo do pessoal (lágrimas, comentários desiludidos, gestos de aflição, etc.) do que a avaliar as responsabilidades da falência»[382].

Como escreve Daniel Schneidermann, «sabemos bem que os apupos funcionam (da mesma forma que os carros em chamas nos subúrbios, por exemplo) como "ciladas de média". Muletas agitadas diante do focinho das câmaras. O apupo [por ocasião de uma reunião política] vai esconder o resto do discurso, como o carro em chamas esconde a vida quotidiana do bairro, com as suas dificuldades quotidianas de alojamento ou de transporte»[383].

A consequência desta atitude, desta evolução da prática jornalística, é que, como escreve justamente Yves Agnès, «a informação já não é concebida como um alimento intelectual, mas como um espetáculo, o jornalista trocou a atitude de pedagogo pela de histrião»[384]. Os programas televisivos de investigação e de reportagens «são doravante concebidos como espetáculos, com grande quantidade de receitas cinematográficas, música, "revelações", autoencenações dos jornalistas»[385].

---

[381] E. Todd, *Après l'empire*, Paris, Gallimard, 2002, p. 35.

[382] J.-J. Jespers, «Promotion de la peur: quel rôle jouent les médias?», *in Échos*, Bruxelas, n.º 55, 4.º trimestre de 2006, p. 29.

[383] D. Schneidermann, «La Fin des "médias finis"», *in Libération*, Paris, 3 de novembro de 2006.

[384] Y. Agnès, *Le Grand bazar de l'info*, p. 47.

[385] Y. Agnès, *Le Grand bazar de l'info*, pp. 147-148.

7. O editorialismo

De um editorialista, espera-se «a inteligência dos seus julgamentos, a garantia dos seus conhecimentos, a pertinência das suas análises, a clareza dos seus ditos»[386].

Porém, não há assim tanto tempo, nos países de tradição latina, o relato dos factos de atualidade pelos jornais caía frequentemente num *editorialismo* de má qualidade, o mesmo editorialista escrevendo periodicamente, e até mesmo diariamente (como, na Bélgica francófona, ainda há poucos anos, Joseph Coppé, no diário *La Wallonie*, Jacques Guyaux, no diário *Journal et Indépendance*, ou Pol Vandromme, no diário *Le Rappel*, para nos limitarmos a estes exemplos), sobre todas as espécies de assunto de atualidade. Isto é: propondo ao leitor, ouvinte, espectador ou internauta uma análise e um comentário feitos muitas vezes a partir de um desconhecimento manifesto do assunto, de preconceitos, ou na melhor das hipóteses de uma documentação algumas vezes deficiente e com pouca relação com a realidade dos factos. O editorialismo pode assim constituir um importante mecanismo de distorção da informação.

No editorialismo, a elegância do estilo e a coerência ideológica são primordiais. Possa embora o conteúdo da «peça» ter pouca relação com o real, sobre os factos evocados, e «fazer afirmações categóricas e definitivas num dia D... e afirmar exatamente o inverso alguns dias mais tarde»[387]. No caso presente, o editorialista assume antes um papel de moralista, de oráculo da atualidade, de *maître à penser*. Não explica sempre aos leitores as causas e as consequências de uma situação, mas dá-lhes a conhecer, em todo o caso, o que é preciso pensar e qual é, desde logo, a sua posição perante tal acontecimento. Compreende-se assim melhor que os média proponham a vedetas do mundo do espetáculo, da cultura ou dos negócios que

---

[386] A. du Roy, *La Mort de l'information*, p. 114.
[387] Ph. Merlant e L. Chatel, *Médias: la faillite d'un contre-pouvoir*, p. 176.

MECANISMOS DE DISTORÇÃO DA INFORMAÇÃO

assumam este papel de cronistas ou de animadores de emissões de informação. Vi-mo-lo com Annie Girardot e Harlem Désir, cronistas na *Europe 1*, para dar apenas dois exemplos.

Não impede, atualmente, sobretudo na imprensa escrita, o editorialismo de ter tomado extensão, mas também uma dimensão diferente da que era a sua ainda há não muito tempo. Esta tendência editorialista pode ser explicada por pelo menos quatro motivos:

- uma tradição política e literária da imprensa latina e sobretudo francesa (para não dizer parisiense) — mas é preciso não esquecer o peso considerável dos editorialistas da imprensa belga flamenga, que é, aliás, bem maior do que o dos seus colegas francófonos do sul do país;
- razões de ordem económica: o editorialismo custa, com efeito, muito mais barato do que as reportagens ou as investigações no terreno (quando muitas colaborações exteriores não são pura e simplesmente gratuitas, os seus autores procurando deste modo uma certa notoriedade);
- considerações de estratégia promocional: trata-se muitas vezes para um média de apostar na colaboração de uma personalidade de quem espera que as análises ou as tomadas de posição tenham repercussões nos outros média (assim, há alguns anos, as análises de Valéry Giscard d'Estaing, ex-presidente da República, e de Michel Rocard, ex-primeiro-ministro, semanalmente, cada um por sua vez, no *L'Express*);
- o facto de que o público experimenta a necessidade de sentido, uma necessidade de compreender a significação dos factos de atualidade. Nestes últimos anos, com efeito, a importância tomada pela internet, pela rádio e pela televisão como média de informação levou os diários, e bem evidentemente os periódicos, por toda parte na Europa, a desenvolverem consideravelmente o lado de editoriais, crónicas e comentários (há alguns anos, a evolução da imprensa diária britânica é a este propósito significativa). Procuram assim propor aos

TEORIA DA INFORMAÇÃO JORNALÍSTICA

leitores perspetivações da atualidade e luzes, esclarecimentos [éclairages], diferentes desta atualidade. É-lhes necessário doravante não apenas dar factos, mas também sentido aos factos.

Nesta matéria, a situação nos média portugueses é bastante particular: um batalhão de «comentadores» está largamente presente nos jornais (diários e periódicos) e nas televisões, mas também nas rádios e na internet. «Comentadores» que muitas vezes assumem funções em diferentes média, com «competências» diferentes em áreas diferentes da atualidade. Em alguns casos, as qualidades de escrita e de expressão oral são evidentes, embora as «competências» da maioria desses «comentadores» sejam manifestamente insuficientes, quando não mesmo totalmente inexistentes na maior parte das matérias que abordam. O que não impede que tenham as suas páginas e emissões reservadas, diariamente, semanalmente, ocupando espaços que seriam bem mais dispendiosos para os média se fossem consagrados a dossiês, investigações ou reportagens. Ou quando a verborreia, o «paleio» de «comentadores» todo-o-terreno substitui uma prática séria do jornalismo.

8. Do pronto-a-pensar ao «bom cliente»

A partir do momento em que um acontecimento ocorreu, e se trata de descodificar uma situação, certos «fazedores de opinião» (*opinion makers*, como dizem os anglófonos), *maîtres-à-penser* (dizem os francófonos) autoproclamados em procura de poder simbólico e reconhecidos como tal pelo pensamento dominante, entram em ação para nos dizerem como é preciso compreender as coisas, qual é a verdade das coisas[388]. Correndo o risco de termos de constatar em seguida, quando as luzes da atualidade já se

---

[388] Sejamos benevolentes e abstenhamo-nos de citar nomes bem conhecidos de uma cena mediática bruxelesa que ama particularamente os que «falam bem» sobre todas as espécies de assunto, de que muitas vezes não conhecem grande coisa.

MECANISMOS DE DISTORÇÃO DA INFORMAÇÃO

afastaram do campo do acontecimento, que as coisas não eram afinal exatamente como o que nos tinham imposto como certezas indiscutíveis.

Esta *démarche* convém bem aos média em procura de respeitabilidade, que proclamam limitar-se assim ao estrito relato dos factos, deixando a análise destes aos detentores das grandes ideias em sintonia com o ar do tempo [*l'air du temps*], arautos de um pronto-a-pensar politicamente correto. Procedendo deste modo, estes *maîtres-à-penser* fecham a sete chaves toda a possibilidade de abordar os factos de atualidade de outro modo, proibindo em larga medida toda e qualquer veleidade dos jornalistas de investigarem um assunto.

Dito isto, os grandes responsáveis por um tal estado de coisas são, antes de mais, os diretores de redação e os jornalistas eles mesmos, que preferem a solução de facilidade que consiste em conceder uma tribuna a uma personalidade que goza de um estatuto sociocultural reconhecido e da qual geralmente se conhecem de antemão as análises, em vez de terem de realizar eles mesmos um trabalho de documentação e de análise. E isto é particularmente verdade quando os efetivos de uma redação são reduzidos e ela pretende jogar a carta de uma aparência enganosa de pluralismo. Uma opção que passou a ser particularmente corrente nestes últimos anos, as reduções dos efetivos das redações tendo sido por vezes drásticas e deixando doravante pouca ocasião aos jornalistas de poderem consagrar-se eles mesmos a um tema problemático, dedicando-lhe o tempo necessário ao seu aprofundamento e ao seu tratamento.

Por outro lado, «aqueles que se vão entrevistar para dar vida» a uma «peça» devem responder aos critérios que definem o «*bom cliente*»: «Deve *exprimir-se facilmente*, ser *fotogénico* (para a fotografia ilustrando o artigo), *people* de preferência, e *tónico*. Em opção: o seu *à-vontade* perante a câmara (no caso em que o artigo, detetado pelos canais, faria em seguida objeto de uma "retoma TV")»[389].

---

[389] Ph. Merlant e L. Chatel, *Médias: la faillite d'un contre-pouvoir*, p. 127.

9. A procura do estereótipo

Na elaboração de uma «peça», os jornalistas são muitas vezes levados a recorrer (ou convidados a recorrer) a três tipos de cenário clássico:

- a procura do estereótipo do *especialista*: os jornalistas não procuram forçosamente entrevistar as personalidades mais competentes numa matéria dada, nem mesmo as suscetíveis de fazerem análises originais e pertinentes a este propósito, mas sim, por facilidade, por preguiça intelectual, as que se integram perfeitamente no quadro de opiniões pré-confecionadas e previsivelmente lugares-comuns. Os média vão assim ter sistematicamente recurso aos mesmos três filósofos das três grandes universidades belgas francófonas. Ou entrevistar um economista de cada um dos quatro departamentos de faculdades belgas francófonas. Para não falar do inenarrável porta-voz da *Test-Achats* (a instituição-mãe da *Pro Teste* da Deco portuguesa), perito em todas as espécies de matéria! Com tais «doutores em reflexão», as aparências de pluralismo são salvaguardadas e as declarações feitas serão conformes ao que os média esperavam deles.

Esta procura do especialista pode, por vezes, traduzir o cuidado de ultrapassar a ausência de dados factuais fiáveis. Durante o que se chama a primeira guerra do Golfo arabo-pérsico, «o informador, privado de informações fiáveis em proveniência da Arábia Saudita e do Iraque, e portanto reduzido ao silêncio, encontrou no "perito", dotado de um saber teórico sem relação com a atualidade, um substituto capaz, pelas suas hipóteses ou pelas suas elucubrações, de dar a ilusão da informação»[390]. Nesta circunstância, os «peritos» eram na maior parte dos casos «oficiais superiores do quadro de reserva ou na reforma, demasiado ligados à hierarquia militar para serem independentes, demasiado imbuídos deles próprios para

---

[390] A. du Roy, *Le Serment de Théophraste*, p. 39.

MECANISMOS DE DISTORÇÃO DA INFORMAÇÃO

ficarem prudentes, demasiado habituados ao respeito para serem lúcidos»[391].

- a procura do estereótipo do *personagem*: os jornalistas procuram não «os que poderiam testemunhar do [seu] papel, mas os que poderiam jogá-lo. Ao lado dos poderosos, há agora uns fulanos todas as noites, no telejornal: eles são a *imagem* dos fulanos»[392]. E Florence Aubenas e Miguel Benasayag acrescentam: nos média, «convocar desconhecidos para o estrado passou a ser o último "truque". [...] Eis o vizinho-que-não-ouviu-nada. Ou o motorista-de-autocarro-que--se-fez-agredir. Depois, desfilam o conselheiro-do-ministro-que--quer-guardar-o-anonimato, o jovem-artista-que-vai-fazer-sucesso, o pequeno-juiz, o diplomata-ocidental-em-posto-em-Cuba, o refu-giado, o motorista-de-táxi-iraquiano... Na banda desfilante em baixo do ecrã de televisão, onde se inscreve geralmente o nome do entrevistado, não é raro ler à maneira de identificação: "jovem dos subúrbios", "desempregado" ou "antieuropeu". E chega»[393]. O que quer dizer que «toda a *situação* inédita vai produzir as suas próprias *criaturas*. Um atentado? Encontrareis o bombeiro heroico e o que foi salvo indemne. Um movimento liceal ou social? Procurai o líder e o manifestante que desfila pela primeira vez»[394]. O segui-mento de uma tal atitude é evidente: «O trabalho do repórter vai então consistir numa espécie de *casting*, a procurar personagens conformes às que já moldou. Para que o mundo seja credível, deve ter parecenças com a ficção. Para que a situação seja legível, é pre-ciso representá-la»[395]. O guião é estabelecido previamente em reu-nião de redação, pelo seu chefe ou pelo repórter ele mesmo, antes

---

[391] A. du Roy, *Le Serment de Théophraste*, p. 39.
[392] F. Aubenas e M. Benasayag, *La Fabrication de l'information*, p. 16.
[393] F. Aubenas e M. Benasayag, *La Fabrication de l'information*, p. 17.
[394] F. Aubenas e M. Benasayag, *La Fabrication de l'information*, pp. 17-18.
[395] F. Aubenas e M. Benasayag, *La Fabrication de l'information*, p. 23.

de este partir à procura de personagens que se possam integrar adequadamente nele.

- a procura do estereótipo de *situação*: os jornalistas procuram que a articulação da narrativa dos personagens confirme absolutamente o argumento preestabelecido pela redação. Assim, para uma reportagem de *TF 1* sobre as pretensas fracas vendas da temporada dos comerciantes de roupa: «pouca sorte, já estou na minha quinta loja, e todos realizaram mais ou menos o mesmo volume de negócios do ano passado, então continuo o meu porta-a-porta e acabo por dar com a chorona perfeita. Ela indica-me uma outra, mais longe, no mesmo passeio. Muito bem! "A que hora passamos na TV?"»[396]. Ou então, ainda para *TF 1*, outra reportagem sobre «a desertificação rural» em França: «precisamos de um campónio, um que não saiba quem retomará a sucessão, e uma agência imobiliária que vende aos ingleses [...]. Se tivermos tempo, um merceeiro que se prepara para fechar por causa da grande superfície»[397]. É assim que temos anualmente direito à *rentrée* escolar e a «catraios que berram com ranho no nariz perante a simples ideia de deixar a mãe»[398]. Ou então a clássica proclamação dos resultados de fim de ano escolar e «o seu lote de efusões grotescas»[399]. Uma das mentirosas inveteradas do caso Alègre (misturando assassino, prostitutas, polícias, advogados e notáveis locais) confiou ao tribunal, resumindo claramente estes tipos de situação: «Disse aos jornalistas o que eles tinham vontade de ouvir»[400]. Tanto mais que estas respostas são muitas vezes solicitadas, sugeridas pela formulação mesma das perguntas do jornalista.

---

[396] P. Le Bel, «*Madame, Monsieur, bonsoir...*», Paris, Panama, 2008, p. 48.

[397] P. Le Bel, «*Madame, Monsieur, bonsoir...*», p. 49.

[398] P. Le Bel, «*Madame, Monsieur, bonsoir...*», p. 88.

[399] P. Le Bel, «*Madame, Monsieur, bonsoir...*», p. 89.

[400] A. du Roy, *La Mort de l'information*, pp. 142-143.

10. Os conceitos e os dados quantificados

Muitas vezes, para dar credibilidade às «peças» (relatos ou análises), os jornalistas coloram-nas com conceitos e dados quantificados diversos. A propósito da situação num país, por exemplo, falar-se-á então do Produto Nacional Bruto (PNB), da taxa de inflação, da balança comercial, da taxa de crescimento, do índice de preços no consumidor, do rendimento por habitante, de dados estatísticos diversos.

Ora, na maior parte das vezes, o público ignora tudo da significação destas noções e da pertinência delas. Por outro lado, não se repetirá jamais demasiado que as estatísticas não são precisamente o melhor revelador de uma realidade quotidiana. Em último caso, elas podem mesmo servir para camuflar a verdade e para induzir em erro. Não traduzem em nenhum caso as *diferenças de estatuto e de quotidianidade* das diversas componentes sociais e culturais de uma população.

Debruçando-se sobre a Europa Ocidental, o sociólogo Henri Mendras atesta que «de um país para outro, os mesmos números traduzem realidades diferentes e as médias nacionais são enganadoras quando os contrastes regionais dão desvios da média superiores às diferenças nacionais. Os dados nacionais são pertinentes no que diz respeito ao Estado, os dados regionais são-no no que diz respeito à sociedade»[401]. Mendras faz assim reparar, por exemplo, que «três formas de desemprego radicalmente diferentes são reveladas por taxas estatísticas vizinhas: desemprego de subdesenvolvimento, desemprego de desindustrialização, desemprego de modernização»[402].

De maneira mais geral, um número — como o recorda Edwy Plenel, antigo diretor da redação de *Le Monde* e atual presidente do diário em linha *Mediapart* — «não diz nada isolado, só vale se relacionado com outros números, tratado de maneira comparatista, no tempo e no espaço,

---

[401] H. Mendras, *L'Europe des Européens*, pp. 61-62.
[402] H. Mendras, *L'Europe des Européens*, p. 64.

em relação a outras épocas e outros lugares»[403]. Falar do *salário* num país estrangeiro, por exemplo, sem dizer quanto custa a renda de um alojamento e quais são os preços dos alimentos de base, é induzir leitores, ouvintes, espectadores ou internautas em erro, porque eles vão naturalmente comparar esse salário com o próprio salário deles, sem terem nenhuma possibilidade de relativizar o valor do salário no país estrangeiro no contexto socioeconómico deste. E acontece o mesmo, bem entendido, quando se evoca o preço de tal ou tal *produto* ou *serviço* num país diferente daquele em que vivemos.

Muitas vezes, «uma conta de exploração, um índice de preços, um orçamento dissimulam, sob o rigor dos números, uma enorme embrulhada de falsificações, de tramoias, de aproximações»[404]. Para dar um só exemplo português, vimos isso mesmo por ocasião do desmoronamento do Grupo Espírito Santo e do Banco Espírito Santo.

11. O jornalismo de terreno

Ir para o terreno, lá onde os factos acontecem, lá onde a atualidade se desenrola, ocasiona evidentemente custos de deslocação, de estada, de seguro, de transmissão. Custos muitas vezes bastante pesados para as finanças de um média. Em janeiro de 1991, por ocasião da Guerra do Golfo, Étienne Mougeotte, que era então vice-presidente de *TF 1*, afirmava que os 74 enviados especiais da estação na região lhe custavam diariamente 1,5 milhões de francos franceses[405], dos quais 600 mil para as ligações de telecomunicações[406]. Por seu lado, Jean--Louis Péninou, na altura diretor-geral de *Libération*, precisava que «o sobrecusto redatorial da cobertura da guerra se elevava em média

---

[403] *Le Monde 2*, Paris, 25 de setembro de 2004, p. 5.
[404] A. du Roy, *Le Serment de Théophraste*, p. 15.
[405] Ou seja, 228 674 euros.
[406] *La Correspondance de la Presse*, Paris, 24 de janeiro de 1991, p. 11.

MECANISMOS DE DISTORÇÃO DA INFORMAÇÃO

a 350 mil francos [franceses[407]] por semana (enviados especiais, ligações telefónicas...)»[408].

Porém, o facto de ir para o terreno não permite sempre perceber a realidade de um acontecimento nem a de uma situação que lhe está na base. Sem falar nos aspetos de natureza cultural já evocados nas páginas consagradas às agências de informação, a «informação em direto» nem sempre permite ter o recuo necessário para compreender os diversos aspetos de um acontecimento. A cobertura da segunda Guerra do Golfo (de janeiro-fevereiro de 1991) foi a este respeito particularmente elucidativa.

Por outro lado, o facto de ir para o terreno e de intervir «em direto» leva muitas vezes as rádios e as televisões a quererem explorar ao máximo os seus enviados especiais. Forçando-os assim a ocupar o mais possível a antena, a intervir a propósito de tudo e de nada, a abordar aspetos da atualidade de que ignoram tudo. E, procedendo deste modo, as rádios e as televisões incitam os seus enviados a cometerem quase inevitavelmente erros, a praticarem intoleráveis derrapagens.

Lembremo-nos de Fabrice del Dongo, personagem do romance de Stendhal *La Chartreuse de Parme* [*A Cartuxa de Parma*], que assistiu à Batalha de Waterloo sem bem se dar conta do que se passava. O pormenor da situação, do acontecimento, está ao alcance do repórter, mas não a abordagem global, panorâmica, desta situação, deste acontecimento na sua complexidade. Tanto mais que, no caso de um conflito armado, o enviado especial faz-se cuidadosamente enquadrar pelas forças em presença (talibãs, Aliança do Norte ou exército estado-unidense, por exemplo, no que diz respeito ao Afeganistão), que lhe fazem ver unicamente o que elas querem que se veja.

Por outro lado, como assinalam Florence Aubenas e Miguel Benasayag, o repórter sabe «a irredutível parte de subjetividade que comporta o seu

---

[407] Ou seja, 53 357 euros.
[408] *La Correspondance de la Presse*, Paris, 25 de janeiro de 1991, p. 11.

TEORIA DA INFORMAÇÃO JORNALÍSTICA

trabalho, muito simplesmente porque, numa situação, ninguém vê nunca exatamente as mesmas coisas que o seu vizinho. E em vez de afrontar a multiplicidade do mundo, os jornalistas deixam-se ir a evidenciar a sua própria singularidade, transformando a imprensa num imenso jornal íntimo. Os estados de alma deles, as preocupações perante uma catástrofe, vão passar a ser a substância dos artigos deles nos quais o mundo só aparece em pano de fundo, em paisagem atormentada. O sujeito é o repórter e o drama que ele descobre servirá apenas para se pôr ele mesmo em cena. Os leitores aprenderam assim, sem dúvida, muito sobre a psicologia dos jornalistas, antes de se fartarem disso...»[409].

Philippe Cohen e Élisabeth Lévy exprimem um sentimento bastante próximo a propósito da reportagem: «Desde logo porque visa restituir as situações na sua complexidade, dar vida aos atores, ela convoca necessariamente a subjetividade do observador. Ir procurar a informação à sua fonte, observar o acontecimento lá onde se produz, eis o que é muito louvável, mas quem acreditará que só existe uma maneira de procurar ou de relatar? A isso, vem juntar-se uma singularidade francesa em virtude da qual, desde a origem, se atribui uma importância particular ao estilo»[410].

Por outro lado, há quem denuncie o facto de «a reportagem [estar] totalmente sob a dependência do editorialismo»[411]. E Cohen e Lévy acrescentam: «Acontece, com efeito, que a reportagem seja destinada a validar a tese escolhida a alto nível. No caso de Timisoara, o enviado especial de *Libération* ficou estupefacto ao ver o seu artigo totalmente rescrito no sentido que parecia ser o bom, o de um massacre em massa»[412]. «Na maior parte das vezes, toda a gente se entende às mil maravilhas, e o testemunho

---

[409] F. Aubenas e M. Benasayag, *La Fabrication de l'information*, p. 16.
[410] Ph. Cohen e É. Lévy, *Notre métier a mal tourné*, p. 55.
[411] Jean-Marie Bourget, grande repórter de *Paris Match*, *in Le Débat*, Paris, n.º 138, janeiro--fevereiro de 2006: citado por Ph. Cohen e É. Lévy, *Notre métier a mal tourné*, p. 60.
[412] Ph. Cohen e É. Lévy, *Notre métier a mal tourné*, p. 60.

MECANISMOS DE DISTORÇÃO DA INFORMAÇÃO

no terreno serve para confirmar o que a opinião conveniente decretou conveniente. Uma grande parte dos jornalistas encontrou pois em 1999 no Kosovo as marcas de ossários que não existiam e as provas de massacres imaginários — o que não apaga de modo algum os que tinham realmente sido cometidos»[413].

Enfim, convém não esquecer que «as guerras apresentam muitas vezes a dificuldade suplementar de ser geralmente impossível para o repórter lá recolher todos os pontos de vista. Ora, quer queiramos quer não, esta profissão funciona por *empatia*. Permanecer em Belgrado durante os bombardeamentos do Kosovo levava a partilhar a sorte da população sérvia e, por vezes, a adotar o seu ponto de vista»[414].

12. O enquadramento [*La mise en cadre*]

A redação de um média (ou um simples jornalista) decidiu abordar um assunto de um certo ângulo. E, em função deste ângulo, ela (ele) faz a escolha dos interlocutores a entrevistar. Se um ou outro destes interlocutores faz declarações pertinentes mas não conformes ao quadro preestabelecido pela redação (ou pelo jornalista), as suas declarações serão, na maior parte das vezes, suprimidas por ocasião da redação final do texto ou da montagem final da «peça». Assim, por exemplo, declarar ao *Journal du Samedi* (ex-*Journal du Mardi*, que voltou depois a ser *Journal du Mardi*), em finais de junho de 2001, que o sistema de ajuda à imprensa em vigor na Bélgica francófona provou, durante os seus trinta anos de existência, ser largamente desprovido de eficiência e que conviria interrogar-se sobre a pertinência de uma ajuda a jornais que não conseguiram ter leitores é condenar-se de antemão a não ver estas declarações retomadas por um semanário que procurava então obter uma ajuda substancial da Comunidade Francesa da Bélgica. E tanto pior para os leitores que, na conceção do *Journal du Samedi*,

---

[413] Ph. Cohen e É. Lévy, *Notre métier a mal tourné*, p. 61.
[414] Ph. Cohen e É. Lévy, *Notre métier a mal tourné*, p. 46.

não têm de ser informados contraditoriamente sobre o assunto e ainda menos interrogar-se sobre a ajuda pedida pelo semanário.

Dito de outra maneira, o jornalista não procura sempre dar conta da realidade, mas muitas vezes procura fazê-la entrar no *enquadramento preestabelecido*, que ele conhece e é facilmente situável pelo público do seu média. A tal ponto, que ele considera que é preciso ir ao essencial. Desde logo, «o interessante é o que lhe interessa, o conhecido, o que ele conhece, o repelente, o que o repele»[415]. Uma tal *démarche* foi a de um certo número de jornalistas belgas que quiseram absolutamente ver no «caso Dutroux» a descoberta de uma vasta engrenagem de redes pedófilas, ou o contrário, sem procurarem ir mais longe na procura de dados factuais indiscutíveis[416]. Da mesma maneira, para os que nos média tratam do assunto, a crise da imprensa na Bélgica só pode ser culpa dos leitores-que-mais-uma-vez-não-compreenderam-nada-e-não-souberam--apreciar-as-reais-qualidades-do-querido-jornal-desaparecido, dos concorrentes-que-só-queriam-mal-ao-brilhante-defunto ou de um sistema capitalista-implacável-forçosamente-implacável. O que os dispensa de se porem eles mesmos em questão, de porem em questão a prática do jornalismo que é a deles e de porem em questão a gestão dos seus editores.

13. As sondagens
Uma enorme vaga de sondagens invadiu os média nestes últimos decénios e tomou proporções espantosas nos meios de comunicação franceses: fazem-se inquéritos e pseudoinquéritos de opinião pública a propósito de tudo e de nada. Os média belgas recorrem a isso menos frequentemente (mais não seja porque dispõem de menos meios financeiros para lhes consagrar), mesmo se as sondagens também passaram a ser mais frequentes.

[415] F. Aubenas e M. Benasayag, *La Fabrication de l'information*, p. 28.
[416] V. a este propósito D. Schneidermann, *Le Cauchemar médiatique*, Paris, Denoël, 2003, pp. 70-117.

MECANISMOS DE DISTORÇÃO DA INFORMAÇÃO

A última novidade na matéria é a das *pseudossondagens realizadas por internet* por iniciativa dos mais diversos sítios e nomeadamente por sítios de jornais, belgas ou franceses, quando mesmo os mais elementares princípios metodológicos de uma sondagem não são respeitados.

Ora, muitas vezes, os resultados de um inquérito revelam, antes de mais, a *natureza das perguntas formuladas* pelo instituto de sondagens e as verdadeiras *preocupações* dos que encomendaram estas sondagens. Muitas vezes, a publicação dos resultados de uma sondagem constitui uma maneira hábil de o seu mandante *sugerir um tema de conversa*, impor uma *orientação dos debates públicos, focalizar os centros de interesses* da opinião pública. Dito de outro modo: de *fixar uma ordem do dia* (o que os ingleses designam por *agenda-setting*).

Em finais de outubro-princípios de novembro de 2003, uma sondagem publicada por *Het Belang van Limburg* e *Gazet van Antwerpen* (diários das cidades belgas flamengas de Hasselt e de Antuérpia publicados pelo mesmo grupo) e uma outra publicada dez dias depois por *Le Soir* (diário belga francófono de Bruxelas) diziam exatamente o contrário uma da outra: a primeira afirmava que «sete belgas em cada dez seriam contra a participação dos estrangeiros [não-europeus] nas eleições autárquicas»; a segunda dizia, quanto a ela, que 55 % dos belgas seriam «totalmente favoráveis ou bastante favoráveis» à «concessão do direito de voto aos não--europeus para as eleições autárquicas»[417].

Sob aparências científicas, as sondagens impedem muitas vezes os média e os jornalistas de investigarem sobre os aspetos reais de uma sociedade ou de uma situação. Além disso, «em vez de preceder a formação de uma opinião pública e de permitir a sua expressão, a informação acaba por seguir uma corrente ou uma tendência mais ou menos pré-fabricada por mandantes destas sondagens. A opinião deixa então de ser o "conselheiro

---

[417] *Le Soir*, Bruxelas, 27 de outubro de 2003, pp. 1 e 4; *Le Soir*, Bruxelas, 4 de novembro de 2003, pp. 1, 4-5.

TEORIA DA INFORMAÇÃO JORNALÍSTICA

útil" dos governantes para passar a ser um guia frívolo e, além disso, um objeto submetido, entre as mãos deles, às manipulações mais diversas»[418]. Pode mesmo ir-se mais longe e afirmar que «as sondagens não observam a campanha [eleitoral]; fazem a campanha. E impregnam, inspiram, substituem a sua análise pelos média. Os sondadores eles mesmos, politólogos reconhecidos ou não, passam aliás a ser os principais comentadores dos acontecimentos de que são os produtores»[419], tendo os jornalistas muitas vezes renunciado a esta função de comentário.

Seja como for, a propósito de uma sondagem, é preciso sempre perguntar-se, primeiro:

- se foi realizada por iniciativa de um média ou de um meio exterior aos média. Podemos imaginar no primeiro caso que o média fez proceder a este sondagem, com a preocupação (eventualmente promocional) de informar o seu público. No segundo caso, já não se trata certamente de querer informar o público (mas antes de informar o mandante)...

Perguntar-se, em seguida:

- quem pagou a sondagem? Trata-se de uma questão essencial: quando Michel Rocard era primeiro-ministro [1988-1991] de François Mitterrand, «cada vez que uma remodelação [governamental] ameaçava, faziam-se publicar sondagens mostrando que a cota de popularidade do primeiro-ministro continuava a ser elevada»[420];
- qual é a credibilidade do instituto de sondagens? As empresas de sondagens não agem todas com a mesma preocupação de rigor e não dispõem todas dos mesmos meios humanos devidamente qualificados;

---

[418] F. Balle, *Le Mandarin et le marchand*, Paris, Flammarion, 1995, p. 85.
[419] A. du Roy, *La Mort de l'information*, p. 58.
[420] «Un proche de Michel Rocard» citado por Y. Mamou, *«C'est la faute aux médias!»*, p. 49.

MECANISMOS DE DISTORÇÃO DA INFORMAÇÃO

- quando é que a sondagem foi realizada, em que momento? Antes ou depois de tal decisão ou de tal acontecimento, por exemplo?;
- como é que se procedeu para interrogar os sondados? Que tipo de contacto aconteceu entre os sondados e os sondadores (face a face, por telefone, por internet,...)?;
- quem foi sondado? Segundo que critérios foram escolhidas as pessoas sondadas? São elas representativas do grupo social que se quis estudar?;
- quantas pessoas foram sondadas? E de quantas pessoas se compõe o grupo que os sondados devem representar? Qual é a *margem de erro* da projeção?;
- como foram formuladas as perguntas? Muitas vezes, a sua formulação é manifestamente enviesada e orientada para certa(s) resposta(s);
- como foram formuladas as hipóteses de resposta propostas? O resultado da sondagem será inevitavelmente afetado pelo sentido das respostas propostas e orientado nesse mesmo sentido;
- estamos em possessão de todos os resultados da sondagem? Ou antes só dos que o mandante tem interesse em fazer conhecer?

Por outro lado, «os peritos sabem-no pertinentemente, a técnica das sondagens é aproximativa: numa amostra de mil franceses representativa da população nacional, uma variação de dois ou três pontos num sentido ou no outro não tem nenhum valor científico. Ela situa-se na *margem de erro* que os sondadores honestos assinalam conscienciosamente aos seus clientes. Ela equivale ao *statu quo*. Esta precisão não impede, todavia, os editores de jornais de apresentarem uma tal variação não significativa como uma evolução real da opinião»[421].

Notemos aqui o facto de um certo número de sondagens ter por origem os média — estes consideram-nas bons *instrumentos de promoção* —, os outros média sendo levados a fazer referência aos resultados destas

---

[421] A. du Roy, *Le Serment de Théophraste*, pp. 195-196.

TEORIA DA INFORMAÇÃO JORNALÍSTICA

sondagens e aos seus mandantes! Desde logo, «os média, para rendibilizar as caras sondagens que encomendaram, [transformam] em acontecimento notável, em golpe de teatro decisivo, em início de um insustentável *suspense* evoluções infinitesimais de percentagens que [têm por origem] a margem de erro reconhecida pelos sondadores»[422].

Por fim, pode lamentar-se com Philippe Merlant e Luc Chatel que «a investigação de terreno [seja] progressivamente substituída pelo inquérito de opinião, e as reportagens, pelas sondagens»[423].

14. Os inquéritos de rua [*micros-trottoirs*]

A rádio e a televisão desenvolveram um género de *démarche* que consiste em interrogar, à queima-roupa, gente na rua a propósito de temas de atualidade imediata — *démarche* que a imprensa se apressou a copiar (chama-se então por vezes canetas-passeio [*stylos-trottoir*]). Para o código de deontologia interna de *RTL-TVI* (televisão que emite do Luxemburgo para a Bélgica francófona), «chama-se habitualmente "micro-trottoir" uma montagem de entrevistas realizadas ao acaso numa rua ou num lugar público com transeuntes anónimos» (artigo 8). Por vezes, trata-se mesmo de interrogar pessoas no sítio mesmo onde se desenrolou o acontecimento. Mais frequentemente, interrogam-se pessoas sobre temas favoráveis a reações à flor da pele, bastante *emotivas*. E, de facto, trata-se antes de mais de recolher estas reações curtas, incisivas, quase sempre categóricas, por vezes duras.

O objetivo é fazer passar estes *micros-trottoirs* por mini-inquéritos de opinião. Ora, nada permite fazer tal amálgama: nem a *escolha das pessoas* interrogadas (nenhum critério de representatividade pode ser aplicado), nem as *condições de desenrolamento* da entrevista (ausência de tempo necessário para a reflexão e para a expressão de uma opinião mais matizada).

[422] A. du Roy, *La Mort de l'information*, p. 57.
[423] Ph. Merlant e L. Chatel, *Médias: la faillite d'un contre-pouvoir*, p. 90.

MECANISMOS DE DISTORÇÃO DA INFORMAÇÃO

Pode aliás perguntar-se qual é o interesse de interrogar um mirone sobre tal ou tal assunto: em que é que um vizinho tem uma opinião pertinente sobre um prédio que explodiu ou uma pessoa que foi presa? Procedendo desta maneira, os média privilegiam a *emoção* em detrimento da *análise*, como privilegiam a impressão de *unanimidade* em detrimento de qualquer manifestação de *espírito crítico*. «Uma opinião não se forma instantanea-mente de uma maneira durável, mas forja-se após maturação, discussão com a família ou os colegas de trabalho. É preciso não confundir *reação instintiva* e *opinião refletida*»[424].

«Que traz para o debate, para a informação, para a compreensão, esta forma jornalística tão em voga? As opiniões expressas não são de modo algum representativas; na maior parte das vezes, não têm estritamente nenhum interesse, por vezes são ridículas, por vezes fora do assunto. Não trazem nada, salvo uma falsa resposta a uma preocupação legítima: não se poderá dizer que os média não estão à escuta do que pensa o homem da rua»[425]. Passando os média muito tempo a entrevistar «altas individuali-dades», os *micros-trottoirs* permitem dar-lhes a boa consciência de entre-vistarem também muito democraticamente zés-ninguém, gente comum encontrada ao acaso numa rua.

O regulamento de ordem interna da RTBF (radiotelevisão pública belga francófona) preconiza no seu parágrafo 39 que «os inquéritos e entrevistas expressas que são feitos em lugares públicos e reproduzem opiniões anó-nimas devem ser acompanhados por um comentário que signifique que se trata apenas de opiniões particulares que não têm valor de sondagem» (v. este «regulamento» mais à frente, na Segunda Parte, parágrafo 4.1). Esta chamada de atenção anula, no entanto, os efeitos de tais «opiniões anónimas»? Os ouvintes e os espectadores terão fixado a chamada de aten-ção ou antes a emoção provocada por estas «opiniões anónimas»? E, a supor

[424] A. du Roy, *La Mort de l'information*, p. 73.
[425] A. du Roy, *La Mort de l'information*, p. 225.

TEORIA DA INFORMAÇÃO JORNALÍSTICA

que fixaram antes de mais a chamada de atenção hipocritamente proposta pelo jornalista, para que serve então difundir tais «opiniões particulares» sem «valor de sondagem»?

15. A disjunção cultural

Abordar as práticas políticas, as manifestações públicas ou a vida quotidiana de um país, seja qual for, supõe um conhecimento prévio, nomeadamente da geografia e da história deste país, do seu sistema familiar e da sua estrutura de propriedade, das suas tradições religiosas e das suas práticas culturais.

«Na primavera de 1999, em Kükes, na Albânia, alguns dos seis campos de refugiados kosovares estavam organizados e tomados a cargo pelos governos de diferentes países. Os Emirados Árabes Unidos asseguravam assim a gestão de um deles. Logo no primeiro mês, no meio das tendas, os militares emiradenses construíram uma mesquita e ofereceram a cada mulher um lenço de cabeça. Elas eram livres de o pôr ou não. Imediatamente, o conjunto da imprensa ocidental — e as televisões americanas em particular — apressou-se a denunciar o que considerava um gesto de integrismo militante e até mesmo as premissas da Guerra Santa. A dois quilómetros de lá, os soldados italianos ocupavam-se de um outro campo. Cada semana, uma missa era aí celebrada nas suas formas mais tradicionais e padres em sotaina percorriam infatigavelmente o sítio, sem deixarem uma só ocasião de entrar nas tendas para aí pregar a boa palavra. O que não foi objeto de uma única breve. Acontece, porém, que os kosovares albaneses são muçulmanos. Do ponto de vista deles, a atitude dos católicos italianos era bem mais agressiva e contestável do que a dos emiradenses. Mas para um ocidental, Itália é uma cidadela: ela faz humanitário. Os Emirados são um terreno vago: eles propagam a opressão. O que vem de um não vale o que vem do outro»[426].

---

[426] F. Aubenas e M. Benasayag, *La Fabrication de l'information*, pp. 46-47; v. também, numa perspetiva mais larga, M. Augé e J.-P. Colleyn, *L'Anthropologie*, Paris, PUF, 2004, p. 16.

MECANISMOS DE DISTORÇÃO DA INFORMAÇÃO

Os jornalistas têm demasiadas vezes tendência a colar nos acontecimentos que se desenrolam num país estrangeiro a *grelha de leitura* que está em curso nos países de origem deles. Desde logo, observam a atualidade em países estrangeiros com, nomeadamente, os seus lotes de preconceitos, de modelos institucionais e parlamentares inquestionáveis, de conceções entorpecidas do funcionamento «normal» das sociedades, de verdades de pronto a vestir democrático. Ora, para citar apenas o Prix Renaudot 2000 (Ahmadou Kourouma, *Allah n'est pas obligé*[427]), que trata das guerras civis na Libéria e na Serra Leoa e do papel que nelas tiveram as crianças-soldados, sabe-se muito bem que não se podem ler estes acontecimentos, e mais geralmente os da África Ocidental, à luz do que se desenrola habitualmente na Europa[428].

A este propósito, que pensar de uma cobertura da *atualidade no Próximo Oriente* e dos seus conflitos quase permanentes feita unicamente a partir de correspondentes em Israel, muitas vezes israelitas de confissão judaica ou em todo o caso de cultura judaica? Será preciso lembrar a este sujeito a complexidade cultural e religiosa deste Próximo Oriente, do qual Charles de Gaulle dizia precisamente que era «complicado»[429]?

16. A síndrome da transparência

Desde que dois jornalistas do *Washington Post* fizeram cair um presidente dos EUA (Richard Nixon), no seguimento do «caso Watergate» (em 1974), a síndroma do cavaleiro branco, justiceiro e reparador de erros, atormenta numerosos média «ocidentais». Por isso, numerosos jornalistas de fibra militante vivem na obsessão de uma exigência de «transparência», que os leva a querer erguer-se contra a corrupção e a querer elucidar os «casos».

---

[427] Ahmadou Kourouma, *Allah n'est pas obligé*, Paris, Seuil, 2000, 234 pp. Editado em Portugal com o título *Alá não é obrigado*, Lisboa, Edições Asa, 2004, 176 pp.

[428] Mas, nesta mesma perspetiva, poder-se-á também ler o Prix Renaudot 2008: Tierno Monénembo, *Le Roi de Kahel*, Paris, Seuil, 2008, 262 pp.

[429] Sobre a informação nesta região do mundo, v. J. Dray e D. Sieffert, *La Guerre israélienne de l'information*, Paris, La Découverte, 2002, 128 pp. (col. Sur le vif).

Nas suas memórias, Katharine Graham, que foi presidente e proprietária do diário *Washington Post*, diz que as redações sucumbiram «à tendência romântica de se representar elas mesmas no papel heroico e ameaçado de defensoras de todas as virtudes contra os mais inimagináveis males»[430].

Esta síndrome da transparência favorece, porém, as instrumentalizações de toda a ordem, os jornalistas perdendo muitas vezes o controlo das fontes, do cotejo dos dados e da verificação dos factos, soçobrando num *jornalismo de processos-verbais* (as suas fontes são muitas vezes únicas) e, em seguida, num *jornalismo de denúncia* acusatória dos acusados, dos quais fazem alvos dos seus ataques em rajada. E há desde logo qualquer coisa de preocupante em ver Edwy Plenel, antigo diretor da redação de *Le Monde*, fundador e atual diretor de publicação de *Mediapart*, afirmar que «toda e qualquer informação é instrumentalização»[431].

Sob o título «Elogio do Segredo», a reflexão a este propósito de Jean Lacouture — antigo jornalista de *Le Monde* e de *Le Nouvel Observateur*, autor de numerosas obras biográficas de referência — não é desprovida de interesse, longe de lá: «Uma sociedade pode perecer de "sobre-exposição", de raiva panótica. É o perigo a que conduz primeiro um jornalismo que pretende substituir-se à polícia e à justiça, e que, das suas presas, faz um espetáculo. Um mundo define-se pela qualidade do segredo que é capaz de preservar sem atentar contra a liberdade»[432].

Como escreve Albert du Roy, «agrada-nos denunciar a "doença do segredo"; é a doença da transparência que hoje nos contamina. A imprensa participa ativamente nesta pressão: revelar um projeto, publicar um relatório, relatar uma deliberação são *scoops* apreciados por qualquer jornalista, preocupando-se este em geral bastante pouco com as razões pelas quais um segredo lhe foi confiado. Na maior parte das vezes, com grande satisfação

---

[430] Citado no *Livro de estilo Público*, 2.ª ed., Lisboa, Público, 2005, p. 7.

[431] *Stratégies*, Paris, n.º 1167, 10 de novembro de 2000, p. 30.

[432] J. Lacouture, «Éloge du secret», *in Médias*, Paris, n.º 1, verão 2004, pp. 34-35; v. também J. Lacouture e H. Le Paige, *Éloge du secret*, Bruxelas, Éditions Labor, 2005, 134 pp.

MECANISMOS DE DISTORÇÃO DA INFORMAÇÃO

sua e em perfeita inconsciência, não é senão o vetor de uma manipulação. E esta tem quase sempre por objetivo provocar um fracasso. A melhor maneira de fazer malograr uma negociação ou destruir um projeto é falar deles antes que a conclusão de uma esteja pronta e a afinação do outro acabada. Ora, em política como no mundo dos negócios, há segredos legítimos». Mais do que isso: «a confidencialidade de uma negociação é muitas vezes uma condição indispensável do seu sucesso»[433].

No que diz respeito às nomeações, por exemplo, «a máquina dos rumores é muitas vezes destinada a falsear o jogo». É assim que «os candidatos a uma poltrona de PDG [presidente-diretor-geral] dão muitas vezes como ganhadores os nomes dos seus concorrentes, na esperança de que esta publicidade se volte contra eles»[434].

Citemos ainda o filósofo Alain Etchegoyen: «O princípio de transparência é liberticida porque quereria eliminar o segredo, garante da nossa *liberdade privada*, mas também essencial para as nossas liberdades — nomeadamente com a garantia que representa o segredo profissional de certas profissões»[435]. O *segredo das fontes* para os jornalistas constitui um belo exemplo disso.

Finalmente, «podemos, contudo, interrogar-nos sobre um processo que investiu os jornalistas do direito de pedir contas a todos, sem jamais serem obrigados a prestá-las a ninguém»[436]. Com efeito, os jornalistas opõem «uma indignação virtuosa a todo aquele que ousa contestar o seu papel de utilidade pública. Assim conseguiram eles, se não dissimular o seu poder, pelo menos proibir toda a discussão sobre isso»[437]. Será «normal que os três poderes tradicionais estejam sob o controlo dos cidadãos, e que o que

---

[433] A. du Roy, *La Mort de l'information*, pp. 202-203.
[434] Y. Mamou, *«C'est la faute aux médias!»*, p. 177.
[435] A. Etchegoyen *in Le Nouvel Observateur*, Paris, 7 de outubro de 2004.
[436] Ph. Cohen e É. Lévy, *Notre métier a mal tourné*, p. 72.
[437] Ph. Cohen e É. Lévy, *Notre métier a mal tourné*, p. 131.

TEORIA DA INFORMAÇÃO JORNALÍSTICA

chamamos "quarto poder" escape a todo e qualquer exame»?[438]. A pergunta ganhou tanto mais pertinência, que o aligeiramento das condições de produção dos média e a proliferação destes (sobretudo desde os anos de 1970-80) fizeram que tanto os profissionais do jornalismo como os pretensos jornalistas (nomeadamente os que se reivindicam do chamado «jornalismo cidadão») sejam cada vez mais numerosos, todo e qualquer controlo à atividade deles sendo imediatamente considerado um grave atentado à democracia pluralista.

«A ideia inerente a este mito da revelação é que tudo o que é escondido é mau. E desde logo, por efeito de simetria, tudo o que é revelado é bom.» Porém, «a procura de verdade é tanto mais elogiável, quanto o objetivo de transparência mais não é do que uma palavra oca, vazia de sentido»[439].

17. A ritualização e as comemorações

Uma tendência invade cada vez mais os nossos jornais: *a ritualização*. Em vez de uma hierarquização dos factos do dia, cuidadosamente estabelecida em função da significação histórica de cada um e das repercussões sociais previsíveis deles, os média propõem a informação segundo *esquemas cuidadosamente preestabelecidos*. Desde logo, como escreve Jacques Mouriquand, «o CAC 40 [o principal índice bolsista da Bolsa de Paris] é a todas as horas, dois minutos antes da hora exata, a meteorologia todas as noites às 20h40, a cultura sempre em fim de jornal, o novo filme todas as terças-feiras à noite com um convidado que é sempre o artista-vedeta»[440].

Desta ritualização diária ou semanal, desliza-se alegremente para um outro mecanismo de distorção: a *comemoração*. Em vez de ir para o terreno à procura de informações novas (de novas verdadeiramente novas,

---

[438] A. du Roy, *Le Serment de Théophraste*, p. 13.

[439] Ph. Merlant e L. Chatel, *Médias: la faillite d'un contre-pouvoir*, p. 181.

[440] J. Mouriquand, «Les commémorations étouffent le journalisme», *in Le Monde*, Paris, 4 de setembro de 2002, p. 16.

MECANISMOS DE DISTORÇÃO DA INFORMAÇÃO

poder-se-ia dizer), de novos sinais que traduzem a realidade da vida quotidiana das pessoas, de novos índices da mutação das nossas sociedades, programam-se as mais diversas comemorações, segundo um calendário facilmente planificável. Teremos assim direito aos eternos 14 de Julho (em França) ou 21 de Julho (na Bélgica), 11 de Novembro (do armistício) ou 15 de Novembro (da dinastia, na Bélgica), ou mesmo, há alguns anos, o 11 de Setembro e as suas «torres gémeas do WTC», sem falar das inevitáveis *rentrées* escolares» e dos também imperdíveis carnavais de Binche, Malmédy (ambos na Bélgica) ou do Rio de Janeiro, e outras festividades do mesmo género (no jargão francês da profissão chama-se a isso os *marronniers*, isto é: um assunto repisado que aparece com uma periodicidade conhecida antecipadamente). Quando mesmo nada de realmente novo corre o risco de acontecer nesses dias. Na realidade, uma tal *démarche* dos *média* faz parte mais do *entretenimento*, do *divertimento*, da *distração*, de uma manifestação de vassalagem patrioteira a uma «agenda» imposta do exterior ao média ou de uma rotina mandriona das redações, do que de um jornalismo preocupado com exigência e rigor.

Como se isso não fosse já bastante inquietante, vêm agora juntar-se a isso todas as «jornadas mundiais», «internacionais» ou «europeias» de todo o género (tanto contra qualquer coisa, como a favor de outra coisa...), fruto de *operações de comunicação* das mais diversas instituições públicas ou privadas, que os média se veem muitas vezes forçados a tratar nos seus jornais, possa embora isso fazer passar sob silêncio verdadeiros sujeitos de atualidade imediata. Dito de outro modo: a «agenda» da atualidade dos média (a procura, a seleção e a hierarquização da informação) é-lhes sugerida, e até mesmo imposta, do exterior pelas organizações mais diversas.

18. A superabundância opacificante

À primeira vista, a proliferação de magazines (sobretudo a partir dos anos 1960), de rádios e de televisões (sobretudo a partir dos anos 1970-80), e,

TEORIA DA INFORMAÇÃO JORNALÍSTICA

mais recentemente, o aparecimento da Internet (nos anos 1990) não poderiam deixar de ter efeitos positivos em termos de pluralismo da informação. Dado que os média são mais numerosos, as informações trazidas ao nosso conhecimento não poderiam também deixar de ser mais numerosas e as opiniões igualmente mais contrastadas, pelos menos em princípio.

Por outro lado, a internet permite estabelecer um contacto direto entre internautas e fontes, tornando possível uma interatividade em que cada um passa, por sua vez, a ser consumidor e produtor de informação. Sem que os média «clássicos» e os jornalistas intervenham no processo que consiste em pôr em contacto as duas partes. Sem que o trabalho de seleção, de tratamento, de descodificação e de hierarquização da informação seja feito. O que, bem evidentemente, abre a porta a todas as derivas, a todos os rumores, a todas as estratégias de denunciação, a todas as fobias de conspiração, a todas as instrumentalizações (V. o sucesso de vendas do livro de Thierry Meyssan, *L'Effroyable imposture, aucun avion ne s'est écrasé sur le Pentagone*, publicado em 2002[441], que pretendia pôr em questão os acontecimentos do 11 de Setembro de 2001 nos EUA).

Esta superabundância de média, de fontes e de informações provoca um efeito de acumulação primeiro, de saturação em seguida, de opacidade por fim. Um encadeamento que, à primeira vista, pode parecer paradoxal. A questão não deixa de ser menos de atualidade: o cidadão europeu dos países de tradição democrática está hoje mais bem informado do que antes sobre a vida no mundo e na sua própria cidade? Nada parece menos certo...

Em 1956, por ocasião de uma conferência, Hubert Beuve-Méry, fundador do diário *Le Monde*, prevenia já: «A superabundância de informação pode por vezes ter como resultado destruí-la»[442]. Ou como dizia o romancista italiano Antonio Tabucchi cinquenta anos mais tarde, «temos uma

---

[441] Publicado em Portugal com o título *11 de Setembro, 2001 A terrível impostura. Nenhum avião caiu sobre o Pentágono!*, Lisboa, Frenesi, 2002.

[442] Citado por F. Simon, *Journaliste. Dans les pas d'Hubert Beuve-Méry*, p. 84.

MECANISMOS DE DISTORÇÃO DA INFORMAÇÃO

overdose de informação hoje, mas ela é dada de maneira epidérmica: mostram-nos o resultado, mas não as motivações nem as causas. Mostram--nos o eczema da pele, mas não nos dizem que é o fígado que o provoca. Contentamo-nos pois em olhar o eczema que cobre a cara do mundo hoje, mas sem fazer a análise dos órgãos»[443].

Durante a primeira guerra do Golfo arabo-pérsico, «os militares responsáveis da informação, sobretudo os americanos mas também os franceses, praticaram muito habilmente uma política de comunicação que alternava a *abundância de dados* sobre *factos menores* e a *maior discrição* sobre as *decisões essenciais*. Os *briefings* diários e prolíficos dos generais serviam para dar a ilusão de *transparência*; faziam parte da *intoxicação*»[444].

Em França, em cada acidente das centrais nucleares da EDF (Électricité de France), «relatórios técnicos estão disponíveis, mas a sua linguagem é tão hermética, que é preciso um engenheiro para os decifrar. Por conseguinte, a informação existe, mas é opaca. Num outro caso, é o responsável local da EDF que torna público o incidente. Os jornalistas confundem então a modéstia hierárquica do anunciador com a modéstia da avaria»[445].

Ora, como escreve Hervé Bourges, o trabalho do jornalista é «não de afogar o público sob uma chuva de factos sem coerência: é de trabalhar para dar coerência a um mundo em que as coisas aparecem de maneira singular e separada, mesmo quando têm as mesmas causas e concorrem para produzir consequências comuns»[446].

19. O aligeiramento redutor

Uma vida quotidiana cada vez mais açambarcadora, lazeres cada vez mais numerosos e aliciantes, uma proliferação invasora de média e uma

---

[443] *Le Monde*, Paris, 10 de novembro de 2006 (Le Monde des livres, p. 12).
[444] A. du Roy, *Le Serment de Théophraste*, p. 38.
[445] Y. Mamou, *«C'est la faute aux médias!»*, p. 178.
[446] H. Bourges, Conseil supérieur de l'Audiovisuel, *in Csa.fr*, Paris, 22 de agosto de 1999.

concorrência viva entre eles levam os editores a constatarem que as solicitações são cada vez mais numerosas. Desde logo, os leitores, ouvintes, espectadores e internautas estão cada vez menos disponíveis para consagrarem o tempo e a atenção necessários a «peças» ou a «temas» demasiado longos. Eles passaram assim a ser fugazes, praticando alegre e freneticamente o *zapping*.

Um grande número de editores e de diretores procurou desde logo pôr em aplicação uma espécie de «nova cozinha rápida» editorial que favorece a multiplicação das «entradas», dos textos curtos e das sequências curtas, construídos de maneira bastante entrecortada (sob a forma de «croquetes»!), de modo a procurarem reter a atenção dos leitores, ouvintes, espectadores ou internautas.

Esta *démarche* editorial tem, porém, uma consequência evidente: os assuntos são tratados cada vez mais superficialmente, desprovidos de perspetivação, pondo o acento em «pequenas frases», «sons» e imagens que chamam a atenção, impressionam, chocam. O que, evidentemente, reduz de forma considerável a perceção dos factos e opiniões de atualidade, assim como a aptidão para compreender a sua eventual complexidade.

«O ritmo rápido dos telejornais que, sob a ameaça de *zapping*, não tolera mais do que declarações de alguns segundos, obriga a concentrar em *algumas palavras* o essencial da mensagem que se quer fazer passar. Toda e qualquer *perspetivação* é banida. Toda e qualquer *argumentação* em três pontos é julgada insuportável, e aliás rapidamente interrompida mesmo que seja interessante. Toda e qualquer *nuance* é quase impercetível. Um condicional é ouvido como uma afirmação. Daí a procura da *fórmula-choque*, da "pequena frase" cinzelada, radical, que fará objeto de citações na imprensa escrita, dará o seu título ao artigo, e resumirá assim o conjunto do que foi dito. Senão a mensagem será inaudível, e a prestação mediática passará despercebida. [...] Os telespectadores de um debate lembram-se de um *gesto*, de um *sorriso*, de uma *careta*, raramente de um *argumento*»[447].

[447] A. du Roy, *La Mort de l'information*, pp. 73-74.

MECANISMOS DE DISTORÇÃO DA INFORMAÇÃO

«O que é uma "pequena frase"? Algumas palavras bem cinzeladas, fortes, "portadoras de decibéis" (*dixit* [Michel] Rocard), que resumem, sem se embaraçar com *nuances* e explicações, a posição, o pensamento ou a palavra de ordem do momento»[448]. Pequenas frases que são muitas vezes preparadas pelos conselheiros em comunicação da personalidade que terá o cuidado de as pronunciar a certa altura do seu discurso ou da sua conversa informal perante jornalistas, esperando que elas venham de facto a ter o impacto suposto nos média.

Ora, como o fazem reparar Philippe Merlant e Luc Chatel, «a formatação para a brevidade evacua todo e qualquer esforço para retraduzir a complexidade do real. Porém, os inquéritos quantitativos invalidam regularmente esta ideia preconcebida: a quantidade de leitores de um artigo não é proporcionalmente inversa ao comprimento deste. Pelo menos de maneira mecânica, a partir do momento em que um artigo longo é objeto de relances, de entretítulos ou de elementos visuais que evitem dar a impressão de "um túnel"»[449].

20. As prendas distorcentes

Como conseguir tomar o recuo necessário para uma abordagem serena e rigorosa da atualidade, quando os implicados nesta atualidade ou que estão na origem dela são particularmente generosos em termos de condições oferecidas aos jornalistas para exercerem a sua profissão, até mesmo em termos de prendas? Como fazer *crítica gastronómica* honesta quando, depois de se ter anunciado a um restaurante, se faz «tratar como um príncipe» e não lhe deixam pagar a conta? Como tratar seriamente aspetos técnicos de um novo *modelo de automóvel*, se foi ensaiado «numa paisagem de sonho», de preferência «na proximidade de um hotel de quatro estrelas onde o champanhe está ao fresco no quarto», e se se «pode pedir sem

---

[448] A. du Roy, *Le Serment de Théophraste*, pp. 178-179.
[449] Ph. Merlant e L. Chatel, *Médias: la faillite d'un contre-pouvoir*, p. 175.

TEORIA DA INFORMAÇÃO JORNALÍSTICA

problema a qualquer construtor o empréstimo de um carro da sua escolha, para a semana ou a duração das férias»[450]?

De facto, montes de domínios da informação são afetados por estas situações: o *jornalismo de turismo* e as viagens no fim do mundo, a *crítica de cinema*, as suas entradas gratuitas e as suas «entrevistas exclusivas» propostas pelo produtor, o *crítico de literatura* e a sua enorme biblioteca gratuita e até mesmo o seu estatuto de diretor de coleção numa editora,...

Certos *livros de estilo* ou *códigos de conduta* de diferentes média regulamentam as relações dos seus jornalistas nesta matéria. Assim, *Le Monde*: «Qualquer presente cuja estimação rápida permite pensar que custa mais de 70 euros é reenviado ao expedidor. Além desta soma, *Le Monde* considera que deixa de se tratar de um presente, mas de uma *démarche* comercial. Os presentes são devolvidos com uma cortês carta de explicação»[451]. Ou o semanário português *Expresso*: «é proscrita a aceitação, pelos jornalistas, de ofertas cujo valor ultrapasse 10 % do salário mínimo nacional. Destas ofertas deve ser dado conhecimento à Direção do jornal. As prendas devem ser devolvidas ao expedidor, acompanhadas de uma carta cortês e justificativa (cujo modelo o jornal disponibiliza)»[452].

21. O espírito de clã

Um outro mecanismo de distorção: o que leva os média a privilegiarem os aspetos da atualidade que dizem mais diretamente respeito ao *meio jornalístico*, a dar-lhes uma *importância desmedida*, a olhar, em suma, o mundo com uma certa estreiteza de vistas.

Um belo exemplo desta distorção é o do rapto da jornalista Giuliana Sgrena, do diário italiano *Il Manifesto*, no início de fevereiro de 2005, no Iraque. Aquando da sua libertação um mês mais tarde, o exército

---

[450] A. du Roy, *La Mort de l'information*, pp. 116-117; v. também A. du Roy, *Le Serment de Théophraste*, pp. 124-127.

[451] *Le Style du Monde 2004*, Paris, Le Monde, 2004, p. 194.

[452] «Código de conduta dos jornalistas do *Expresso*», Lisboa, 5 de janeiro de 2008.

MECANISMOS DE DISTORÇÃO DA INFORMAÇÃO

estado-unidense disparou sobre a caravana da refém libertada, matando um agente dos serviços secretos italianos, ferindo outro agente assim como a jornalista, quando os destacamentos militares estado-unidense e italiano eram aliados por ocasião da ocupação do Iraque. Ora, os média titularam geralmente sobre a libertação da jornalista, destacando fotografias desta e pondo o acento na história que ela viveu, remetendo para segundo plano os outros aspetos importantes do acontecimento. Os títulos dos diários belgas francófonos nas primeiras páginas de 5 de março de 2005 eram significativos: «Giuliana Sgrena, libre mais blessée» / «Giuliana Sgrena, livre mas ferida» (*Le Soir*); «Libération chaotique de Giuliana Sgrena» / «Libertação caótica de Giuliana Sgrena» (*La Libre Belgique*); «Libération mouvementée pour Giuliana Sgrena» / «Libertação movimentada para Giuliana Sgrena» (*Vers l'Avenir*); «Les GI's ont tiré et blessé l'otage libérée!» / «Os GI dispararam e feriram a refém libertada» (*La Capitale*)...

Da mesma maneira, viu-se todos os média franceses darem uma importância enorme à «interpelação violenta» de Vittorio de Filippis, ex--diretor da publicação (interino) de *Libération*, na sexta-feira 28 de novembro de 2008, e denunciarem tais procedimentos da justiça e da polícia. Procedimentos que são, todavia, práticas demasiado correntes em relação aos cidadãos comuns.

A importância desmedida dada pelos média aos falecimentos de jornalistas ou de antigos jornalistas é igualmente significativa deste «espírito de clã». Certo, é normal que os média deem importância ao desaparecimento de jornalistas que marcaram o seu tempo, porque criaram ou relançaram meios de comunicação que passaram a ser «incontornáveis», porque impuseram um estilo de jornalismo, porque deixaram uma marca importante na história política e/ou cultural do país ou da época deles. Em contrapartida, e mesmo se esta prática é bastante generalizada na maior parte dos países europeus, será normal dar tanta importância a antigos profissionais que não emergiram além da boa média, a não ser por razões puramente ligadas a considerações sociais próprias unicamente do meio mediático?

TEORIA DA INFORMAÇÃO JORNALÍSTICA

Mas o espírito de clã pode também funcionar no sentido oposto. Verifica-se assim regularmente que os média belgas, sempre prontos a publicar nomes de pessoas (consideradas inocentes, recordemo-lo) de quem se descobrirá muitas vezes, em seguida, que as acusações que lhes eram feitas eram infundadas, se proíbem geralmente de publicar os nomes de jornalistas perseguidos pela justiça, e até mesmo condenados na justiça, limitando-se por vezes a indicar as iniciais dos seus nomes. Quer se trate de um jornalista condenado por ter, nas suas «peças», permitido identificar vítimas de violações. Ou de outro, responsável de ter posto na internet fotografias de «jogos de amor» exibicionistas com mulheres marroquinas. Ou ainda uma outra acusada num livro publicado em França de ter «participado numa obra de propaganda em favor de Paul Kagame», presidente do Ruanda, e de ter «concentrado todas as suas acusações contra a França»[453]. Ou por fim aquele de que se saberá somente três anos e quatro meses mais tarde, e num único diário, que esteve na origem de um *fait divers* pelo qual foi inculpado de homicídio[454]. Hábitos com ares de um corporativismo singularmente limitado...

Em resumo:

- faz-se muitas vezes dos jornalistas o centro de uma atualidade importante;
- dá-se geralmente à atualidade referente aos jornalistas uma importância desmedida;
- esquiva-se naturalmente a condição de jornalistas dos implicados numa atualidade pouco brilhante;
- mencionam-se com muita parcimónia os nomes de jornalistas atores de uma atualidade pouco lisonjeira.

[453] *Le Soir*, Bruxelas, 26-27 de novembro de 2005, p. 17.
[454] *Le Soir*, Bruxelas, 25 de abril de 2007, p. 7.

MECANISMOS DE DISTORÇÃO DA INFORMAÇÃO

22. Os géneros para-jornalísticos

Desde há alguns anos, toda uma série de iniciativas novas em matéria de emissões de televisão, por vezes de rádio, situa-se no fio da navalha entre informação e outros géneros caracterizados pelo *divertimento*, dando uma larga parte à emoção, ao humorismo, ao riso, ao mau humor, à discussão acalorada, a uma permanente mistura dos géneros. Por vezes, o seu produtor ou animador é um jornalista de origem. Outras vezes, ele provém antes do mundo do espetáculo, da animação.

É o que acontece com emissões que poderíamos chamar em português *infotretenimento* (entre informação e entretenimento) — o que os anglófonos chamam *infotainment*. Ora, dramatizar a apresentação de uma sequência de informação é uma coisa, pôr a informação num contexto que lhe é estrangeiro é outra[455]. Lembremo-nos do «Projet X» na *La Une* da RTBF, durante a época de 2003-04, ou, em seguida, «Au Quotidien» (a confusão de géneros é, aliás, total quando se atesta em seguida que a principal apresentadora desta emissão pode por vezes apresentar igualmente o próprio telejornal!). Há mais de vinte e cinco anos, Yves Mamou já escrevia: «pode julgar-se consternador que personagens políticas respeitadas [...] se vão exibir no "Divan" de Henri Chapier (*FR 3*) ou que deputados julguem bom para a sua reeleição contarem anedotas salazes nos estúdios de "Ciel, mon mardi!" (*TF 1*). Mas, se se acham obrigados a fazê-lo, é porque a lógica do espetáculo, progressivamente imposta ao mundo político, os leva a fazer carreira sobre a sua capacidade de seduzir um público»[456].

Da mesma maneira, as telerrealidades [*reality shows*], que jogam «na confissão pública de sentimentos e dificuldades, ou na enunciação de um conflito com a intervenção dramatizada de antagonistas»[457]. Ora, neste caso, trata-se quase sempre de simulacros de confissões em que a vida

---

[455] A. Papuzzi, *Professione giornalista*, p. 157.
[456] Y. Mamou, «C'est *la faute aux médias!*», p. 37.
[457] E. Menduni, *Televisione e società italiana*, Milão, Bompiani, 2002, p. 182.

TEORIA DA INFORMAÇÃO JORNALÍSTICA

privada é previamente encenada pelo incentivo do ganho, por puro exibicionismo ou para aproveitar a ocasião para denunciar o que se considera uma injustiça em termos pessoais ou sociais («Ça se discute», na *France 2*, «Ça va se savoir», na *AB 3*. Encontramos muito este género de emissões nas televisões generalistas espanholas).

O mesmo acontece com os *talk shows*, em cenários que recordam muitas vezes arenas ou praças públicas. O primeiro objetivo é criar um clima de interatividade entre os diferentes intervenientes, que vai virar discussão de ideias ou confronto, por vezes gritaria ou algazarra, lágrimas ou manifestações de indignação. Dirigindo-se manifestamente mais à emoção do que à razão, procuram provocar reações de espectadores e do público presente, caso este faça parte do cenário («Tout le monde en parle», na *France 2*, «On ne peut pas plaire à tout le monde», na *France 3*, «T'empêches tout le monde de dormir», na *M 6* e na *Plug TV*). O objetivo é, antes de mais, propor uma relaxação, um passatempo, uma distração, em vez de permitir ao público melhor compreender a complexidade do mundo. Tais emissões «utilizam largamente esta propensão para o pugilato: a receita é a reunião em estúdio de pessoas incompatíveis, uma provocando a outra, o animador tendo por função impor um ritmo rápido de intervenções, de interrupções, para que nenhum "túnel" (intervenção de mais de algumas dezenas de segundos) venha romper a cadência»[458]. Aliás, «que "debate" pode haver numa emissão em que o público está lá para rir e aplaudir as boas piadas e em que uma banda de palhaços [...] assegura o espetáculo? A graçola ganha forçosamente, o espírito cívico certamente é que não»[459].

Estas «emissões "de estúdio" dão regularmente a palavra aos simples cidadãos. Mas sempre para testemunharem sobre uma situação atípica, extraordinária, e sobre temas de sociedade (a traição num casal e as per-

[458] A. du Roy, *La Mort de l'information*, p. 76.
[459] Y. Agnès, *Le Grand bazar de l'info*, pp. 157-158.

250

MECANISMOS DE DISTORÇÃO DA INFORMAÇÃO

turbações do comportamento alimentar voltam regularmente ao sumário de emissões como "Ça se discute", de Jean-Luc Delarue), nunca para tomar a palavra sobre problemáticas políticas. Situação que contribui, finalmente, para aumentar a distância entre os peritos e os outros. Para os primeiros, a peritagem, objetiva e baseada no raciocínio; para os segundos, a experiência, subjetiva e forçosamente colorida pela emoção»[460].

Nos docudramas e nas docuficções procede-se a uma subtil dosagem entre *démarche* documental e *démarche* cenarística (os docudramas integrando documentos de arquivos e testemunhos, nas docuficções não). Trata-se nos dois casos de reconstituir um facto, na maior parte das vezes graças a atores desconhecidos, de segundo plano (precisamente para que não sejam reconhecidos e o público não possa assim dar-se conta de que se trata claramente de uma encenação). Mas o respeito histórico dos factos e a preocupação estética da encenação nem sempre se harmonizam bem, a *démarche* artística triunfando geralmente em detrimento da *démarche* jornalística.

O caso do falso telejornal difundido pela RTBF em 13 de dezembro de 2006[461] é a este propósito um belo exemplo de mistura de géneros em que jornalistas se prestaram a uma bufonaria de sarjeta, indigno do jornalismo e de um serviço público de televisão, «deontologicamente indefensável porque provoca duravelmente prejuízo à credibilidade jornalística»[462].

23. Termos que não são inocentes

Muitas vezes, a neutralidade da informação é enviesada pelos termos utilizados pelos jornalistas para se referirem a uma pessoa, a uma organização

---

[460] Ph. Merlant e L. Chatel, *Médias: la faillite d'un contre-pouvoir*, pp. 293-294.

[461] Reeditado em DVD com o título *Bye, bye, Belgium?*, Bruxelas, RTBF Éditions, 2007; v. a este propósito J.-M. Nobre-Correia, «Le "coup" du 13 décembre», *in Le Soir*, Bruxelas, 21 de dezembro de 2006, p. 20; J.-M. Nobre-Correia «A disneylização triunfante», *in Expresso*, Lisboa, 9 de fevereiro de 2007, p. 30 (2.º caderno).

[462] A. du Roy, *La Mort de l'information*, p. 180.

TEORIA DA INFORMAÇÃO JORNALÍSTICA

ou a uma situação. Não é indiferente evocar uma pessoa ou dirigir-se a ela dizendo o(a) senhor(a) ministro(a), professor(a), doutor(a), presidente, senhor(a) — as fórmulas clássicas de civilidade —, simplesmente o seu nome próprio e apelido, ou ainda mais simplesmente o seu nome próprio. Afirma-se assim uma diferença, uma marca de respeito ou uma trivialização que se transforma, por vezes, numa afirmação hierárquica da parte do jornalista. Desde há alguns anos, vê-se assim jornalistas do audiovisual dirigirem-se a um convidado mencionando apenas o seu nome e apelido, quando o interessado se dirige quase sempre ao jornalista tratando-o por Senhor (ou Senhora) Tal: o jornalista coloca-se assim incontestavelmente numa posição hierarquicamente superior em relação ao seu (sua) convidado(a).

Por outro lado, atribuir um título de civilidade a um e não o fazer com outro constitui inconscientemente uma maneira de estabelecer uma distinção no tratamento que se estima dever dar a cada uma das pessoas evocadas[463].

É preciso igualmente estar muito atento à maneira como se definem as pessoas ou as organizações. Albert du Roy recorda a este propósito que «no *L'Express*, Françoise Giroud [diretora da redação] fazia a guerra aos adjetivos, não só porque tornavam o estilo menos límpido, mas também porque orientam a informação. No momento que se qualifica um homem ou um facto, está-se a julgá-lo. E os advérbios são também muito reveladores. No dia seguinte ao da assinatura dos Acordos de Évian entre o governo francês e a FLN [Frente de Libertação Nacional], comecei o jornal da [rádio] *Europe 1* anunciando: "A paz foi enfim assinada na Argélia." *Enfim*: uma palavra em que eu pensava profundamente e, todavia, uma palavra a mais...» E du Roy continua: «A escolha destas palavras não era inocente. Os combatentes da FLN argelina, os revoltados afegãos, são "rebeldes" ou "resistentes"? Os membros do IRA irlandês ou da ETA basca

---

[463] A. du Roy, *Le Serment de Théophraste*, p. 81.

MECANISMOS DE DISTORÇÃO DA INFORMAÇÃO

são "militantes armados" ou "terroristas"? Os Contras nicaraguanos ou a Frente Farabundo Martí de El Salvador são "guerrilhas" ou "movimentos de libertação"? Era preciso, entre 1972 e 1977 [em França], falar de "união da esquerda" ou de "coligação social-comunista"? Um ministro das Finanças pratica o "rigor" ou a "austeridade"? Em cada caso, os dois termos são apropriados, mas a utilização de um ou de outro não é neutra. Muitas vezes as subtilezas do vocabulário traem as inclinações do redator.»

Assim, em Portugal, é jornalisticamente inaceitável que jornalistas e média se refiram ao XXI Governo Constitucional, apoiado por uma maioria parlamentar de esquerda, ou a esta maioria parlamentar, utilizando o termo claramente depreciativo de «geringonça», termo que tem por origem um «comentador» e um líder político pertencentes à área da direita mais conservadora. Recordemos aqui a definição da palavra «geringonça» que nos propõe o *Grande Dicionário da Língua Portuguesa* de José Pedro Machado: «coisa mal feita que se desfaz facilmente; qualquer coisa mal feita, armada no ar». Ou, mais recente, o *Dicionário da Língua Portuguesa Contemporânea* da Academia das Ciências de Lisboa: «coisa mal engendrada, tosca, mal feita e que ameaça partir-se ou dar de si». Ou, mais recente ainda, a do *Grande Dicionário da Língua Portuguesa* da Porto Editora: «coisa mal feita e que se escangalha facilmente». Definições que põem em evidência as características negativas de tal «coisa». Desde logo, evocar o governo ou a maioria parlamentar utilizando o termo «geringonça» constitui, no mínimo, a prova da ignorância que reina entre muitos profissionais do jornalismo no que diz respeito ao conhecimento da semântica da língua portuguesa, ou é então a prova de uma vontade deliberada de propor uma conotação negativa à experiência política iniciada em novembro de 2015.

Denunciando «a ausência de espírito crítico sobre as palavras empregadas», Philippe Merlant e Luc Chatel dão um exemplo interessante: «Interrogado sobre a maneira como a informação é manipulada no Próximo Oriente, o jornalista israelita Michel Warschawski, infatigável militante por uma paz justa e autor de vários livros, respondia que as palavras empregadas

TEORIA DA INFORMAÇÃO JORNALÍSTICA

jogam um papel mais importante do que os factos relatados: "Fala-se constantemente de 'ataques' palestinianos e de 'represálias' israelitas. Bastaria inverter os termos para revelar uma visão diferente do conflito!"»[464].

Sabe-se, por outro lado, que «os números são afetados por um forte coeficiente de objetividade. É um erro: como as palavras, pode-se torcê-los. "Quinhentos mil manifestantes" ou "meio milhão"; "quase três milhões de desempregados" ou "menos de três milhões de desempregados"; "mais de 50 % de eleitores" ou "quase 50 % de abstencionistas"... Apesar da equivalência matemática, a perceção do leitor ou ouvinte é diferente. Um partido a 27 % "vai no encalço" de um concorrente a 28 %, mas um partido a 28 % "vai à frente" do que obtém 27 %. Eterna história da garrafa meio vazia ou meio cheia!»[465].

24. As filmagens e as gravações de sons

Sabemos que as *fotografias* e as *imagens vídeo* gozam de uma grande credibilidade entre o público. Porém, umas como outras são suscetíveis das manipulações mais diversas, voluntárias ou inconscientes. Podem tomar-se imagens (fixas ou animadas) de uma mesma manifestação ou de uma mesma assembleia e mostrar que havia muitíssima gente ou que a participação foi muito dispersa. Da mesma maneira, um pequeno incidente puramente pontual durante esta manifestação ou assembleia pode ser apresentado como sendo o reflexo de um ambiente particularmente superelétrico e violento. Tudo depende evidentemente do ângulo de visão, da *abertura da objetiva*, ou do *momento* em que as imagens foram captadas[466].

O mesmo se passa com os sons: a *proximidade* ou o *afastamento* com o qual se capta um som (vociferações, barulhos de rua, barulhos de ajuntamentos de pessoas), por exemplo, dar-lhe-á uma dimensão diferente,

---

[464] Ph. Merlant e L. Chatel, *Médias: la faillite d'un contre-pouvoir*, p. 213.
[465] A. du Roy, *Le Serment de Théophraste*, p. 82.
[466] A. du Roy, *Le Serment de Théophraste*, p. 152.

MECANISMOS DE DISTORÇÃO DA INFORMAÇÃO

permitindo desde logo perceções diferentes, contrastadas, da parte dos ouvintes.

Como escreve Albert du Roy, «mesmo o que chamamos a "objetiva" de um aparelho de fotografia ou de uma câmara traduz [...] toda a subjetividade do operador». Por outro lado, «ao longo da cadeia que liga o acontecimento àquele que o descobrirá, pela imagem, pelo som ou pela escrita, as *subjetividades* suceder-se-ão, somar-se-ão ou corrigir-se-ão, para desembocar, em fim de percurso, no livre-arbítrio do indivíduo que se quer informar»[467].

A importância da captação de imagens e de sons é claramente assinalada no artigo 24 do *Règlement d'ordre intérieur* (Regulamento de ordem interior) da RTBF: «Certos elementos sonoros ou visuais podem aparentar-se com uma forma de comentário. Devem por isso ser utilizados num espírito de objetividade, a fim de não modificarem a perceção do discurso, de uma situação ou de uma pessoa» (v. este regulamento na Segunda Parte, parágrafo 4.1).

Notemos por fim que «o impacto das fotografias não é em nada comparável ao das palavras. A mesma informação *anódina* num texto torna-se *espetacular* quando é revelada por *clichés* que lhe dão *credibilidade*, a tornam *inegável*»[468].

25. Dos cortes às montagens

Textos, declarações, sons, imagens chegam às redações e estas, na maior parte dos casos, não estão em condições de as difundir tais quais, *in extenso*, por razões de espaço, de tempo ou muito mais simplesmente de pertinência. Por isso, as redações são levadas a cortar, a reduzir, a extrair o que consideram mais pertinente, mais significativo, mais expressivo para o público. E, para fazer isto, pôr ponta com ponta os bocados da matéria original que, de facto, não se seguiam.

---

[467] A. du Roy, *Le Serment de Théophraste*, p. 76.
[468] A. du Roy, *Le Carnaval des hypocrites*, Paris, Seuil, 1997, p. 68.

TEORIA DA INFORMAÇÃO JORNALÍSTICA

As possibilidades de montagem são infinitas. «Pode, com paciência, fazer-se falar um gago [...]. Pode, com habilidade, suprimir-se os intercalados que tornam incompreensíveis as frases alambicadas [...]. Pode, com malícia, encadear-se uns atrás dos outros termos obcecionais (a raça, o sexo) que salpicam os discursos [...]. Pode, com má-fé, transformar-se em rebelião uma tranquila manifestação, no momento em que ela tenha sido colorida por alguns incidentes dispersos...» Dito de outro modo, em audiovisual, por exemplo, «a gravação não constitui um obstáculo técnico insuperável: pode-se corrigi-lo para o tornar mais claro, mais conciso, para pôr em valor a frase mais importante, a troca mais significativa, o ruído mais revelador; pode-se também alterar-lhe o sentido. Mas entre estas duas possibilidades, uma, consciente, respeitadora, jornalística, a outra, desonesta, pode, crendo fazer bem, truncar-se involuntariamente um pensamento, deformar um acontecimento»[469].

O leitor, ouvinte, espectador ou internauta pensa que está perante o texto, a gravação ou a filmagem original e toma portanto o conteúdo como autêntico, suscetível de interpretações diversas, mas indiscutível, e, no entanto, os cortes e a montagem que foram operados no original fizeram que, consciente ou irresponsavelmente, seja outro conteúdo que lhe foi finalmente proposto e o levou a uma perceção errada da maneira como se desenrolou o acontecimento e do que nele foi dito.

26. As legendas e as vozes *off*
Em princípio, toda e qualquer fotografia é acompanhada por uma legenda, salvo se o seu título faz função de legenda. A legenda traz precisões sobre:

- os personagens ou as coisas;
- os lugares;
- o tempo.

---

[469] A. du Roy, *Le Serment de Théophraste*, p. 158.

Situam-se as personagens ou as coisas por indicações entre parênteses: (no primeiro plano, à esquerda), (na última fila, da esquerda para a direita),...

Mas a legenda pode também ser composta por duas frases:

- a primeira situa o sujeito da fotografia;
- a segunda retoma uma frase da «peça» que ela acompanha.

Ora, a legenda reveste-se de tanto mais importância, que pode:

- descodificar a ilustração: explicar o que figura nela;
- sobrecodificar a ilustração: dar um acréscimo de sentido a esta; ou
- contracodificar a ilustração: destruir o sentido desta.

O mesmo acontece em matéria de imagens vídeo, a voz *off* podendo igualmente descodificá-las, sobrecodificá-las ou contracodificá-las. Isto é: podem-se fazer dizer coisas muito diferentes às imagens fixas como às imagens animadas, segundo o «texto» que «enxertamos» nelas. E quando este «texto» não existe, a interpretação é deixada ao público, que dá livre curso à sua imaginação (em função da sua sensibilidade e da sua cultura), cada um vendo nelas coisas diferentes e absolutamente nada coincidentes: as sequências «No comment» de *Euronews*, totalmente desprovidas de voz *off*, ilustram particularmente bem esta dificuldade de compreensão das imagens.

Em jornalismo, como em todas as outras profissões, encontramos profissionais honestos e remendões [*gâches métier*], manobreiros ou capangas, cujo primeiro objetivo não é informar o público com independência, neutralidade e rigor. Mas, como não são robôs, os mais honestos profissionais podem cair em imperfeições, em erros que introduzirão, contra a sua vontade, distorções no tratamento da informação, tendo muito simplesmente recurso às rotinas do ofício e aos «truques» habituais. «Um acontecimento maior pode [...] ser restituído como peripécia, ou vice-versa. Um facto não confirmado pode ser sugerido como uma hipótese ou

TEORIA DA INFORMAÇÃO JORNALÍSTICA

imposto como uma evidência. Uma imagem emocionante pode apagar uma análise pertinente. Estas distorções não são, ou não o são na maior parte das vezes, desonestas. Elas resultam de uma apreciação pessoal. Quer dizer que a subjetividade tem nela um papel determinante»[470]. Interrogar-se a cada instante sobre estas práticas do ofício e pôr o seu espírito crítico de atalaia traduz, pois, o mais elementar sentido das responsabilidades de um jornalista, na sua senda da honestidade, do rigor e da afirmação da sua responsabilidade social e cívica.

---

[470] A. du Roy, *Le Serment de Théophraste*, p. 17.

CAPÍTULO V
AS DERIVAS «JORNALÍSTICAS»

A preocupação em aumentar a audiência, as vendas e as receitas publicitárias de um média levou a uma dinâmica da concorrência que foi ela mesma acentuada nestes últimos anos pela prática da informação em tempo real. Assim, as derivas jornalísticas sucederam-se desde sobretudo os anos 1980, mesmo se certos géneros de derivas recorrentes são bem mais antigos.

1. O emprego do condicional e da forma interrogativa

A vontade de passar à frente dos concorrentes e de anunciar uma «cacha» leva muitas vezes os média a uma certa imprudência e à prática de um jornalismo desprovido de rigor. Por falta de tempo, na corrida contrarrelógio antes do fecho do jornal, ou porque os obstáculos à verificação dos factos se revelam insuperáveis, os jornalistas recorrem de bom grado a formulações sob a forma *condicional* ou *interrogativa*. Porque dispõem de indícios, e por vezes até mesmo de fortes indícios, mas não de certezas devidamente cotejadas por factos.

O condicional, por exemplo, «não só é utilizado para tratar uma *eventualidade*, mas também para apresentar uma *informação não verificada*, um mais-ou-menos, e até mesmo uma *pura hipótese*, uma *simples suputação*. É muito difícil neste caso arbitrar entre a verosimilhança e a má-fé, o rumor e a manipulação!» É certo que «existem informações seguras, mas

TEORIA DA INFORMAÇÃO JORNALÍSTICA

inverificáveis, cobertas por um segredo impossível de penetrar. Os investigadores de imprensa podem adquirir uma íntima convicção; o dever deles é então, apesar do risco, e acompanhando-a das precauções desejáveis, publicar a sua informação», na opinião de Albert du Roy[471].

O facto é que o público percebe estas informações no condicional como uma *verdade assente*. E a formulação interrogativa de um facto não o impede de considerar o assunto abordado como estando *comprovado*. Mais tarde, e até mesmo muito tempo depois, o tempo permitirá algumas vezes compreender que tanto o condicional como a interrogação não tinham nenhuma pertinência e traduziam de facto uma falta de reserva e desde logo de rigor. Os jornalistas procurarão então reabilitar-se, com mais ou menos má-fé, evocando a forma condicional ou interrogativa das suas «peças», como se isso pudesse justificar uma derivação manifesta.

2. Os ecos indiscretos, a instrumentalização e a futilidade

A imprensa escrita (mais os periódicos do que os diários) e mesmo o audio-visual (mais a rádio do que televisão), para não falar da internet, foram progressivamente invadidos nestes últimos anos por ecos indiscretos de toda a espécie. Estas rubricas «dão ao leitor o sentimento de penetrar nos bastidores da atualidade, de estar ao corrente do que está escondido, do que é confidencial». De facto, «os ecos são *máquinas de fabricar verosimilhança*: encontramos neles factos que serão confirmados, mas muitos também que serão desmentidos»[472].

Fortemente alimentada pelos meios políticos, «esta técnica de diálogo viperino de cara tapada é igualmente utilizada por dirigentes de alto nível de uma mesma empresa, para fazer saber a um superior ou a um inferior o que pensam deles e não ousam dizer-lhe em frente. Num eco, há raramente fumo sem fogo. É o interessado que tem de compreender por

---

[471] A. du Roy, *Le Serment de Théophraste*, p. 148.
[472] A. du Roy, *Le Serment de Théophraste*, p. 148.

AS DERIVAS «JORNALÍSTICAS»

meias-palavras a mensagem que lhe dirigem de maneira indireta. O leitor não compreende nada desta linguagem codificada? Pouco importa. Não é ele quem conta»[473]. Trata-se pois, de facto, de uma mensagem destinada a um microcosmos de iniciados.

Dito de outra maneira: em troca de algumas exclusividades perdidas no meio de frivolidades desprovidas de veracidade ou pelo menos de pertinência, média há que aceitam jogar um papel de instrumentalização, de intermediários, de «pequenos carteiros», largamente com fins puramente pessoais. Razão para nos perguntarmos se tais exclusividades, muitas vezes anódinas (de outro modo, mereceriam apenas pequenos ecos), merecem que o média se afaste assim de uma imagem de seriedade e de rigor, soçobrando numa *démarche* fútil que desacredita a sua imagem entre o público. Lembremonos do «si tu reviens, j'annule tout» [«se voltas, anulo tudo»] que o sítio de *Le Nouvel Observateur* atribuía erradamente a Nicolas Sarkozy, que, em vésperas de se voltar a casar, teria endereçado tal mensagem à sua ex-esposa.

Mais ainda do que em muitos outros domínios, trata-se de não perder de vista a questão da pertinência de uma informação e das suas consequências eventuais na vida quotidiana dos cidadãos.

3. Câmaras, microfones ou objetivas criam ou suscitam o facto

A imagem da televisão goza de uma credibilidade tal, que o espectador não põe em questão a neutralidade do que vê, quando a captação de imagens está naturalmente submetida a todas as imprevisibilidades de sensibilidade do operador e, por conseguinte, da sua subjetividade (sobre este assunto, ver nas páginas antes o Capítulo IV, parágrafo 24). Mas, para mais, é bem sabido que a presença de uma câmara num lugar desencadeia uma *mudança de comportamento* da parte das pessoas presentes.

«A realidade mesma da informação foi modificada pela presença de uma câmara. Perante ela, um homem político não falará da mesma maneira

---

[473] A. du Roy, *Le Serment de Théophraste*, pp. 149-150.

que na sua ausência, um serviço de ordem far-se-á mais ou menos brutal segundo a imagem que quer dar dele, um combatente mostrar-se-á audacioso, um ditador, mais conciliante, um ator, mais cabotino, uma vítima, mais chorosa...» O que quer dizer que a presença de uma câmara «modifica o *desenrolar dos factos*, e complica ainda mais a sua compreensão»[474].

Basta assistir a uma manifestação ou a um ajuntamento qualquer para nos darmos conta de que a chegada de uma câmara provoca uma *mudança de comportamento* da parte do público (gesticulações, vociferações, aproximação da câmara e do microfone, etc.) e sobretudo uma *mudança de atitude* da parte dos oradores e das personalidades presentes (mais atentos, mais ativos, mais intervenientes, etc.). E o fenómeno é bastante parecido quando se trata do microfone de uma rádio. Mais do que isso, a presença de jornalistas, só por si, «pode modificar a situação que descrevem. O que depende, porém, da evidência: reparem como se comportam os jovens da periferia a partir do momento em que uma câmara penetra no bairro deles!»[475].

A vontade de *passar no jornal* (de ter direito a *alguns instantes de glória*) leva os mais extrovertidos, os mais exibicionistas, os mais em procura de notoriedade, a adotarem comportamentos suscetíveis de *chamar a atenção* do operador de câmara ou do operador de som, sem que tais comportamentos sejam, de algum modo, representativos do ambiente geral da manifestação ou do ajuntamento. São, no entanto, estes comportamentos que são geralmente objeto das sequências selecionadas pelos responsáveis dos radiojornais ou telejornais, que proporão assim uma visão desfasada, e até mesmo parcial, da realidade.

Da mesma maneira é preciso que nos interroguemos sobre o impacto que terá o facto de os média porem em evidência (sobretudo pela fotografia e pela imagem animada) certos comportamentos disfuncionais. Uma tal decisão do média não terá como consequência o desencadeamento de

---

[474] A. du Roy, *Le Serment de Théophraste*, p. 79.
[475] Ph. Merlant e L. Chatel, *Médias: la faillite d'un contre-pouvoir*, p. 154.

AS DERIVAS «JORNALÍSTICAS»

um movimento de alargamento, de reforço destes comportamentos, outros indivíduos procurando, eles também, ter direito aos seus instantes de glória, ter os seus nomes, as suas fotografias, as suas declarações e as suas imagens nos média? Pôr em evidência a jovem que se apresentou na sua escola de véu na cabeça e acompanhada pelo seu pai, que tomará a defesa do seu vestuário, não é um convite para que outras procurem igualmente fazer falar delas procedendo de maneira idêntica?

4. Do presumível inocente ao presumível culpado

Os *faits divers* que provocam uma certa emoção dão quase sempre lugar a interpelações diversas, a mandados de detenção, e até a acusações, indispensáveis ao arranque dos deveres de inquérito da justiça. Se a emoção foi grande, é praticamente certo que jornalistas, fotógrafos, operadores de som e operadores de câmara estarão presentes por ocasião das *interpelações* e dos *mandados de detenção*.

Ora, não se repetirá nunca suficientemente que, em direito, tanto uma *pessoa interpelada* como uma *pessoa posta em acusação* são *presumíveis inocentes*. Não impede que, lançando o seu *nome* e a sua imagem para o público, os média transformem *ipso facto* o *presumível inocente* em *presumível culpado*, e até mesmo em culpado *tout court*. Com as repercussões que isso pode ter para os próximos dos interpelados. E sem esquecer sobretudo o facto de que a menção dos *nomes dos interpelados* e a publicação das *imagens* deles vão marcá-los de forma indelével para o resto das suas vidas.

A sentença popular (enquanto se espera pela sentença do tribunal) «não tem apelo. Em virtude da regra que transforma a eventualidade em certeza no momento em que foi impressa, o arquivamento que fecha o procedimento não pode apagar esta certeza. Por um lado, um arquivamento é sempre suspeito. Por outro lado, para a imprensa, se uma inculpação é uma informação, o arquivamento que a anula é uma não-informação; a primeira será mencionada em bom lugar enquanto o segundo será desdenhosamente negligenciado ou, na melhor das hipóteses, assinalado de

TEORIA DA INFORMAÇÃO JORNALÍSTICA

maneira quase invisível. O carácter condicional da inculpação é sistematicamente ignorado»[476].

Sob o pretexto de informar, de informar mais rapidamente do que os outros, «melhor» do que os outros, os média desrespeitam regularmente a presunção de inocência e lançam demasiadas vezes o descrédito sobre quem teve a infelicidade de cair nas malhas da justiça ou da polícia, inadvertidamente ou muito simplesmente porque, para as necessidades da justiça, foi preciso recolher um leque bastante largo de testemunhos.

O artigo 32 do *Règlement d'ordre intérieur* da RTBF é bastante claro a este propósito: «Em matéria judiciária, é preciso lembrar regularmente que todo e qualquer inculpado, arguido ou acusado é presumido inocente antes do julgamento perante os tribunais. Na *escolha das palavras* designando uma pessoa implicada num processo penal ou *das imagens* que a representam, é preciso cuidar tanto quanto possível de não contradizer esta presunção de inocência. Convém pois prestar a maior atenção possível aos direitos do indivíduo, à salvaguarda da sua reputação e da sua integridade» (v. este regulamento na Segunda Parte, parágrafo 4.1). Não impede que, em matéria de televisão sobretudo, as derrapagens sejam frequentes no momento em que há captação de imagens de indivíduos por ocasião da sua detenção, da sua entrada em postos de polícia ou tribunais, ou da sua saída.

5. Os temas securitários

Jogando com a necessidade de segurança sentida por toda e qualquer pessoa, os média afeiçoam muito particularmente os temas ditos securitários, pondo-os em evidência e dandos-lhe muito espaço. Sobretudo se os atos em relação com esta temática securitária tomam um carácter particularmente espetacular (atentados, assassinatos em série,...) ou perturbador (porque envoltos em mistério, porque tendo por origem um movimento clandestino ou desconhecido).

---

[476] A. du Roy, *Le Serment de Théophraste*, p. 147.

AS DERIVAS «JORNALÍSTICAS»

Tais assuntos são, com efeito, «portadores de audiência porque a opinião é sensível a isso; serão pois privilegiados, nomeadamente pelos telejornais; os governantes serão então convidados para os comentar; as controvérsias assim criadas, relatadas à opinião por média interpostos, prolongarão e amplificarão a atenção que ela lhes presta. O círculo fecha--se assim»[477].

Os média têm então tendência a «aumentar a dose» mais do que é razoável, reforçando naturalmente, quanto mais melhor, o sentimento de insegurança dos cidadãos. Viu-se isso por ocasião do estado de alerta em Bruxelas, em finais de 2007-princípios de 2008, da prisão de membros e simpatizantes das Cellules Communistes Combattantes [Células Comunistas Combatentes], em junho de 2008, em Bruxelas igualmente, ou da prisão de suspeitos por sabotagens que tinham por objeto linhas de TGV em França, em 2008. Os média já não se contentam então em fazer o relato, a perspetivação e a análise dos acontecimentos, mas procuram *explorar o sentimento de segurança* em proveito das suas audiências e, desde logo, das suas receitas financeiras: tratar-se-á ainda de jornalismo?

6. A chantagem dos grupos armados

Em tempo de mundialização, a Terra toma de certa maneira as dimensões de uma aldeia planetária (nos dizeres de Marshall McLuhan[478]), grupos armados confrontados com conflitos regionais procuram mundializá-los e deslocar as suas reivindicações para o coração das grandes potências. E fazem-no tomando sobretudo três géneros de iniciativa: atentados terroristas em grandes capitais, raptos de cidadãos estrangeiros e ameaças de atentados. Estas iniciativas são quase sempre acompanhadas de reivindicações dirigidas aos média, sob a forma de comunicado escrito, e ainda mais sob a forma de gravação vídeo, mais raramente de gravação sonora.

---

[477] A. du Roy, *La Mort de l'information*, p. 78.
[478] M. McLuhan e Q. Fiore, *Message et Massage*, Paris, J.-J. Pauvert, 1968, 160 pp.

TEORIA DA INFORMAÇÃO JORNALÍSTICA

Jogando com a *emoção* e o *medo* que tais ameaças podem provocar, os média atribuem-lhes geralmente um largo espaço, as televisões decidindo quase sempre mostrar as imagens gravadas que lhes foram endereçadas. É muito exatamente o que estes grupos armados esperam: utilizar os média como veículos da sua propaganda, como mecanismos de fragilização, de desestabilização, da sociedade democrática (porque é preciso apesar de tudo saber que, nos regimes autoritários, tais comunicados e tais imagens são pura e simplesmente proibidos).

Será preciso, contudo, atribuir um tal espaço a tais ameaças? E será preciso retomar tais ameaças ao longo dos jornais de um mesmo dia e até mesmo de vários dias? Não seria preciso antes limitarmo-nos a evocar o mais simplesmente possível estas ameaças e recusar por princípio publicar tais textos ou difundir tais ameaças sonoras e/ou vídeo? Os cidadãos têm certamente o direito de ser informados destas ameaças, corretamente, sobriamente. Mas, além disso, os média saem do seu papel de informação e não fazem mais senão alimentar o medo dos cidadãos e servir inconscientemente, irresponsavelmente, de instrumentos de propaganda e de combate de grupos armados que não se preocupam absolutamente nada com a democracia representativa.

7. Os arrebatamentos mediáticos

A concorrência altamente exagerada entre média e a tendência cada vez mais corrente de ver as redações retomarem as «exclusividades» dos outros, tomando-as como certas, sem procederem às mais elementares verificações, têm como consequência um fenómeno que passa a ser recorrente e toma mesmo uma amplidão cada vez mais preocupante: o arrebatamento mediático, o entusiasmo irrefletido dos meios de comunicação.

Este arrebatamento mediático tem geralmente por ponto de partida *faits divers*, por vezes *faits divers* com carácter sexual, estes últimos tendo facilmente por origem fantasmas e sendo singularmente difíceis de provar. Exemplos recentes em França: o caso Patrice Alègre (no qual «notáveis» de Toulouse estariam implicados numa rede de prostituição, com

AS DERIVAS «JORNALÍSTICAS»

práticas sadomasoquistas e morte de raparigas novas); o caso do bagageiro de Roissy (armas e explosivos encontrados na porta-bagagem do carro de um bagageiro do aeroporto, francês de origem argelina); o caso de Outreau (dezoito pessoas postas em exame [*mises en accusation*] por abuso sexual de menores, após denúncia de várias crianças e dos pais delas); o caso Marie L. (que pretendia ter sido agredida no metropolitano RER parisiense (v. Capítulo IV, parágrafo 1.2.3.1). Os média lançaram-se sobre estes assuntos, fizeram subir a pressão [*monter la sauce*] durante alguns dias, alguns meses ou alguns anos, desencadeando numerosas reações, tanto do meio político como do «homem da rua», antes que os ditos casos se esvaziassem.

Num registo conexo, poder-se-á evocar o célebre caso da narrativa pseudoautobiográfica intitulada *Survivre avec les loups*, livro que obteve grande sucesso (traduzido em numerosas línguas) e deu lugar a um filme. A sua autora pretendia que, pequena, em Bruxelas, durante a Segunda Guerra Mundial, o seu pai «judeu» tinha sido «deportado». Procurando os seus pais, a pequena atravessará a Alemanha e chegará à Polónia, e, na floresta, acabará por ser adotada por lobos. Ela atravessará em seguida a Moldávia, a Roménia, a Jugoslávia e chegará à Itália libertada, antes de ir dar aos EUA, onde vive. Média houve que foram ditirâmbicos nos relatos que fizeram do livro e do filme. Sem se deter suficientemente no lado inverosímil, altamente absurdo da história. Até ao momento em que, depois de várias contestações de blogues e publicações com difusões reduzidas, *Le Soir* de 28 de fevereiro de 2008 apresenta provas irrecusáveis de que se tratava de uma narrativa totalmente falsa, a autora ela mesma declarando ao diário bruxelês não ser judia e ter inventado tudo! Não impede que, durante bastante tempo, muitos média tenham abordado o assunto abundantemente e com grande entusiasmo.

Um outro exemplo destes arrebatamentos: «Natal de 2002: tal como o menino Jesus, o primeiro bébé clonado teria vindo ao mundo. A seita dos raelianos lança a informação. É uma explosão de entusiasmo. A seita passa a ser a grande vedeta neste início de século XXI atormentado. A controvérsia sobre a clonagem humana estava relançada. Uma vez a algazarra apaziguada,

TEORIA DA INFORMAÇÃO JORNALÍSTICA

como sempre depois de um arrebatamento mediático, o silêncio é total. Dois anos mais tarde, nenhuma prova de um nascimento veio confirmar esta farsa, da qual numerosos cientistas tinham imediatamente advertido»[479]. E quinze anos depois, continuamos à espera da mais elementar prova da concretização da farsa da seita...

«Alguns arrebatamentos tomam um sentido emblemático aos olhos de muitos cidadãos, para os quais o adjacente suplanta o essencial: o sensacional exclui a verdade, o mexerico afasta a investigação, a denúncia substitui a linha editorial, a precipitação acode à exclusividade (ao "scoop"), a malevolência estende-se à vigilância, em resumo, a campanha de imprensa substitui-se à transmissão das notícias.» Em seguida, «muitos jornais, à maneira de autocrítica, atacarão as reações desproporcionadas que eles tinham, porém, contribuído para suscitar». Se for necessário, «quando o erro parece manifesto, quando se torna notório que as denúncias eram caluniosas e os pretensos culpados, autênticas vítimas, a imprensa transforma o *juiz* [...] em bode expiatório designado à vindicta cívica. Uma vez mais, com raras exceções, os meios de comunicação de massa reabilitam-se»[480].

Tais arrebatamentos permitem comprovar que «os jornalistas já não se sentem em dever de dizer simplesmente *a verdade simples*: sentem-se encarregados da *vingança dos povos*». Ora, acrescenta Antoine Perraud, «a barbárie jornalística começa então quando a justiça deve ceder o lugar aos justiceiros»[481], quando a vindicta popular é erigida em justiça.

8. O jornalismo de denúncia

Desde as revelações do *Washington Post* sobre o que será designado como o caso Watergate, revelações que forçaram o presidente Richard Nixon à demissão, nos EUA (em 1975), e as de *Le Monde* sobre o atentado do

[479] Y. Agnès, *Le Grand bazar de l'info*, p. 13.
[480] A. Perraud, *La Barbarie journalistique*, Paris, Flammarion, 2007, pp. 11-12.
[481] A. Perraud, *La Barbarie journalistique*, pp. 31-32.

AS DERIVAS «JORNALÍSTICAS»

Rainbow Warrior, que provocaram a do ministro da Defesa Charles Hernu, em França (em 1985), um autodenominado «jornalismo de investigação» fez a sua aparição nos média dos nossos países. Tomando, antes de mais, por alvo homens políticos e grandes partidos políticos, grandes instituições e grandes empresas, mundo parlamentar e mundo judiciário, o «jornalismo de investigação» é sobretudo um *jornalismo de revelações*, porque repousa, na maior parte das vezes, em inquéritos conduzidos por outros (meio judiciário, polícia,...) e que foram objeto de «fugas», sem que os jornalistas se interroguem sobre «o que motiva as fontes deles a darem-lhes tal ou tal informação»[482], porquê uma tal generosidade para com os média. De facto, um «jornalismo de investigação» aparenta-se «por vezes com um *exercício de delação*»[483] e cai naturalmente no que se poderia chamar, mais precisamente, um *jornalismo de denúncia*, espécie de arma de destruição massiva que tem por objetivo derrubar os poderosos, fazê-los cair por terra num implacável bota-abaixo, instaurando uma tirania mediática que fomenta o medo em muitos meios dirigentes. Poder-se-á desde logo considerar uma tal *démarche* jornalística uma contribuição para a consolidação do sistema democrático? A interrogação merece em todo o caso ser formulada.

Depois de a terem praticado, jornalistas houve que se deram conta de que «o jornalismo de investigação derivou para uma nova forma de prática, a do profeta da desgraça, do inquisidor»[484].

Como o faz lembrar Yves Mamou, nos nossos dias o controlo da informação «passa raramente pela censura. Pelo contrário, a fuga é à democracia o que o segredo é à ditadura»[485]. Uma interpretação da noção de segredo bem mais restritiva e autoritária neste caso do que aquela evocada por Jean Lacouture, e a que foi feita referência (v. no Capítulo IV, parágrafo 16, «A síndrome da transparência»).

---

[482] Ph. Cohen e É. Lévy, *Notre métier a mal tourné*, p. 88.
[483] Ph. Cohen e É. Lévy, *Notre métier a mal tourné*, p. 73.
[484] S. Raffy, «Confessions d'un "voyou"», *in Médias*, Paris, n.º 4, março 2005, p. 85.
[485] Y. Mamou, *«C'est la faute aux médias!»*, p. 12.

9. Emoção, mais emoção, muita emoção!

No espírito de muitos diretores de redação, o único meio (ou em todo o caso: o principal meio) para conservar a audiência dos seus jornais, e até mesmo para alargar esta audiência, consiste em procurar emocionar o público. Será preciso, pois, que as «peças» ou os assuntos sejam providos de uma boa dose de elementos suscetíveis de provocar a emoção ou, mais exatamente, o que Aristóteles designava por *pathos*.

Para um diretor, era quase impossível «não enviar um jornalista a Nova Iorque depois dos acontecimentos de 11 de setembro de 2001. Ele sabe pertinentemente que o contributo do seu repórter será marginal, estreitamente dependente do seu talento de narração, e que poderia preparar cuidadosamente na redação excelentes análises. Sim, mas o público quer vívido. Direto. Come se lá estivesse. Emoção. Crianças que choram. Vidas despedaçadas.» Tanto mais que, para as redações (e mais exatamente: para os diretores de redação), «o mimetismo não joga só na escolha dos assuntos tratados, condiciona também o seu tratamento»[486].

Desde logo, os jornais (e sobretudo os telejornais) transformam-se muitas vezes num alinhamento de uma série de narrações em que não são os relatos factuais, as perspetivações e as análises que dominam, mas sim os assuntos favoráveis à emoção, à náusea, à revulsão e às lágrimas. E o que é suposto dizer respeito ao jornalismo passa então a ser uma espécie de literatura de romance de cordel, que conta histórias sentimentais e piegas para jovens romanescas, frívolas e tontas (... no feminino, segundo o estereótipo tradicional!).

10. O humor, a farsa e a tomada de poder dos animadores

Uma evolução recente — talvez nascida nos nossos países com o desenvolvimento das «rádios livres», a função de informação sendo nelas muitas vezes assumida por não-jornalistas — impôs pouco a pouco um estranho

---

[486] Ph. Cohen e É. Lévy, *Notre métier a mal tourné*, pp. 59-60.

AS DERIVAS «JORNALÍSTICAS»

princípio: o de dar uma pontinha de humor às «peças» ou assuntos. A procurar, em todo o caso, concluir a «peça» ou o assunto com um «final» [*chute*] colorido pelo humor. É preciso sobretudo que o leitor, ouvinte, espectador ou internauta não se aborreça tomando conhecimento dos factos e desafios [*enjeux*] que constituem a sua vida quotidiana. É preciso imperativamente que goze com isso, que se divirta, que conserve o sorriso.

Desde logo, já não se procura tratar os diversos aspetos de um assunto, nem tratá-los em profundidade. A preocupação maior é antes de o aliviar, de o abordar num tom humorístico ou, pelo menos, de marcar com o cunho do humor a recordação que o público poderá conservar dele. É a *démarche* de emissões como «Au Quotidien» na *La Une* da RTBF, como o «13h15» na *France 2* ou como «Revu et corrigé» na *France 5*, entre outras.

Porém, esta preocupação com o humor pode, por vezes, quebrar muito simplesmente o ritmo de uma emissão, e mais particularmente as emissões de entrevistas ou de debates, com desenhos humorísticos de um desenhador instalado na *régie* ou encontrando-se em estúdio: caso dos desenhos de Kroll durante «Mise au point» de *La Une* da RTBF, para nos limitarmos a citar um exemplo bem conhecido. Pode o espectador muito simplesmente seguir o debate, estar atento aos argumentos dos intervenientes, quando as intervenções destes são objeto de interferências mais ou menos repetidas por parte do desenhador humorístico?

11. Os animadores e a farsa tomam o poder

Considerando que os jornalistas produziam uma informação pesada, difícil de assimilar, incómoda, e até perturbante, alguns média audiovisuais consideraram que era preciso recorrer a animadores de emissões de divertimento para tranquilizar o seu público e procurar alargá-lo.

Estes animadores imprimiram a novas emissões «outro olhar, outro tom sobretudo. Desembaraçados de toda a reverência, mas também de todo e qualquer sentido político, Karl Zéro, Thierry Ardisson, Guy Birenbaum e John Paul Lepers afixavam a sua rebeldia em tiracolo. Para eles, não

TEORIA DA INFORMAÇÃO JORNALÍSTICA

há necessidade de conhecer o mundo das ideias, a história dos partidos, nem sequer os itinerários dos nossos homens e mulheres políticos, para os interpelar. O ideal era, ao contrário, fazer-lhes perguntas da *madame* Michu [protótipo de mulher francesa popular, representante de uma boa média], a dona de casa com menos de cinquenta anos (ou melhor de *monsieur* Bidochon [arquétipo do francês médio]), com um tom de estudantezeco que mais não era do que um deprimente simulacro do que tinha sido, trinta anos antes, o "espírito de Maio". O jornalismo político tomou o partido de uma grosseira impertinência, acessível a todos — sobretudo aos jovens — e folião. Tratava-se de transformar as emissões políticas em farsas, na maior parte das vezes organizadas em detrimento dos que eram, apesar de tudo, eleitos do povo»[487].

Infelizmente, obcecados pela amplitude da sua visibilidade junto do público, da sua notoriedade, homens e mulheres políticos, por vezes altos dirigentes dos meios de negócios ou celebridades do mundo da cultura, prestaram-se frequentemente a passar em emissões como «Vivement dimanche», na *France 2*, em que se misturam declarações de amizade admirativa e «musiquinhas» de intérpretes amigos. Tudo isso a uma hora, depois do almoço de domingo, em que os espectadores são numerosos a instalarem-se diante do ecrã de televisão do salão, rodeados da família e/ou dos amigos.

12. Sobretudo desestabilizar o interlocutor...

É a última descoberta dos patrões do audiovisual, que veem os seus ouvintes e espectadores abandonarem estações de rádio e de televisão para se entregarem a outros lazeres ou ocupações, quando não para passarem boa parte do tempo diante dos ecrãs do computador, da tablete ou do telemóvel. Porque, com efeito, «estes tristes brincalhões públicos tiveram de, no decorrer do recente período, ceder o lugar a uma nova raça de jornalistas,

---

[487] Ph. Cohen e É. Lévy, *Notre métier a mal tourné*, p. 39.

AS DERIVAS «JORNALÍSTICAS»

para os quais a moral passou a ser o prisma dominante, o paradigma terminal da vida política». Passam assim a ser «profissionais da "tensão de estúdio" ou de investigação psicopolítica». Por ocasião das entrevistas, devem absolutamente mostrar a sua impertinência procurando «entalar» o seu interlocutor. Porque «o que conta é mostrar todas as manhãs a sua "independência"»[488].

Esta *démarche* é a adotada, em França, por Jean-Michel Apathie na rádio *RTL* e por Jean-Jacques Bourdin na *RMC*, e, na Bélgica, pelo «Répondez à la question» na *La Une* da RTBF, por exemplo. Nela se adota naturalmente um tom inquisitorial que se expõe complacentemente, «prova» de uma superioridade hierárquica do jornalista em relação ao seu convidado, sentando-se o jornalista na secretária ou na mesa, de modo a pôr em evidência esta superioridade desenvolta. Um simulacro de encontro de luta livre em que o jornalista sai invariavelmente ganhador.

Estas derivas dos média põem a questão de saber se a razão de ser do jornalismo continua a ser a informação (isto é: o relato da atualidade, a sua perspetivação e a sua análise). Ou se passou a ser progressivamente um produtor de emoções, um brincalhão, um organizador de campanha de imprensa, um instituidor de uma justiça popular funcionando a golpes de maus humores, de rancores e de vinganças, um organizador de espetáculos de luta livre em torno de temas políticos, económicos, sociais e culturais...

---

[488] Ph. Cohen e É. Lévy, *Notre métier a mal tourné*, p. 41.

CAPÍTULO VI
«JORNALISMOS» SINGULARES

Quando em matéria de atualidade política, económica ou social se exige dos jornalistas que proponham aos leitores, ouvintes, espectadores ou internautas uma informação factualmente rigorosa, assim como uma análise honesta e independente, desprovida de preconceitos [*parti pris*], o mesmo não acontece com os jornalistas que tratam da atualidade cultural ou da atualidade desportiva.

Muito estranhamente, a história dos média autoriza os jornalistas culturais a não fazerem necessariamente um relato factual preciso das obras ou dos espetáculos, e a cair quase sistematicamente num espantoso impressionismo em que todos os julgamentos puramente subjetivos são permitidos. Mesmo se a latitude de que eles dispõem hoje nesta matéria diminuiu sensivelmente em relação ao que era na aurora da história do jornalismo contemporâneo. Porque se pede cada vez mais ao que faz um relato que o conceba em função dos princípios elementares do bom jornalismo, enquanto se espera do que assume a crítica que tenha um bom conhecimento teórico e técnico da disciplina de que trata, com vista a autorizar o julgamento que faz sobre a obra ou sobre o espetáculo[489].

---

[489] A. Papuzzi, *Professione giornalista*, pp. 199-204.

Em matéria desportiva, pelo contrário, mesmo se o relato factual é largamente exigido (as faltas cometidas pelos atletas autorizando, porém, uma grande parte de subjetividade), os alinhamentos declarados por uma das partes, os humores, os relentos patrioteiros, e até mesmo as exaltações mais esmagadoras e os sectarismos mais intoleráveis, são curiosamente permitidos... Poder-se-ia talvez dizer que a natureza mesma do espetáculo desportivo faz que, na maior parte das vezes, o espectador, internauta, ouvinte ou leitor seja ele mesmo partidário, adepto de antemão, de uma das partes em presença. E quando não o é de antemão, passa geralmente a sê-lo no decorrer da partida, inclinando-se mais para um do que para outro dos atletas e/ou das equipas em competição. É, no entanto, uma razão para autorizar o tom muitas vezes fanático e abertamente adepto de um dos adversários ou concorrentes? A emoção e a subjetividade mais pura devem primar sobre as obrigações de factualidade e de neutralidade de uma *démarche* jornalística clássica? As exaltações e os ditirambos de Luc Varenne [cujo verdadeiro nome era Alphonse Tetaert, 1914-2002] em rádio, na RTBF, tinham uma qualquer verdadeira relação com o jornalismo?

Concretamente, poder-se-á ainda falar de jornalismo? Não seria preciso pretender, ao contrário, que se trata de *démarches* profissionais diferentes? Não seria desejável, em todo o caso, pôr o acento no facto de que estamos perante três *démarches* tecnicamente diferentes: de um lado, o tratamento da atualidade política, económica e social; do outro, o tratamento da atualidade cultural; por fim, o tratamento da atualidade desportiva?

Note-se, no entanto, que tanto a atualidade cultural como a atualidade desportiva são globalmente previsíveis e, desde logo, programáveis. As saídas de um livro, de um disco ou de um filme são geralmente conhecidas com antecedência, da mesma maneira que a estreia de uma peça de teatro, um concerto ou a *vernissage* de uma exposição são, na maior parte das vezes, anunciadas muito tempo antes. Como se sabe na maioria dos casos quando as competições desportivas vão acontecer: o calendário das diversas disciplinas desportivas é geralmente

«JORNALISMOS» SINGULARES

preestabelecido no início de temporada, embora os resultados sejam, evidentemente, imprevisíveis.

Assinalemos por fim uma clivagem aparecida há alguns decénios (sobretudo desde os anos 1960) entre o jornalismo de audiovisual e o de imprensa escrita. Enquanto o primeiro intervém muitas vezes em «tempo real», no momento mesmo em que as competições se estão a desenrolar, o relato puramente factual na imprensa escrita perdeu muito do seu interesse, os leitores fanáticos de desporto tendo já ouvido ou assistido à competição na véspera, graças à rádio ou à televisão. Muitas vezes, é na reevocação do acontecimento e da sua significação no imaginário dos leitores, tendo nomeadamente recurso a uma linguagem criativa e metafórica, que o jornalismo escrito procura agora trazer a sua parte de valor acrescentado em relação aos outros média[490]. Por outro lado, o jornalismo escrito procura abordar toda uma série de assuntos complementares sobre os atletas, os dirigentes e a vida interna dos clubes, além do que a própria rádio e a própria televisão estão em condições de poder abordar.

[490] A. Papuzzi, *Professione giornalista*, pp. 208-216.

CAPÍTULO VII
O NECESSÁRIO QUESTIONAMENTO

Há já alguns anos que diversos estudos põem em evidência o afastamento do público dos média tradicionais de informação (imprensa, rádio e televisão), um afastamento que toma proporções inquietantes no que diz respeito aos jovens.

Pode explicar-se este afastamento pela evolução da vida quotidiana, dos estilos de vida, as pessoas sendo cada vez mais solicitadas por ocupações e lazeres diversos (nomeadamente a audição de CD, o visionamento de DVD, o acesso à Internet em computador, tablete ou telemóvel, etc.). Mas também porque a desmonopolização do sector audiovisual nos anos 1970-80 provocou uma proliferação de estações de rádio e de televisão das quais a informação no sentido jornalístico do termo é total ou largamente ausente.

Porém, a evolução da prática jornalística pode, ela também, explicar este menor interesse das pessoas pela informação. Num livro publicado em fevereiro de 2008[491], o seu autor Nick Davies põe em evidência o facto de apenas 12 % dos assuntos tratados pelos diários de referência britânicos serem totalmente originais, 8 % serem de origem incerta e 80 % provirem «inteira, principal ou parcialmente» de fontes exteriores, tais como as agências de informação ou as direções de comunicação. No que

---

[491] N. Davies, *Flat Earth News*, Londres, Chatto & Windus, 2008, 408 pp.

diz respeito aos assuntos interiores, as agências ou as «dircom» estavam na origem de 69 % dos assuntos de *The Times*, de 68 % dos de *The Daily Telegraph*, de 65 % dos de *The Independent* e de 52 % dos de *The Guardian*. O que quer dizer: muito da mesma coisa e pouco de conteúdos realmente distintos, diferentes.

Tais dados traduzem uma evolução recente que fez que os nossos média pratiquem cada vez mais um *jornalismo sentado*. Os jornalistas abstêm-se o mais possível de se deslocar e de entrar em contacto com os atores ou testemunhas de um acontecimento (por razões de tempo e de custos). Substituindo estes contactos «físicos» pelos que recorrem às tecnologias de comunicação mais diversas. A distância, pois, longe do «terreno», lá onde os acontecimentos ocorreram, longe dos quadros de vida habituais dos protagonistas ou das testemunhas. E quando a deslocação é inevitável, é realizada em veículo privado, entre a redação, os lugares dos acontecimentos, alguns sítios de convivialidade e o domicílio. Dito de outra maneira: entre microcosmos sociologicamente próximos (pelos temas de preocupações, os centros de interesse, a linguagem, os comportamentos sociais) dos habitualmente frequentados pelos jornalistas. Fora, pois, dos transportes comuns e dos espaços onde se desenrola a vida quotidiana da maioria das pessoas (do público dos média).

Por outro lado, nos nossos média, nomeadamente por razões de custos, a «informação internacional» cede cada vez mais o lugar à «informação de proximidade» e a todas as ambiguidades desta «informação de proximidade», que cai muitas vezes na cobertura exagerada de *faits divers*. A evolução dos média estado-unidenses é a este propósito significativa. «Entre 1990 e 1998, a cobertura dos acontecimentos internacionais recuou de 45 % para 13 % do conjunto dos assuntos abordados pelos jornais das grandes cadeias de televisão americanas. O tempo consagrado aos lazeres, desastres, acidentes e crimes dobrou. Os diários americanos dão igualmente uma parte cada vez mais limitada às notícias internacionais: 10 % da paginação deles em 1970, 6 % em 1980 e menos de 3 % nos anos 90. Os magazines

O NECESSÁRIO QUESTIONAMENTO

não escapam à tendência: uma só capa estrangeira para *Time* em 1997, contra onze em 1987. Nas televisões *NBC*, *CBS* e *ABC*, a cobertura de homicídios aumentou 700 % entre 1993 e 1996, enquanto, ao mesmo tempo, a taxa de criminalidade nos EUA declinou 20 %.» E Lance Bennet, professor de Comunicação na Universidade de Washington, prossegue denunciando a «derivação tabloide» dos média, que os leva a «substituírem a informação sobre os poderes, as instituições e as mutações sociais, que poderiam ajudar os indivíduos a compreender as consequências das mudanças globais da sociedade [...], por uma torrente diária de sexo, escândalos, celebridades e desastres»[492].

É, todavia, preciso notar que os *faits divers* podem constituir um excelente revelador da vida em sociedade e de uma evolução, por vezes, dificilmente percetível dos movimentos no seio desta sociedade. Tudo depende evidentemente da natureza dos *faits divers* e da abordagem jornalística adotada para os tratar: acontecimento sociologicamente significante (que, além do relato, supõe perspetivação e análise) ou simples pretexto para o desencadeamento da emotividade do público dos média?

Por outro lado, poder-se-ia recordar aqui o que dizia o filósofo Marcel Gaucher, há alguns anos: os média «cobrem a atualidade, um dia enxotando o outro. Não há continuidade, condição de inteligibilidade. Por outro lado, o que é mal retém mais do que é bem. Há uma espécie de funcionamento judiciário da opinião que se focaliza nos crimes e nos delitos. Resulta disso um evidenciar amnésico de uma face da realidade e de uma só, com uma mensagem subliminar: não podemos praticamente nada perante isso e não compreendemos grande coisa disso. Há uma mobilização emotiva forte no instante em torno da indignação quanto aos culpáveis e à solidariedade com as vítimas sem a menor projeção positiva no futuro... De onde uma passividade que é uma das consequências mais espantosas da cultura mediática de hoje. Quando num primeiro tempo, os grandes média — sobretudo

---

[492] *Le Monde*, Paris, 24 de novembro de 2000, p. 22.

na rádio, que é o média da época dos totalitarismos — suscitaram um medo terrível em relação à sua capacidade de mobilização, o desenvolvimento dos média de massa levou a um resultado exatamente inverso. Produziram, a televisão em particular, uma desmobilização inesperada das nossas sociedades, no plano político como, mais profundamente, no cívico»[493].

Conviria pois que o jornalismo operasse «uma revolução no seu seio, como a que agitou há alguns decénios o mundo dos historiadores [...] para romper a visão unidimensional que apresentava as imagens dos reis [...] como a única maneira possível de contar a História. [...] Hoje, uma rutura deste tipo é necessária para resistir à dominação esmagadora do mundo espetacular da comunicação. No entanto, seria absurdo traçar nos céus um plano de batalha pormenorizado de uma imprensa "não-comunicante". Mais modestamente, o jornalismo tem o dever de relatar um *mundo múltiplo* a *indivíduos múltiplos*, de falar de coisas que não "representam" nada, no sentido próprio do termo»[494].

Sempre nesta perspetiva de «revolução» desejável à maneira da que se operou no meio dos historiadores, lembremos que, «nos anos 1920, um punhado de historiadores começou a privilegiar a análise dos processos constituindo as bases da história em vez de se focalizar nos epifenómenos acontecimentais. Os média — e a maior parte dos jornalistas — ficaram aquém disto, continuando a privilegiar os "acontecimentos" (ou o que eles consideram como tais) e a negligenciar a análise dos processos»[495].

Seja como for, é preciso nunca perder de vista que, para conservar a confiança do leitor, ouvinte, espectador ou internauta, é preciso proporlhe uma informação fiável, precisa, fruto de uma perícia respeitadora da deontologia. A falta de rigor, as «peças» ocas e as entorses aos princípios

---

[493] M. Gauchet, «Les Médias menacent-ils la démocratie?», *in Médias*, Paris, n.º 1, verão 2004, p. 10.
[494] F. Aubenas e M. Benasayag, *La Fabrication de l'information*, pp. 106-107.
[495] Ph. Merlant e L. Chatel, *Médias: la faillite d'un contre-pouvoir*, p. 158.

mais elementares da prática jornalística provocam a sua perda de confiança e o seu afastamento, muitas vezes definitivo.

Por outro lado, uma questão permanece essencial: a de saber se a estratégia de um média em matéria de informação deve ser a de *procura* ou a de *oferta*. Isto é: propor ao leitor, ouvinte, espectador ou internauta o que gostaria de saber, o que lhe daria prazer ou antes o que seria preciso que ele soubesse, o que deveria saber. O que põe evidentemente toda a questão da função social do jornalista e, mais largamente, a dos média de informação: o papel deles é de informar ou de distrair, de convidar à reflexão ou de propor sonho, de ajudar a compreender ou de fazer fantasmar?...

Finalmente, é preciso nunca esquecer que «ao longo da cadeia que liga o acontecimento ao que o descobrirá, pela imagem, pelo som ou pelo escrito, as subjetividades suceder-se-ão, adicionar-se-ão ou corrigir-se-ão, para desembocar, em fim de corrida, no livre-arbítrio do indivíduo que se quer informar»[496]. Numerosos exemplos recentes mostram que, mesmo quando os grandes média se põem massivamente ao serviço de uma causa (como foi o caso em maio e junho de 2005, por ocasião dos referendos sobre a Constituição Europeia, em França e nos Países Baixos, ou durante a campanha para as eleições presidenciais estado-unidenses de novembro de 2016), as pessoas conservam a sua parte de autonomia, de livre-arbítrio, para poderem, em caso de necessidade, rejeitar o que lhes é proposto como evidências, como escolhas perfeitamente claras.

---

[496] A. du Roy, *Le Serment de Théophraste*, p. 76.

BIBLIOGRAFIA

AGNÈS, Yves, *Manuel de journalisme*, Paris, La Découverte, 2002, 448 pp. (col. Guides Repères).

AGNÈS, Yves, *La Grand bazar de l'info*, Paris, Michalon, 2005, 234 pp.

AUBENAS, Florence e BENASAYAG, Miguel, *La Fabrication de l'information*, Paris, La Découverte, 1999, 110 pp. (col. Sur le vif).

AUCLAIR, Georges, *Le Mana quotidien*, Paris, Anthropos, 1970, 276 pp. (col. Sociologie et connaissance).

BAUMAN, Serge e ECOUVES, Alain, *L'Information manipulée*, Paris, Editions de la RPP, 1981, 212 pp.

BERTRAND, Claude-Jean (dir.), *Médias, introduction à la presse, la radio et la télévision*, Paris, Ellipses, 1995, 318 pp.

BOURDIEU, Pierre, *Sur la télévision*, Paris, Liber, 1996, 96 pp. (col. Raisons d'agir).

BOURDIEU, Pierre, *Contre-feux*, Paris, Liber, 1998, 126 pp. (col. Raisons d'agir).

BOURGES, Hervé, *Décolonisez l'information*, Paris, Cana, 1978, 160 pp. (col. Des Idées, des hommes).

BROCHAND, Bernard e LENDREVIE, Jacques, *Le Publicitor*, 2.ª ed., Paris, Dalloz, 1985, 574 + LXVI pp.

CARRILHO, Manuel Maria, *Sob o signo da verdade*, Lisboa, Publicações Dom Quixote, 2006, 208 pp.

CARTON, Daniel, *«Bien entendu... c'est off»*, Paris, Albin Michel, 2003, 200 pp.

CAYROL, Roland, *Médias et démocratie: la dérive*, Paris, Presses de Sciences Po, 1997, 118 pp. (col. La Bibliothèque du citoyen).

CEBRIÁN, Juan Luis, *El pianista en el burdel*, Barcelona, Galaxia Gutenberg/Circulo de Lectores, 2009, 204 pp.

CHARON, Jean-Marie, *Cartes de presse*, Paris, Stock, 1993, 356 pp. (col. Au Vif).

CHARON, Jean-Marie, *Les Journalistes et leur public: le grand malentendu*, Paris, Vuibert, 2007, 246 pp. (col. Comprendre les médias).

CLAUSSE, Roger, *Le Journal et l'actualité*, Verviers, Gérard, 1967, 300 pp. (col. Marabout université, n.º 113).

TEORIA DA INFORMAÇÃO JORNALÍSTICA

COHEN, Philippe e LÉVY, Élisabeth, *Notre métier a mal tourné*, Paris, Mille et une nuits, 2008, 232 pp.

COLOMBO, Furio, *Ultime notizie sul giornalismo*, Rome e Bari, Laterza, 1995, 244 pp.

DEBORD, Guy, *La Société du spectacle*, Paris, Champ libre, 1971, 144 pp.

DEBRAY, Régis, *L'Etat séducteur. Les révolutions médiologiques du pouvoir*, Paris, Gallimard, 1993, 198 pp.

DELACOUR, Marie-Odile e WATTENBERG, Yves, *Dix petits tableaux de moeurs journalistiques*, Paris, Mégrelis, 1983, 214 pp. (col. Chemins d'aujourd'hui).

DELPORTE, Christian, MOLLIER, Jean-Yves e SIRINELLI, Jean-François (dir.), *Dictionnaire d'histoire culturelle de la France contemporaine*, Paris, PUF, 2010, 900 pp. (col. Quadrige Dicos poche)

DE FONTCUBERTA, Mar, *La Noticia*, Barcelona, Paidós, 1998, 158 pp. (col. Papeles de Comunicación, n.º 1).

DE VIRIEU, François-Henri, *La Médiacratie*, Paris, Flammarion, 1990, 294 pp.

DRAY, Joos e SIEFFERT, Denis, *La Guerre israélienne de l'information*, Paris, La Découverte, 2002, 128 pp. (col. Sur le vif).

DU ROY, Albert, *Le Serment de Théophraste*, Paris, Flammarion, 1992, 236 pp.

DU ROY, Albert, *Le Carnaval des hypocrites*, Paris, Seuil, 1997, 224 pp.

DU ROY, Albert, *La Mort de l'information*, Paris, Stock, 2007, 238 pp.

ESTIENNE, Yannick, *Le Journalisme après Internet*, Paris, L'Harmattan, 2007, 314 pp. (col. Communication et civilisation).

FERENCZI, Thomas, *Le Journalisme*, 2.ª ed. Paris, PUF, 2007, 128 pp. (Que sais-je?, n.º 3743).

FOGEL, Jean-François e PATINO, Bruno, *Une Presse sans Gutenberg*, Paris, Grasset, 2005, 246 pp.

GRIJELMO, Álex, *El Estilo del periodista*, Madrid, Taurus, 2002, 610 pp.

GUERRIN, Michel, *Profession photoreporter*, Paris, Gallimard, 1988, 256 pp. (col. Au Vif du sujet).

GUILLAUMIN, Claude, *Faut-il brûler les journalistes?*, Paris, Julliard, 1994, 304 pp.

HALIMI, Serge, *Les Nouveaux chiens de garde*, Paris, Liber, 1997, 112 pp. (col. Raisons d'agir).

HALIMI, Serge e VIDAL, Dominique, *L'Opinion ça se travaille*, Marselha, Agone, 2000, p. 118.

JOANNÈS, Alain, *Le Journalisme à l'ère électronique*, Paris, Vuibert, 2007, 248 pp.

JULIEN, Claude et al. (dir.), *La Communication victime des marchands*, Paris, novembro de 1988, 98 pp. (Manière de voir, n.º 3).

LABAKI, Maroun e MARTHOZ, Jean Paul, *Vive le journalisme!*, Bruxelas, Complexe e Vagabundo, 1994, 142 pp.

LACOUR, Laurence, *Le Bûcher des innocents*, Paris, Plon, 1993, 680 pp.

LE BEL, Patrick, *«Madame, Monsieur, bonsoir...»*, Paris, Panama, 2007, 172 pp.

LECERF, Maurice, *Les Faits divers*, Paris, Larousse, 1981, 192 pp. (col. Idéologies et sociétés).

LEGAVRE, Jean-Baptiste, «Les Journalistes politiques: des spécialistes du jeu politique», *in* MATONTI, Frédérique (dir.), *La Démobilisation politique*, Paris, La Dispute, 2005, pp. 117-142.

LE PAIGE, Hugues, *Une minute de silence*, Bruxelles, Labor, 1997, 192 pp. (col. La Noria).

Livro de estilo Público, 2.ª ed., Lisboa, Público, 2005, 304 pp.

BIBLIOGRAFIA

MAMOU, Yves, «C'est la faute aux médias!», Paris, Payot, 1991, 244 pp. (col. Documents Payot).

MARION, Georges, Profession «fouille-merde», Paris, Seuil, 2008, 214 pp.

MATHIEN, Michel, Les Journalistes, Paris, PUF, 1995, 128 pp. (col. Que sais-je?, n.º 2976).

MATHIEN, Michel e CONSO, Catherine, Les Agences de presse internationales, Paris, PUF, 1997, 128 pp. (col. Que sais-je?, n.º 3231).

MENESES, João Paulo, Tudo o que se passa na TSF... para um «Livro de estilo», Porto, Edição Jornal de Notícias, 2003, 326 pp.

MERLANT, Philippe e CHATEL, Luc, Médias: la faillite d'un contre-pouvoir, Paris, Fayard, 2009, 328 pp.

MOREIRA, Paul, Les Nouvelles censures, Paris, Robert Laffont, 2007, 286 pp.

MOULIN, Marc, La Surenchère, Bruxelas, Labor, 1997, 96 pp. (col. Quartier libre).

MURO BENAYAS, Ignacio, Globalización de la información y agencias de noticias, Barcelona, Paidós, 2006, 228 pp. (col. Paidós Papeles de comunicación, n.º 48).

PAILLET, Marc, Le Journalisme, Paris, Denoël, 1974, 226 pp. (col. Regards sur le monde).

PAPUZZI, Alberto, Professione giornalista, Roma, Donzelli, 2003, 302 pp. (col. Manuali Donzelli).

PERGNIER, Maurice, Mots en guerre, Lausana, L'Age d'homme, 2002, 166 pp. (col. Mobiles politiques).

PERRAUD, Antoine, La Barbarie journalistique, Paris, Flammarion, 2007, 196 pp.

PIGEAT, Henri, Le Nouveau désordre mondial de l'information, Paris, Hachette, 1987, 238 pp.

POSTMAN, Neil, Se Distraire à en mourir, Paris, Nova Éditions, 2011, 256 pp.

PUCHEU, René, Le Journal, les mythes et les hommes, Paris, Éditions ouvrières, 1962, 184 pp. (col. Vivre son temps).

RAMONET, Ignacio, Le Chewing-gum des yeux, Paris, Alain Moreau, 1980, 190 pp.

RAMONET, Ignacio, La Tyrannie de la communication, Paris, Galilée, 1999, 204 pp.

RAMONET, Ignacio, Propagandes silencieuses, Paris, Galilée, 2000, 204 pp.

RAMONET, Ignacio et al. (dir.), Médias, mensonges et démocratie, Paris, fevereiro de 1992, 98 pp. (Manière de voir, n.º 14).

RAMONET, Ignacio et al. (dir.), L'Agonie de la culture?, Paris, setembro de 1993, 98 pp. (Manière de voir, n.º 19).

RAMONET, Ignacio et al. (dir.), Médias et contrôle des esprits, Paris, agosto de 1995, 98 pp. (Manière de voir, nº 27).

RAMONET, Ignacio et al. (dir.), Révolution dans la communication, Paris, julho-agosto de 1999, 98 pp. (Manière de voir, n.º 46).

Reporters sans frontières, Les Journalistes sont-ils crédibles?, Montpellier, Les Éditions de RSF, 1991, 170 pp. (col. Presse et liberté).

Reporters sans frontières, La Presse en état de guerre, Montpellier, Les Éditions de RSF, 1991, 226 pp. (col. Presse et liberté)

Reporters sans frontières, Les Mensonges du Golfe, Montpellier, Arléa et Les Éditions de RSF, 1992, 172 pp.

RICARDO, Daniel, Ainda bem que me pergunta, Lisboa, Editorial Notícias, 2003, 252 pp. (col. Media & Sociedade, n.º 17).

RIEFFEL, Rémy, L'Elite des journalistes, Paris, PUF, 1984, 220 pp. (col. Sociologie d'aujourd'hui).

TEORIA DA INFORMAÇÃO JORNALÍSTICA

ROBIN, Christian, *L'Angle journalistique*, Paris CFPJ Éditions, 2009, 144 pp.

ROHDE, Éric, *L'Éthique du journalisme*, Paris, PUF, 2010, 126 pp. (col. Que sais-je?, n.º 3892).

ROUCAUTE, Yves, *Splendeurs et misères des journalistes*, Paris, Calmann-Lévy, 1991, 418 pp.

SALMON, Christina, *Storytelling*, Paris, La Découverte, 2010, 252 pp. (col. Poche, n.º 293).

SCHNEIDERMANN, Daniel, *Du Journalisme après Bourdieu*, Paris, Fayrad, 1999, 144 pp.

SCHNEIDERMANN, Daniel, *Le Cauchemar médiatique*, Paris, Denoël, 2003, 284 pp. (col. Impacts).

SIMON, François, *Journaliste. Dans les pas d'Hubert Beuve-Méry*, Paris, Arléa, 2005, 160 pp.

SOULEZ LARIVIÈRE, Daniel, *Du cirque médiatico-judiciaire et des moyens d'en sortir*, Paris, Seuil, 1993, 192 pp. (col. Essai politique).

TRISTANI-POTTEAUX, Françoise, *L'Information malade de ses stars*, Paris, J.J. Pauvert/Alésia, 1983, 318 pp.

TUNSTALL, Jeremy, *The media are american*, Londres, Constable, 1977, 352 pp. (col. Communication & society series).

WIEVIORKA, Michel e WOLTON, Dominique, *Terrorisme à la Une*, Paris, Gallimard, 1987, 260 pp. (col. Au Vif du sujet).

WILL, Nicolas, *Essai sur la presse et le capital*, Paris, UGE, 1976, 316 pp. (col. 10-18, n.º 1023).

WOODROW, Alain, *Information, manipulation*, Paris, Éditions du Félin, 1991, 204 pp.

WOODROW, Alain, *Les Médias, quatrième pouvoir ou cinquième colonne?*, Paris, Éditions du Félin, 1996, 260 pp.

Segunda parte:
Breves princípios de deontologia

A prática da informação em termos jornalísticos supõe que os profissionais tenham direitos e deveres. E há nesta matéria,

1. primeiro, o que depende
- da lei (matéria abordada pelas cadeiras de Direito da Informação e da Comunicação);
- das instâncias internacionais (como a Unesco ou o Conselho da Europa, por exemplo);
- das instituições de regulação (como o Conseil supérieur de l'Audiovisuel, na Bélgica e em França, e a Entidade Reguladora para a Comunicação Social, em Portugal, por exemplo);

2. em seguida, o que depende de acordos contratuais
- da profissão, considerada globalmente;
- do contrato individual que liga um profissional ao seu média;

3. finalmente, o que depende da autorregulação, nomeadamente a que emana
- das organizações profissionais (como o Conseil de Déontologie journalistique, instalado em 7 de dezembro de 2009 na Bélgica francófona, o Raad voor de Journalistiek, criado em 2 de dezembro de 2002

TEORIA DA INFORMAÇÃO JORNALÍSTICA

na Bélgica neerlandófona, ou o Conselho Deontológico do Sindicato dos Jornalistas, em Portugal);

- dos média eles mesmos (sob a forma de «cartas», de «códigos», de «livros de estilo», ou, como na RTBF (radiotelevisão pública belga francófona), de «regulamento(s) de ordem interior»).

Limitar-nos-emos a abordar aqui, de maneira extremamente sucinta o que depende da deontologia, matéria com contornos caracterizados por uma certa fluidez e cujas regras enunciadas são elas mesmas caracterizadas por uma certa relatividade. Claude-Jean Bertrand define a deontologia dos média como «um conjunto de princípios e de regras, estabelecidos pela profissão, de preferência em colaboração com os utentes, a fim de melhor responder às necessidades dos diversos grupos na população». E acrescenta: a deontologia dos média «não depende do direito, nem mesmo, em último caso, da moralidade, se tomarmos este termo no sentido estrito. Não se trata tanto de ser honesto e cortês — mas de assumir uma função social fundamental»[497].

De facto, os mecanismos de autorregulação do sistema mediático procuram fazer intervir princípios de ética da sociedade civil entre os simples mecanismos de regulação jurídico-administrativa do Estado e os económicos do mercado. O que supõe, como escreve Ugo Aznar:

- que se formulem «publicamente as normas éticas que devem guiar a atividade dos média»;
- que «se deem as condições de trabalho, profissionais e sociais que tornam possível o cumprimento *normal* das exigências éticas e deontológicas de comunicação»;
- que se examine, julgue e dê a conhecer à opinião pública os casos em que não foram respeitadas as normas na matéria, denunciando os erros e corrigindo-os;

[497] Cl.-J. Bertrand, *La Déontologie des médias*, Paris, PUF, 1997, p. 7.

BREVES PRINCÍPIOS DE DEONTOLOGIA

- que «o estudo, a discussão e o julgamento dos comportamentos éticos conflituais que se observam nos média permitam que a profissão, os que são os seus autores e o público em geral possam aprender a propósito da dimensão moral desta atividade»[498].

Na Europa, segundo a jornalista sueca Tiina Laitila, «se podem ser notadas diferenças no plano dos princípios particulares, geralmente, no entanto, os termos dos códigos apresentam grandes similitudes e parecem baseados em temas e ideias fundamentais convergentes» que poderíamos resumir em seis pontos fundamentais:

- «veracidade na procura e na difusão da informação;
- liberdade de expressão e de comentário, defesa destes princípios;
- igualdade de tratamento que supõe a ausência de discriminação na base da raça, da etnia, da religião, do sexo, da classe social, da profissão, de uma deficiência ou de outras características pessoais;
- honestidade (*fairness*), graças à utilização de meios diretos e transparentes para recolher e apresentar a informação;
- respeito das fontes, da referência a elas e da sua integridade, respeito dos direitos de autor e das regras de citação;
- independência e integridade do jornalista, garantidas pela recusa de pagamentos e de favores, pela verificação e a confidencialidade das fontes, pela recusa de toda e qualquer influência exterior sobre a sua atividade, pelo direito à cláusula de consciência»[499].

Tais princípios não deixam, porém, de suscitar críticas. Assim, Theodore Glasser, da Universidade Stanford, que põe em evidência o seu lado insatisfatório: «Os códigos deontológicos definem apenas os erros

---

[498] H. Aznar, *Ética y periodismo*, Barcelone, Paidós, 1999, pp. 42-45.

[499] T. Laitila, «Codes of ethics in Europe», *in* K. Nordenstreng (dir.), *Reports on media ethics in Europe*, Tampere, Universidade de Tampere, 1995, citado por H. Pigeat e J. Huteau, *Déontologie des médias*, Paris, Economica-Editions Unesco, 2000, p. 32.

individuais a não cometer, não dizem nada dos objetivos das empresas de [média] elas mesmas»[500]. Enquanto Régis Debray assinala o facto de «o poder jornalístico se assemelhar ao poder eclesiástico. Juiz e parte, administra ele mesmo os seus valores»[501].

Por outro lado, como o fazem notar Philippe Merlant e Luc Chatel, os códigos de deontologia, «concebidos na origem como escudos que deviam proteger unicamente os jornalistas das pressões exteriores — nomeadamente a da publicidade ou da confusão dos géneros entre informação e comunicação —, transformam-se em coadores quando o poder económico dispõe de tantos outros meios de influência: peso do *marketing*, integração dos constrangimentos comerciais, expansão das parcerias, conivências ideológicas...» E os dois mesmos autores acrescentam: «não seria necessário, por exemplo, alargar a reflexão ética a outros serviços além da redação, quando o desenvolvimento de parcerias, mesmo se podemos deplorá-lo, tendem a baralhar as fronteiras entre uns e outros? Para mais, a deontologia deixou de fornecer respostas todas prontas para questões complexas: será preciso submeter os textos das entrevistas às pessoas interrogadas para eventuais correções? Dever-se-á procurar limitar os compromissos [*engagements*] exteriores dos jornalistas para evitar toda e qualquer confusão dos géneros? Será preciso encorajar as contribuições de cidadão correndo o risco de trivializar o ofício?»[502]. Sem esquecer que, como o faz notar Loïc Hervouët, «a tomada em consideração da ética pode, por vezes, levar-nos a fazer entorses à deontologia jornalística»[503]...

---

[500] *Le Monde*, Paris, 24 de novembro de 2000, p. 22.
[501] *Ibidem*, 24 de novembro de 2000, p. 22.
[502] Ph. Merlant e L. Chatel, *Médias: la faillite d'un contre-pouvoir*, pp. 45-46.
[503] Citado por Ph. Merlant e L. Chatel, *Médias: la faillite d'un contre-pouvoir*, p. 46.

1. Textos de instâncias internacionais

1.1. Résolution 1 003 du Conseil de l'Europe sur l'éthique du journalisme
I. Informations et opinions
1. Outre les droits et les devoirs juridiques stipulés par les normes juridiques pertinentes, les médias assument, face aux citoyens et à la société, une responsabilité morale qu'il faut garder à l'esprit dans les moments actuels où l'information et la communication ont une grande importance tant pour le développement de la personnalité des citoyens que pour l'évolution de la société et de la vie démocratique.

2. L'exercice du journalisme comporte des droits et des devoirs, des libertés et des responsabilités.

3. Le principe de base de toute réflexion morale sur le journalisme doit partir d'une claire différenciation entre nouvelles et opinions, en évitant toute confusion. Les nouvelles sont les informations, des faits et des données et les opinions sont l'expression de pensées, d'idées, de croyances ou de jugements de valeur par les médias, les éditeurs ou les journalistes.

4. La diffusion des nouvelles doit se faire dans le respect de la vérité après avoir fait l'objet des vérifications de rigueur, les faits doivent être exposés, décrits et présentés avec impartialité. Les informations ne doivent pas se confondre avec les rumeurs. Les titres et les énoncés d'informations doivent être l'expression la plus fidèle possible du contenu des faits et des données.

5. L'expression d'opinions peut consister en réflexions ou commentaires sur des idées générales ou se référer à des commentaires sur des informations en rapport avec des événements concrets. Mais, s'il est vrai que l'expression d'opinions étant subjective on ne peut ni ne doit exiger la véracité, on peut exiger en revanche que l'expression d'opinions se fasse à partir d'exposés honnêtes et éthiquement corrects.

6. Les opinions sous forme de commentaires sur des événements ou des actions de personnes ou d'institutions ne doivent pas viser à nier ou à cacher la réalité des faits ou des données.

II. Le droit à l'information comme droit fondamental des personnes, éditeurs, propriétaires et journalistes

7. Les médias réalisent un travail de «médiation» et de prestation du service de l'information et les droits qu'ils ont quant à la liberté d'information sont fonction des destinataires, c'est-à-dire des citoyens.

8. L'information constitue un droit fondamental, mis en lumière par la jurisprudence de la Commission et de la Cour européennes des droits de l'homme relative à l'article 10 de la Convention européenne des droits de l'homme et reconnu par l'article 9 de la Convention européenne sur la télévision transfrontière et par les constitutions démocratiques, qui définissent les droits des citoyens, dont celui d'exiger que l'information donnée par le journaliste soit transmise fidèlement dans les nouvelles et commentée avec honnêteté sans ingérences extérieures que ce soit de la part des pouvoirs publics ou d'entités privées.

9. Les pouvoirs publics ne doivent pas considérer qu'ils sont les propriétaires de l'information. La représentativité publique autorise à agir en vue de garantir et de développer le pluralisme des médias et d'assurer que les conditions nécessaires à l'exercice de la liberté d'expression et du droit à l'information soient réunies, en excluant la censure préalable. Le Comité des ministres en est d'ailleurs conscient comme le prouve sa Déclaration sur la liberté d'expression et d'information adoptée le 29 avril 1982.

BREVES PRINCÍPIOS DE DEONTOLOGIA

10. Il faut garder à l'esprit que le journalisme repose sur les médias qui sont supportés par une structure d'entreprise à l'intérieur de laquelle il faut faire une distinction entre éditeurs, propriétaires et journalistes. C'est pourquoi non seulement il faut garantir la liberté des médias, mais aussi sauvegarder la liberté des médias en évitant les pressions internes.

11. Les entreprises consacrées à l'information doivent être considérées comme des entreprises socio-économiques spéciales dont les objectifs patronaux doivent être limités par les conditions qui doivent rendre possible la prestation d'un droit fondamental.

12. Dans les entreprises consacrées à l'information, il faut qu'il y ait totale transparence en matière de propriété et de gestion des médias, afin que les citoyens connaissent clairement l'identité des propriétaires et leur niveau d'engagement économique dans les médias.

13. Dans l'entreprise elle-même, les éditeurs doivent cohabiter avec les journalistes, en tenant compte du fait que le respect légitime de l'orientation idéologique des éditeurs ou des propriétaires est limité par les exigences incontournables de la véracité des nouvelles et de rectitude morale des opinions, exigées par le droit fondamental des citoyens à l'information.

14. En fonction de ces exigences, il faut renforcer les garanties de liberté d'expression des journalistes qui sont ceux qui, en dernier ressort, transmettent l'information. Il faut pour cela affiner juridiquement et clarifier la nature de la clause de conscience et du secret professionnel vis-à-vis des sources confidentielles, en harmonisant les dispositions nationales afin de pouvoir les appliquer dans le cadre plus large de l'espace démocratique européen.

15. Ni les éditeurs, ou les propriétaires, ni les journalistes ne doivent considérer que l'information leur appartient. Dans l'entreprise ayant pour vocation l'information, celle-ci ne doit pas être traitée comme une marchandise mais comme un droit fondamental des citoyens. En conséquence, ni la qualité des informations ou des opinions, ni le sens de celles-ci, ne

TEORIA DA INFORMAÇÃO JORNALÍSTICA

doivent être exploités dans le but d'augmenter le nombre de lecteurs ou l'audience, et par voie de conséquence les ressources de la publicité.

16. Toute information conforme aux impératifs éthiques exige que l'on considère ses destinataires comme des personnes et non comme une masse.

III. La fonction du journalisme et son activité éthique

17. L'information et la communication, tâches dont s'acquitte le journalisme au travers des médias et avec le formidable support des nouvelles technologies, ont une importance décisive dans le développement individuel et social. Elles sont indispensables dans la vie démocratique car, pour que la démocratie puisse se développer pleinement, la participation des citoyens aux affaires publiques doit être garantie. Or, elle serait impossible si les citoyens ne recevaient pas l'information nécessaire concernant les affaires publiques et que doivent leur procurer les médias.

18. L'importance de l'information, et en particulier de la radio et de la télévision dans la culture et l'éducation, a été soulignée dans la Recommandation 1067 de l'Assemblée et ses répercussions sur l'opinion publique sont évidentes.

19. Il serait faux, néanmoins, d'en déduire que les médias représentent l'opinion publique ou qu'ils doivent remplacer les fonctions propres aux pouvoirs publics ou aux institutions à caractère éducatif ou culturel telles que l'école.

20. Cela nous amènerait à convertir les médias et le journalisme en pouvoirs et contre-pouvoirs (médiocratie) sans qu'ils soient représentatifs des citoyens, et assujettis aux contrôles démocratiques des pouvoirs publics et sans qu'ils possèdent la spécialisation des institutions culturelles ou éducatives compétentes.

21. Par conséquent, l'exercice du journalisme ne doit pas conditionner ni médiatiser l'information vraie ou impartiale ni les opinions honnêtes en prétendant créer ou former l'opinion publique, étant donné que sa légiti-

mité réside dans le fait de rendre effectif le droit fondamental des citoyens à l'information dans le cadre du respect des valeurs démocratiques. Dans ce sens le journalisme d'investigation légitime trouve ses limites dans la véracité et l'honnêteté des informations et des opinions et il est incompatible avec toute campagne journalistique réalisée à partir de prises de position *a priori* et au service d'intérêts particuliers.

22. Les journalistes, dans les informations qu'ils donnent et les opinions qu'ils formulent, doivent respecter la présomption d'innocence principalement lorsqu'il s'agit d'affaires en instance de jugement, en évitant de prononcer des verdicts.

23. Ils doivent respecter le droit des personnes à leur vie privée. Les personnes qui ont des fonctions dans la vie publique ont droit à la protection de leur vie privée sauf dans les cas où cela peut avoir des incidences sur la vie publique. Le fait qu'une personne occupe un poste dans la fonction publique ne la prive pas du droit au respect de sa vie privée.

24. La recherche d'un équilibre entre le droit au respect de la vie privée, consacré par l'article 8 de la Convention européenne des droits de l'homme, et la liberté d'expression, consacrée par son article 10, est largement documentée dans la jurisprudence récente de la Commission et de la Cour européennes des droits de l'homme.

25. Dans l'exercice de la profession de journaliste, la fin ne justifie pas les moyens. L'information doit donc être obtenue par des moyens légaux et moraux.

26. A la demande des personnes intéressées, et par l'intermédiaire des médias, on rectifiera, avec le traitement informatif adéquat automatiquement et rapidement, toutes les informations et les opinions démontrées fausses ou erronées. La législation nationale devrait prévoir des sanctions adéquates et, si nécessaire, des dédommagements.

27. Pour qu'il existe une harmonisation dans l'utilisation de ce droit dans les États membres du Conseil de l'Europe, il convient de mettre en oeuvre la Résolution (74) 26 sur « *le droit de réponse: situation de l'individu*

TEORIA DA INFORMAÇÃO JORNALÍSTICA

à l'égard de la presse » adoptée par le Comité des ministres le 2 juillet 1974, ainsi que les dispositions pertinentes de la Convention européenne sur la télévision transfrontalière.

28. Pour assurer la qualité du travail du journaliste et son indépendance, il faut lui garantir un salaire digne et des conditions, des moyens et des instruments de travail appropriés.

29. Dans les rapports nécessaires qu'il leur faut entretenir avec les pouvoirs publics ou les milieux économiques, les journalistes doivent éviter d'en arriver à une connivence de nature à nuire à l'indépendance et l'impartialité de leur profession.

30. Les journalistes ne doivent pas confondre les événements conflictuels et spectaculaires avec les faits importants d'un point de vue informatif. Dans l'exercice de leur profession ils ne doivent pas avoir pour objectif principal d'acquérir un prestige et une influence personnels.

31. Étant donné la complexité du processus informatif, qui de plus en plus suppose l'emploi de nouvelles technologies, de rapidité et un esprit de synthèse, il faut exiger du journaliste une formation professionnelle adéquate.

IV. Les statuts de la rédaction journalistique

32. Dans les entreprises consacrées à l'information, les éditeurs, les propriétaires et les journalistes doivent cohabiter. Pour ce faire, il faut élaborer des statuts de la rédaction journalistique pour réglementer les rapports professionnels des journalistes avec les propriétaires et avec les éditeurs au sein des médias, indépendamment des obligations normales entre partenaires sociaux. On pourra prévoir dans ces statuts l'existence de comités de rédaction.

V. Situations de conflit et cas de protection spéciale

33. La société connaît parfois des situations de conflit et de tension nées sous la pression de facteurs tels que le terrorisme, la discrimination à l'en-

contre des minorités, la xénophobie ou la guerre. Dans ces circonstances, les médias ont l'obligation morale de défendre les valeurs de la démocratie qui sont le respect de la dignité humaine, et la recherche de solution par des méthodes pacifiques et dans un esprit de tolérance. Ils doivent, par conséquent, s'opposer à la violence et au langage de la haine et de l'affrontement, en rejetant toute discrimination fondée sur la culture, le sexe ou la religion.

34. Lorsqu'il s'agit de défendre les valeurs démocratiques, personne ne doit rester neutre. Dans ce sens, les médias doivent contribuer dans une mesure importante à prévenir les moments de tension et favoriser la compréhension mutuelle, la tolérance et la confiance entre les différentes communautés dans les régions en conflit, comme l'a fait le secrétariat général du Conseil de l'Europe en encourageant l'adoption de mesures de confiance dans le cas des territoires de l'ancienne Yougoslavie.

35. Compte tenu de l'influence toute spéciale des médias, et surtout de la télévision, sur la sensibilité des enfants et des jeunes, il convient d'éviter la diffusion d'émissions, de messages ou d'images glorifiant la violence, exploitant le sexe et la consommation ou faisant usage d'un langage délibérément inconvenant.

VI. Éthique et auto-contrôle en journalisme

36. Compte tenu de ce qui précède, les médias doivent s'engager à se soumettre à des principes déontologiques rigoureux garantissant la liberté d'expression et le droit fondamental des citoyens à recevoir des informations vraies et des opinions honnêtes.

37. Pour la surveillance de la mise en application de ces principes, il faut créer des organismes ou des mécanismes d'auto-contrôle composés d'éditeurs, de journalistes, d'associations de citoyens, de représentants des milieux universitaires et de juges qui élaboreront des résolutions sur le respect des préceptes déontologiques par les journalistes, que les médias

TEORIA DA INFORMAÇÃO JORNALÍSTICA

s'engageront à rendre publiques. Tout cela aidera le citoyen, qui a droit à l'information, à porter un jugement critique sur le travail du journaliste et sa crédibilité.

38. Les organismes ou les mécanismes d'auto-contrôle ainsi que les associations d'utilisateurs des médias et les départements universitaires compétents pourront publier annuellement les recherches effectuées *a posteriori* sur la véracité des informations diffusées par les médias, par rapport à la réalité des faits. De cette façon, on obtiendra un baromètre de la crédibilité qui renseignera les citoyens sur la valeur éthique de chaque média ou de chaque section ou d'un journaliste en particulier. Les mesures correctives prises en conséquence permettront en même temps d'améliorer l'exercice de la profession de journaliste.

Adotado por unanimidade pela assembleia parlamentar do Conselho da Europa, em 1 de julho de 1993.

2. Textos de instituições de regulação

2.1. Code d'éthique de la Publicité du Conseil Supérieur de l'Audiovisuel (da Comunidade Valónia-Bruxelas)

Préambule

Sont destinataires des règles du présent code général, les annonceurs, les agences de publicité et les radiodiffuseurs.

Une responsabilité plus particulière existe dans le chef de:

a. l'annonceur qui doit assumer la responsabilité globale et ultime du contenu et de la forme de sa publicité;

b. l'agence de publicité qui doit prendre toutes les précautions voulues à l'élaboration du message publicitaire et doit agir de telle façon que l'annonceur puisse faire face à sa responsabilité;

c. le radiodiffuseur qui doit assumer la responsabilité globale et ultime des modalités de diffusion des messages publicitaires vers le public et apporter tous ses soins dans l'acceptation des messages.

Le présent code d'éthique énonce les principes généraux d'éthique publicitaire applicables à toute publicité tombant dans le champ d'application de l'article 25 du décret du 24 juillet 1997.

Pour l'objet du présent code, on entend par:

a. «Publicité»: la publicité telle que définie dans le décret du 17 juillet 1987, notamment la publicité commerciale et non commerciale, le

TEORIA DA INFORMAÇÃO JORNALÍSTICA

parrainage, le téléachat et toute forme de communication commerciale ou promotionnelle;

b. «Produit»: les biens et les services;

c. «Consommateur»: tout auditeur ou téléspectateur à qui s'adresse un message publicitaire ou qui est susceptible de le recevoir.

Article 1

Toute publicité doit être conforme à la loi, décente et loyale. Elle doit être conforme aux exigences de véracité.

Toute publicité ne peut ni porter atteinte au respect de la dignité humaine ni attenter à des convictions religieuses, philosophiques ou politiques ni encourager des comportements agressifs ou préjudiciables à la santé, à la sécurité ou à la protection de l'environnement.

Toute publicité doit être conçue avec un juste sens de la responsabilité sociale. Elle ne peut faire inutilement référence aux institutions publiques, notamment par le biais de leurs représentants de manière telle qu'elles puissent être discréditées aux yeux du public. Elle doit être conforme aux usages honnêtes en matière commerciale.

Aucun message publicitaire ne peut être de nature à dégrader la confiance que le public est en droit de porter à la publicité.

La publicité ne peut jeter le discrédit sur ceux qui ne consomment ou n'utilisent pas un produit déterminé.

Une attention particulière sera accordée à la protection des mineurs.

Article 2

La publicité doit proscrire toute déclaration ou présentation visuelle ou sonore contraire aux convenances couramment admises.

Article 3

La publicité doit être conçue de manière à ne pas abuser de la confiance et à ne pas exploiter le manque d'expérience ou de connaissance des consommateurs.

304

Article 4

1. La publicité doit proscrire toute exploitation abusive et non justifiable du sentiment de peur.

2. La publicité doit proscrire toute exploitation de la superstition.

3. La publicité ne peut contenir aucune incitation directe ou indirecte à la violence, ni mettre en valeur des comportements socialement irresponsables.

4. La publicité doit être exempte de toute discrimination fondée sur l'origine ethnique, la langue, la religion, les opinions politiques ou philosophiques, la nationalité, le sexe ou le statut social ou professionnel.

Article 5

1. La publicité ne peut être de nature à induire en erreur le consommateur, notamment en ce qui concerne:

a. les caractéristiques du produit telles que: nature, composition, méthode et date de fabrication, adaptation à l'objet, possibilités d'utilisation, quantité, origine commerciale ou géographique;

b. la valeur du produit et le prix total à payer effectivement;

c. les autres conditions de paiement telles que location-vente, leasing, paiements échelonnés et vente à crédit;

d. la livraison, l'échange, le renvoi, la réparation et l'entretien;

e. les conditions de la garantie;

f. les droits d'auteur et de propriété industrielle tels que brevets, marques, dessins et modèles, noms commerciaux;

g. les homologations et reconnaissances officielles, l'attribution de médailles, prix et diplômes;

h. l'étendue des avantages acquis à des causes charitables.

2. La publicité ne peut pas utiliser indûment des résultats de recherche ou des citations tirées d'ouvrages techniques et scientifiques. Les statistiques ne doivent pas être présentées de manière à exagérer leur validité

TEORIA DA INFORMAÇÃO JORNALÍSTICA

réelle. Il ne doit pas être abusé de termes scientifiques, ni fait usage de formules pseudo-scientifiques ou sans rapport avec l'objet de la publicité à l'appui de prétentions sans base scientifique réelle.

Article 6

Lorsque la publicité contient une comparaison, celle-ci ne peut pas être de nature à induire en erreur le consommateur et doit respecter les principes de la concurrence loyale.

Article 7

La publicité ne peut reproduire ou citer aucune attestation, recommandation ou déclaration qui ne soit véridique, vérifiable, pertinente et fondée sur une expérience ou une connaissance personnelle. L'utilisation d'attestations, de recommandations ou de déclarations périmées ou rendues trompeuses par l'écoulement du temps est prohibée.

Article 8

N'est pas conforme à l'éthique, tout dénigrement d'une personne, d'un groupe de personnes, d'une entreprise, d'une activité industrielle ou commerciale, d'une profession, d'une institution ou organisation, d'un produit, que ce soit en lui attirant le mépris, le ridicule ou le discrédit ou par tout autre moyen.

Article 9

Toute publicité contenant soit une référence à une personne ou à une institution, soit une déclaration soit une attestation de celle-ci, devra respecter la loi protégeant les personnes, leur image, leur voix, leur réputation et leur vie privée. Une prudence particulière s'impose lorsque cette référence ou attestation s'inscrit dans un contexte de nature à faire croire aux consommateurs que cette personne ou institution a souhaité se montrer favorable à un produit.

Article 10

Sans préjudice des règles de protection des droits de la propriété intellectuelle, la publicité ne peut tirer indûment profit du renom attaché au nom, à la marque ou à toute autre caractéristique protégée par la propriété intellectuelle d'une autre personne, entreprise ou institution ainsi qu'au renom acquis par d'autres campagnes de publicité.

Article 11

Est contraire à l'éthique, toute imitation d'autres messages publicitaires notamment lorsque cette imitation risque d'entraîner des erreurs ou des confusions, sans préjudice de la protection des droits de propriété intellectuelle.

Article 12

La publicité doit être aisément identifiable comme telle et être nettement distincte du programme grâce à des moyens optiques ou acoustiques.

La publicité ne peut pas utiliser des techniques subliminales.

La publicité clandestine est contraire à l'éthique.

Est contraire à l'éthique, toute utilisation par la publicité de personnes qui présentent régulièrement tout ou partie des journaux parlés ou télévisés ou des magazines d'actualité. Il en est de même de toute référence directe ou indirecte dans la publicité à un programme ou à un élément de programme qui induit en erreur les consommateurs ou crée chez eux la confusion.

Article 13

Sauf justification d'ordre éducatif ou social, la publicité ne peut comporter aucune présentation visuelle ni aucune description de pratiques dangereuses ou de situations où la santé et la sécurité des personnes et des biens ne sont pas respectées ou sont susceptibles de ne pas l'être. Une prudence particulière, justifiant s'il y a lieu une mention spéciale en ce sens, s'impose dans la publicité présentant des mineurs ou s'adressant à eux.

Article 14

La publicité ne peut porter préjudice aux mineurs et doit, de ce fait, respecter les critères suivants dans leur protection:

a. elle ne peut pas inciter directement les mineurs à l'achat d'un produit ou d'un service en exploitant leur inexpérience, leur crédulité ou en mettant leur loyauté à l'épreuve;

b. elle ne peut pas inciter directement les mineurs à persuader leurs parents ou des tiers d'acheter les produits concernés;

c. elle ne peut pas exploiter la confiance particulière que les mineurs ont dans leurs parents, leurs enseignants ou d'autres personnes;

d. elle ne peut pas, sans motif, présenter des mineurs en situation dangereuse.

La portée du présent article est particulièrement à apprécier en tenant compte de l'âge du mineur à qui s'adresse la publicité, du moment de diffusion d'une publicité ou, le cas échéant, du caractère excessivement répétitif de sa diffusion.

Article 15

Une publicité contraire au code ne saurait être justifiée par le fait qu'une rectification, une correction ou un complément d'information soit communiqué, par ailleurs, au consommateur.

La responsabilité du respect des règles du présent code s'étend à tous les éléments — fond et forme — de la publicité y compris les attestations et les déclarations ou présentations visuelles ou sonores qui sont le fait de tiers. Que le contenu ou la forme soient en tout ou en partie le fait d'un tiers ne peut pas être une excuse pour le non-respect des règles du code.

3. Textos de organizações profissionais

3.1. *Déclaration des devoirs et des droits des journalistes*

Préambule

Le droit à l'information, à la libre expression et à la critique est une des libertés fondamentales de tout être humain.

De ce droit du public à connaître les faits et les opinions procède l'ensemble des devoirs et des droits des journalistes.

La responsabilité des journalistes vis-à-vis du public prime toute autre responsabilité, en particulier à l'égard de leurs employeurs et des pouvoirs publics.

La mission d'information comporte nécessairement des limites que les journalistes eux-mêmes s'imposent spontanément. Tel est l'objet de la déclaration des devoirs formulée ici.

Mais ces devoirs ne peuvent être effectivement respectés dans l'exercice de la profession de journaliste que si les conditions concrètes de l'indépendance et de la dignité professionnelle sont réalisées. Tel est l'objet de la déclaration des droits qui suit.

Déclaration des devoirs

Les devoirs essentiels du journaliste dans la recherche, la rédaction et le commentaire des événements sont:

1. Respecter la vérité, quelles qu'en puissent être les conséquences pour lui-même, et ce, en raison du droit que le public a de connaître la vérité.

2. Défendre la liberté de l'information, du commentaire et de la critique.

3. Publier seulement les informations dont l'origine est connue ou dans le cas contraire les accompagner des réserves nécessaires; ne pas supprimer les informations essentielles et ne pas altérer les textes et documents.

4. Ne pas user de méthodes déloyales pour obtenir des informations, des photographies et des documents.

5. S'obliger à respecter la vie privée des personnes.

6. Rectifier toute information publiée qui se révèle inexacte.

7. Garder le secret professionnel et ne pas divulguer la source des informations obtenues confidentiellement.

8. S'interdire le plagiat, la calomnie, la diffamation et les accusations sans fondement, ainsi que de recevoir un quelconque avantage en raison de la publication ou de la suppression d'une information.

9. Ne jamais confondre le métier de journaliste avec celui du publicitaire ou du propagandiste; n'accepter aucune consigne, directe ou indirecte, des annonceurs.

10. Refuser toute pression et n'accepter de directive rédactionnelle que des responsables de la rédaction.

Tout journaliste digne de ce nom se fait un devoir d'observer strictement les principes énoncés ci-dessus. Reconnaissant le droit en vigueur dans chaque pays, le journaliste n'accepte en matière d'honneur professionnel que la juridiction de ses pairs, à l'exclusion de toute ingérence gouvernementale ou autre.

Déclaration des droits

1. Les journalistes revendiquent le libre accès à toutes les sources d'information et le droit d'enquêter librement sur tous les faits qui conditionnent la vie publique. Le secret des affaires publiques ou privées ne peut en ce cas être opposé au journaliste que par exception et en vertu de motifs clairement exprimés.

BREVES PRINCÍPIOS DE DEONTOLOGIA

2. Le journaliste a le droit de refuser toute subordination qui serait contraire à la ligne générale de l'organe d'information auquel il collabore, telle qu'elle est déterminée par écrit dans son contrat d'engagement, de même que toute subordination qui ne serait pas clairement impliquée par cette ligne générale.

3. Le journaliste ne peut être contraint à accomplir un acte professionnel ou à exprimer une opinion qui serait contraire à sa conviction ou à sa conscience.

4. L'équipe rédactionnelle doit être obligatoirement informée de toute décision importante de nature à affecter la vie de l'entreprise. Elle doit être au moins consultée, avant toute décision définitive, sur toute mesure intéressant la composition de la rédaction: embauche, licenciement, mutation et promotion des journalistes.

5. En considération de sa fonction et de ses responsabilités, le journaliste a droit non seulement au bénéfice des conventions collectives, mais aussi à un contrat personnel assurant la sécurité matérielle et morale de son travail ainsi qu'à une rémunération correspondant au rôle social qui est le sien, et suffisante pour garantir son indépendance économique.

Adotada em 1971, em Munique.

Adotada pela Fédération internationale des Journalistes e pela Organisation internationale des Journalistes.

3.2. Déclaration de principe de la FIJ sur la conduite des journalistes

La présente déclaration internationale précise les règles de conduite des journalistes dans la recherche, la transmission, la diffusion et le commentaire des nouvelles et de l'information et dans la description des événements.

1. Respecter la vérité et le droit que le public a de la connaître constitue le devoir primordial du journaliste.

TEORIA DA INFORMAÇÃO JORNALÍSTICA

2. Conformément à ce devoir, le journaliste défendra, en tout temps, le double principe de la liberté de rechercher et de publier honnêtement l'information, du commentaire et de la critique et le droit au commentaire équitable et à la critique loyale.

3. Le journaliste ne rapportera que les faits dont il / elle connaît l'origine, ne supprimera pas les informations essentielles et ne falsifiera pas de documents.

4. Le journaliste n'utilisera que des moyens équitables pour obtenir des informations, des photographies et des documents.

5. Le journaliste s'efforcera par tous les moyens de rectifier toute information publiée et révélée inexacte et nuisible.

6. Le journaliste gardera le secret professionnel concernant la source des informations obtenues confidentiellement.

7. Le journaliste prendra garde aux risques d'une discrimination propagée par les médias et fera son possible pour éviter de faciliter une telle discrimination, fondée notamment sur la race, le sexe, les moeurs sexuelles, la langue, la religion, les opinions politiques et autres et l'origine nationale ou sociale.

8. Le journaliste considérera comme fautes professionnelles graves:
– le plagiat
– la distorsion malveillante
– la calomnie, la médisance, la diffamation, les accusations sans fondement
– l'acceptation d'une quelconque gratification en raison de la publication d'une information ou de sa suppression.

9. Tout journaliste digne de ce nom se fait un devoir d'observer strictement les principes énoncés ci-dessus. Reconnaissant le droit connu de chaque pays, le journaliste n'acceptera, en matière professionnelle, que la juridiction de ses pairs, à l'exclusion de toute intrusion gouvernementale ou autre.

Adotada pelo 2º Congresso Mundial da Fédération internationale des journalistes, reunido em Bordéus, França, de 25 a 28 de abril de 1954.

Modificada pelo 18º Congresso Mundial da FIJ, reunido em Helsingor, Dinamarca, de 2 a 6 de junho de 1986.

3.3. Code de principes de journalisme en Belgique

La liberté d'expression est un des droits fondamentaux de l'homme; sans elle l'opinion publique ne peut être informée adéquatement.

Soucieuses de préserver l'intégrité et la liberté de la presse, l'ABEJ, la FNHI et l'AGJPB ont adopté le code suivant de principes du journalisme.

1. La liberté de la presse est la principale sauvegarde de la liberté d'expression, sans laquelle la protection des autres libertés civiques fondamentales ne saurait être assurée.

La presse doit avoir le droit de recueillir et de publier sans entrave informations et commentaires pour assurer la formation de l'opinion publique.

2. Les faits

Les faits doivent être recueillis et rapportés avec impartialité.

3. Séparation de l'information et du commentaire

La séparation entre la relation des faits et les commentaires doit être bien visible.

Ce principe ne doit pas limiter le droit du journal à présenter sa propre opinion et le point de vue d'autrui.

4. Respect de la diversité d'opinion

La presse reconnaît et respecte la diversité d'opinion, elle défend la liberté de publier des points de vue différents.

Elle s'oppose à toute discrimination pour des raisons de sexe, de race, de nationalité, de langue, de religion, d'ethnie, de culture, de classe ou de convictions, dans la mesure où les convictions ainsi professées n'entrent pas en conflit avec le respect des droits fondamentaux de la personne humaine.

5. Respect de la dignité humaine

Les éditeurs, les rédacteurs en chef et les journalistes doivent respecter la dignité et le droit à la vie privée de la personne et doivent éviter toute intrusion dans les souffrances physiques et morales à moins que des considérations touchant à la liberté de la presse, telle que définie à l'article 1, ne le rendent nécessaire.

6. Présentation de la violence

Les crimes, le terrorisme et autres actes de cruauté et d'inhumanité ne doivent pas être glorifiés.

7. Rectification des informations erronées

Les faits et informations qui, après avoir été publiés, se révéleraient faux doivent être rectifiés sans restrictions, et sans préjudice des dispositions légales sur le droit de réponse.

8. Protection des sources d'information

Les sources d'information confidentielles ne peuvent être communiquées sans autorisation expresse des informateurs.

9. Maintien du secret

Le maintien du secret des affaires publiques et privées tel qu'il est défini par la loi ne peut porter atteinte à la liberté de la presse telle qu'elle est définie à l'article 1.

10. Droits de l'homme

Si la liberté d'expression entre en conflit avec d'autres droits fondamentaux, il appartient aux éditeurs et rédacteurs en chef après consultation de tous les journalistes intéressés de décider sous leur seule responsabilité du droit auquel ils accordent la priorité.

11. Indépendance

Les journaux et les journalistes ne doivent céder à aucune pression.

12. Annonces

Les annonces doivent être présentées de façon telle que le lecteur ne puisse les confondre avec les informations.

ABEJ: Association belge des Éditeurs de Journaux.

AGJPB: Association générale des Journalistes professionnels de Belgique.

FNHI: Fédération nationale des Hebdomadaires d'Information.

3.4. Recommandations pour l'information relative aux allochtones

Résumé

1. Ne mentionner la nationalité, le pays d'origine, l'appartenance ethnique, la couleur de la peau, la religion ou la culture que si ces informations sont pertinentes.

Une manière de tester cette pertinence consiste à remplacer les termes cités par des «homologues» ou par des informations relatives à des autochtones. En règle générale, pour décider s'il est utile ou non de donner certaines informations, il faut tenir compte de deux facteurs: le dommage causé à l'article si ces informations ne sont pas données et le dommage causé à l'intéressé si elles le sont.

2. Éviter les généralisations et les manichéismes injustifiés.

2.1. Recommandation: nuancer correctement les articles relatifs aux personnes issues de l'immigration. Ceci peut se faire en précisant, par exemple, que ce qui a été dit en termes généraux n'est pas nécessairement valable pour tous. Ou que tous les immigrés ne sont pas du même avis.

TEORIA DA INFORMAÇÃO JORNALÍSTICA

2.2. Recommandation: éviter le plus possible les polarisations du type «nous-eux». il est préférable d'insister sur les ressemblances que sur les différences.

3. Éviter de créer inutilement des problèmes et de dramatiser.

3.1. Recommandation: les médias pourraient parler plus souvent des personnes issues de l'immigration dans des situations «normales» pour qu'elles soient considérées comme des citoyens «normaux».

3.2. Recommandation: les médias pourraient parler des immigrés d'une façon plus positive.

Toute information mérite d'être explicitée et resituée dans son contexte pour qu'elle soit comprise le mieux possible. Au-delà du «qui, quoi et où», les sujets d'actualité doivent répondre, dans toute la mesure du possible, au «comment» et au «pourquoi».

4. Exactitude, droit de réponse et rectifications.

4.1. Recommandation: apporter le plus grand soin aux informations relatives aux personnes issues de l'immigration. La terminologie de base, l'orthographe des noms allochtones, les chiffres et les sources d'information doivent être traités avec la plus grande prudence.

4.2. Recommandation: soumettre systématiquement le courrier des lecteurs relatif aux personnes issues de l'immigration à un membre de la rédaction familier du sujet.

5. Un regard critique sur l'extrême-droite et le racisme.

Recommandation: mentionner clairement qui est l'auteur des propos ou des opinions rapportées et le contexte dans lequel ils se situent, et être attentif à la désinformation systématique pratiquée par l'extrême-droite pour ce qui concerne p. ex. les chiffres de la criminalité, de chômage et de la présence des allochtones. On peut également contrebalancer ces opinions en y opposant des points de vue différents. Les lettres des lecteurs au contenu raciste ne devraient pas être publiées telles quelles.

BREVES PRINCÍPIOS DE DEONTOLOGIA

6. L'information ne s'achève pas lorsqu'on repose le stylo.

Recommandation: assurer le suivi maximal de chaque sujet, jusque dans sa forme définitive, y compris le choix des titres, illustrations et images.

Adotado pela Association générale des Journalistes professionnels de Belgique, em junho de 1994.

3.5. Code de déontologie de la presse luxembourgeoise

1. Du droit à l'information et de la liberté d'expression telle qu'elle est garantie par la Constitution et affirmée par la Déclaration des Droits de l'Homme découle la responsabilité du journaliste et de l'éditeur.

Cette responsabilité implique

a. le respect de la vérité, de la liberté d'opinion d'autrui ainsi que de la dignité humaine et de la vie privée;

b. l'engagement de ne publier que les informations dont les sources sont dignes de foi, de marquer les informations de source douteuse comme telles et d'observer le secret professionnel qui implique le droit de taire ses sources d'information. Cette responsabilité implique le souci de séparer la relation des faits et les commentaires propres;

c. l'interdiction du plagiat, de l'offense, de l'injure, de la diffamation, de la calomnie et de la discrimination raciale, ethnique, religieuse et idéologique;

d. l'obligation de rectifier dans les meilleurs délais toute information qui se révèle inexacte;

e. l'obligation de s'abstenir d'une présentation exagérée des faits établis ou apte à promouvoir la violence, la cruauté, les délits et les crimes;

f. le refus de toute vénalité dans l'exercice de la profession ainsi que le refus d'utiliser son influence professionnelle à d'autres fins que l'information et la formation de l'opinion publique;

g. le respect de la loi des droits d'auteur.

2. La responsabilité du journaliste et de l'éditeur présuppose certains droits indispensables à l'exercice du métier.

Ces droits comprennent

a. l'accès à toutes sources d'informations requises dans l'accomplissement de leur devoir;

b. le refus de toute subordination contraire soit à la conviction personnelle, soit à la ligne générale de l'organe de presse existante ou arrêtée entre journalistes et éditeur;

c. le refus de toute pression et influence émanant des annonceurs dont la publicité doit être présentée d'une façon telle que le public ne puisse la confondre avec les informations.

3. La responsabilité du journaliste et de l'éditeur implique l'obligation de respecter les délais d'embargo s'il y a des impératifs exceptionnels et légitimes.

3.6. Charte des devoirs professionnels des journalistes français

Un journaliste digne de ce nom prend la responsabilité de tous ses écrits, même anonymes;

> tient la calomnie, les accusations sans preuves, l'altération des documents, la déformation des faits, le mensonge, pour les plus graves fautes professionnelles;

> ne reconnaît que la juridiction de ses pairs, souveraine en matière d'honneur professionnel;

> n'accepte que des missions compatibles avec la dignité professionnelle;

> s'interdit d'invoquer un titre ou une qualité imaginaires, d'user de moyens déloyaux pour obtenir une information, ou surprendre la bonne foi de quiconque;

> ne touche pas d'argent dans un service public ou une entreprise privée où sa qualité de journaliste, ses influences, ses relations seraient susceptibles d'être exploitées;

> ne signe pas de son nom des articles de réclame commerciale ou financière;

> ne commet aucun plagiat, cite les confrères dont il reproduit un texte quelconque;

> ne sollicite pas la place d'un confrère, ni ne provoque son renvoi en offrant de travailler à des conditions inférieures;

> garde le secret professionnel;

> n'use pas de la liberté de la presse dans une intention intéressée;

> revendique la liberté de publier honnêtement ses informations;

> tient le scrupule et le souci de la justice pour des règles premières;

> ne confond pas son rôle avec celui du policier.

Adotada pelo Syndicat national des Journalistes, em 1918.
Revista e completada em 1938.

3.7. Charte européenne pour la liberté de la presse
Art. 1

La liberté de la presse est vitale pour une société démocratique. Il revient à tout pouvoir étatique de l'observer et de la protéger, et de respecter la diversité des médias journalistiques sous toutes leurs formes de distribution, ainsi que leurs missions politiques, sociales et culturelles.

Art. 2

La censure est proscrite. Il convient de garantir l'indépendance du journalisme dans tous les médias sans poursuites ni représailles, sans ingérence politique ou régulatrice de l'État. La presse et les médias en ligne ne doivent pas être soumis à une licence de l'État.

Art. 3

Le droit des journalistes et des médias à la collecte et à la diffusion d'informations et d'opinions ne doit pas être menacé, restreint ou sanctionné.

Art. 4

La protection des sources journalistiques doit être strictement observée. Toute action de perquisition de rédactions et de locaux de journalistes, ou de surveillance, d'écoute des communications de journalistes ayant pour objet de révéler des sources d'information ou de violer le secret rédactionnel est proscrite.

Art. 5

Tous les États doivent assurer que les médias jouissent de l'entière protection d'un système judiciaire indépendant et des autorités dans l'accomplissement de leurs missions. Cela vaut en particulier pour la défense des journalistes et de leurs collaborateurs en cas d'harcèlement et d'atteintes portées à la vie et à l'intégrité corporelle. Toute menace ou violation de ces droits doit faire l'objet d'une enquête approfondie et être réprimée par la justice.

Art. 6

L'existence économique et l'indépendance des médias ne doit pas être mise en danger par des institutions étatiques ou sous tutelle de l'État, ou par d'autres organismes. La menace de préjudices économiques est également proscrite. Les entreprises privées doivent respecter l'indépendance éditoriale des médias et s'abstenir d'exercer des pressions sur le contenu éditorial ou d'essayer de rendre flou la distinction entre la publicité et le contenu éditorial.

Art. 7

Les institutions étatiques ou sous tutelle de l'État ne doivent pas entraver la liberté d'accès aux informations des journalistes. Elles sont tenues de soutenir leur mission d'information.

BREVES PRINCÍPIOS DE DEONTOLOGIA

Art. 8

Les médias et les journalistes ont le droit d'accéder librement à toutes les informations et sources d'informations, y compris en provenance de l'étranger. Les visas, accréditations et autres documents indispensables à l'activité d'information doivent être délivrés sans délai aux journalistes étrangers.

Art. 9

L'opinion publique de chaque État doit se voir garantir le libre accès à l'ensemble des médias et sources d'informations nationaux et étrangers.

Art. 10

L'État ne doit pas limiter l'accès à la profession de journaliste.

Adotado em 25 de maio de 2009 em Hamburgo por 48 diretores de redação e quadros jornalistas (sobretudo de Europa Central e de Europa de Leste).

3.8. *"Code Frappat"*

1. Le métier de journaliste

1.1. Le journaliste a pour fonction de rechercher, pour le public, des informations, de les vérifier, de les situer dans un contexte, de les hiérarchiser, de les mettre en forme, et éventuellement de les commenter, afin de les diffuser, sous toute forme et sur tout support.

1.2. Il le fait, au sein d'une équipe rédactionnelle, sous l'autorité de la direction de la rédaction et la responsabilité du directeur de la publication, dans le cadre d'une politique éditoriale définie.

1.3. Les journalistes et les responsables éditoriaux placent au coeur de leur métier le droit du public à une information de qualité. A cette fin, ils veillent avec la même exigence au respect des règles déontologiques énoncées dans ce code.

TEORIA DA INFORMAÇÃO JORNALÍSTICA

1.4. L'indépendance du journaliste, condition essentielle d'une information libre, honnête et pluraliste, va de pair avec sa responsabilité. Le journaliste doit toujours avoir conscience des conséquences, positives ou négatives, des informations qu'il diffuse.

2. Le recueil et le traitement de l'information

2.1. Le journaliste doit s'attacher avant tout à l'exactitude des faits, des actes, des propos qu'il révèle ou dont il rend compte.

2.2. Le journaliste examine avec rigueur et une vigilance critique les informations, documents, images ou sons qui lui parviennent. Le souci d'assurer au plus vite la diffusion d'une information ne dispense pas d'une verification préalable de la crédibilité des sources.

Le journaliste est attentif aux critiques et suggestions du public. Il les prend en compte dans sa réflexion et sa pratique journalistique.

2.3. Le journaliste s'assure que les textes, documents, images qu'il présente n'ont fait l'objet d'aucune altération ou falsification de nature à déformer la réalité des faits. Toute modification volontaire d'une image doit être portée à la connaissance du public.

2.4. L'origine des informations publiées doit être clairement identifiée afind'en assurer la traçabilité. Le recours à l'anonymat n'est acceptable que lorsqu'il sert le droit à l'information; dans ce cas, le journaliste en avertit le public après avoir informé son supérieur hiérarchique de la nature de ses sources.

2.5. Le journaliste s'interdit tout plagiat. Il cite les confrères dont il reprend les informations.

2.6. Le journaliste rectifie dans les meilleurs délais et de la façon la plus visible les erreurs qu'il a pu commettre. Il doit avertir le public des manipulations dont il a pu être victime.

2.7. Le journaliste s'interdit d'utiliser des moyens déloyaux pour obtenir des informations. Dans les cas où le recueil d'informations ne peut être obtenu qu'en cachant soit sa qualité de journaliste soit son activité journalistique, il en informe préalablement sa hiérarchie, s'en explique auprès du public et donne la parole aux personnes mises en cause.

2.8. Le journaliste veille à ne faire preuve d'aucune complaisance dans la représentation de la violence et dans l'exploitation des émotions.

3. La protection du droit des personnes

3.1. Le journaliste respecte la dignité des personnes et la presumption d'innocence. Il veille à ne pas mettre en cause, sans information crédible sur les faits allégués, la réputation et l'honneur d'autrui. Il n'abuse pas de l'état de faiblesse ou de détresse de personnes vivant des événements dramatiques pour obtenir d'elles des informations ou des documents.

3.2. Le journaliste respecte la vie privée des personnes et ne diffuse d'informations dans ce domaine que si elles apparaissent nécessaires à la compréhension d'événements ou de situations de la vie publique.

3.3. Le journaliste veille à ne pas nourrir la haine, les discriminations ou les préjugés à l'égard de personnes ou de groupes. Il ne relaie pas des réactions de lecteurs, d'auditeurs, de téléspectateurs ou d'internautes qui risquent d'entretenir ces mêmes sentiments.

4. L'indépendance du journaliste

4.1. Le journaliste garde recul et distance avec toutes les sources d'information et les services de communication, publics ou privés. Il se méfie de toute demarche susceptible d'instaurer entre lui-même et ses sources un rapport de dépendance, de connivence, de séduction ou de gratitude.

4.2. Le journaliste ne confond pas son métier avec celui de policier ou de juge. Il n'est pas un agent de renseignements. Il refuse toute confusion entre information et promotion ou publicité.

4.3. Le journaliste s'interdit toute activité lucrative, extérieure à l'exercice de son métier, pouvant porter atteinte à sa crédibilité et à son indépendance.

TEORIA DA INFORMAÇÃO JORNALÍSTICA

Por ocasião dos Estados Gerais da Imprensa Escrita francesa em 2008, foi recomendado que um código de deontologia fosse elaborado e anexado à Convenção Coletiva Nacional dos Jornalistas. Este código foi redigido sob a presidência de Bruno Frappat, que foi diretor da redação do diário *Le Monde*, antes de o ser do diário *La Croix*, e depois presidente do diretório do grupo Bayard, editor nomeadamente de *La Croix*. Texto adotado em 20 de outubro de 2009.

4. Textos dos próprios média

4.1. Règlement d'ordre intérieur relatif au traitement de l'information et à la déontologie du personnel de la RTBF

Chapitre 1: La RTBF

La politique des programmes de la RTBF s'appuie sur un certain nombre de principes qui caractérisent la philosophie de l'entreprise, notamment en matière de programme d'information. Par émissions d'information, il faut entendre des émissions traitant de questions politiques, économiques et sociales sous la forme de journaux parlés et télévisés, de magazines, d'enquêtes, de reportages, de débats, de confrontations et de documentaires qui forment le champ de la responsabilité de l'Administrateur général en la matière.

1. La mission de service public de la RTBF est assurée en priorité par une offre au public, notamment à l'ensemble des francophones de Belgique, de programmes de radio et de télévision à des conditions respectant le principe d'égalité entre les usagers, permettant l'accès à tous les programmes généraux et spécifiques de l'Entreprise correspondant à sa mission de service public. La RTBF arrête cette offre en fonction d'une répartition d'émissions assurant la diversité des programmes et comprenant notamment des émissions d'information, de culture, d'éducation permanente, de divertissement et celles destinées à la jeunesse.

2. Chaque citoyen a droit à une information exacte et complète et a droit à connaître les éléments d'information et les principaux points de

vue sur toute question d'importance. La RTBF assure l'indépendance de ses programmes contre l'influence de tiers. Aucune démarche engageant la RTBF en vue d'une émission ou d'un projet d'émission ne pourra être menée sans l'accord de la hiérarchie compétente et l'avis du directeur de l'information quand il s'agit d'émissions d'information.

3. Par ses programmes, la RTBF veille à rassembler les publics les plus larges possible tout en répondant aux attentes des minorités socioculturelles et à refléter les différents courants d'idées de la société sans aucune discrimination notamment culturelle, raciale, sexuelle, idéologique, philosophique ou religieuse et sans ségrégation sociale. Ses émissions tendent à provoquer le débat et à clarifier les enjeux démocratiques de la société, à contribuer au renforcement des valeurs sociales, notamment par une éthique basée sur le respect de l'être humain et du citoyen, à favoriser l'intégration et l'accueil des populations d'origine étrangère.

4. La RTBF ne peut produire ou diffuser des émissions contraires aux lois ou à l'intérêt général, portant atteinte au respect de la dignité humaine, et notamment contenant des incitations à la discrimination, à la haine ou à la violence, en particulier pour des raisons de race, de sexe ou de nationalité ou tendant à la négation, la minimalisation, l'approbation de tout génocide, notamment celui commis par le régime national-socialiste allemand pendant la seconde guerre mondiale. Les émissions confiées aux organisations représentatives politiques, syndicales, professionnelles, philosophiques et religieuses doivent respecter les principes énoncés ci-dessus.

5. Il appartient à la RTBF de veiller à éviter toute confusion entre ses programmes et les insertions publicitaires et promotionnelles qu'elle diffuse. Les journaux, en ce compris leurs pages sportives, et les magazines d'information se fondent sur le principe de l'unicité de l'émission. Les émissions d'information ne peuvent être parrainées. Le contenu et la programmation d'une émission parrainée ne peuvent, en aucun cas, être influencés par le parrain de manière à porter atteinte à la responsabilité

et à l'indépendance éditoriale de la RTBF. Les événements parrainés par la RTBF ne peuvent faire l'objet d'accords tendant à influencer le contenu des émissions d'information.

6. La RTBF est responsable du contenu de toutes les émissions qu'elle diffuse. Elle affirme et exerce l'autorité éditoriale qui lui revient sur toutes les émissions qu'elle produit ou co-produit. Elle exerce seule la maîtrise éditoriale sur les émissions d'information.

Chapitre II: Le personnel

Tout membre du personnel de la RTBF doit exercer ses fonctions avec loyauté et intégrité et s'abstenir de discréditer l'entreprise ou de nuire à ses intérêts matériels et moraux, notamment quand il s'exprime publiquement au sujet de l'entreprise.

7. Les membres du personnel de la RTBF consultent préalablement leur hiérarchie pour toute activité extérieure bénévole découlant de leur fonction dans l'entreprise. Ils ne peuvent utiliser leur fonction à la RTBF à des fins lucratives sans autorisation. Les membres non occasionnels du personnel de la RTBF ne peuvent travailler, même sans rémunération, pour des organismes réputés concurrents de la RTBF ou à des projets extérieurs qui sont manifestement destinés à de tels organismes.

8. Les membres du personnel de la RTBF ne peuvent se servir de leur position pour tirer des avantages ou un intérêt quelconque, même par personne interposée, d'un contrat conclu par l'entreprise.

9. Les membres du personnel de la RTBF ne peuvent accepter les cadeaux, les bénéfices, l'argent ou toute autre contrepartie pour influencer, même seulement en apparence, une décision de la RTBF ou attenter à l'intégrité de leur fonction.

10. Les apports en nature ou en services destinés à la réalisation d'un programme doivent faire l'objet d'une convention de valorisation sans qu'aucune contrepartie rédactionnelle n'en résulte. La RTBF défraie seule ses collaborateurs.

TEORIA DA INFORMAÇÃO JORNALÍSTICA

11. Les membres du personnel de la RTBF doivent faire preuve de la réserve nécessaire de manière à ne pas mettre en péril la crédibilité de l'entreprise. A l'antenne, ils veilleront à traiter les affaires controversées en évoquant les avis divergeants, se référant au chapitre III du présent code concernant l'information et le travail des journalistes et à ne pas manifester un engagement ou une conviction de quelque manière que ce soit, notamment par des paroles, gestes, signes ou emblèmes. Les membres du personnel de la RTBF qui se seront engagés publiquement et de manière partisane dans un débat divisant l'opinion publique devront pendant le temps de la controverse s'abstenir de traiter cette question sensible à l'antenne. Toute campagne de promotion en faveur d'oeuvres philanthropiques ou humanitaires requiert l'accord de l'Administrateur général.

12. Les membres du personnel de la RTBF veilleront à ne jamais se prêter à des entreprises publicitaires à l'occasion des émissions dont ils ont la charge.

13. La liberté d'expression des délégués des organisations syndicales dans le cadre de leur mandat relève du statut syndical.

Chapitre III: Information et journalistes

Les principes déontologiques concernant l'information et les journalistes sont applicables à tout membre dit personnel et collaborateur extérieur qui participent à la réalisation d'une émission d'information.

A. Principes

14. Les journalistes de la RTBF doivent respecter les faits, rechercher la vérité et défendre la liberté et l'indépendance de l'information, du commentaire et de la critique. Leur tâche est de recueillir et de révéler, par des méthodes loyales, sans entraves les faits et opinions en ne publiant que des informations dont l'origine est connue d'eux. Ils ne peuvent relayer les rumeurs, supprimer des informations essentielles, ni altérer le sens des textes et documents. Ils s'obligent à respecter la vie privée ainsi qu'à

328

rectifier toute information publiée qui se révèle inexacte. Ils ne peuvent révéler la source des informations obtenues confidentiellement.

15. Pour ses journalistes, la RTBF affirme le libre accès à toutes les sources d'information et le droit d'enquêter librement sur tous les faits qui conditionnent la vie publique. Le secret des affaires publiques ou privées ne peut, en ce cas, être opposé aux journalistes que par exception et en vertu de motifs clairement exprimés. Les journalistes de la RTBF ont le droit de refuser toute consigne qui serait contraire au présent code. Ils en informeront sur le champ le directeur de l'information. L'équipe de rédaction doit être consultée avant toute décision rédactionnelle importante qui la concerne.

16. Les journalistes ne peuvent prêter leur concours à des émissions publicitaires ou des émissions produites par des tiers sur lesquelles la RTBF n'exerce aucune autorité éditoriale, hors déclaration ou interview dans le cadre d'un programme d'information.

L'esprit d'objectivité

17. Les émissions d'information sont faites dans un esprit d'objectivité, sans aucune censure préalable ou ingérence d'une quelconque autorité publique ou privée.

18. L'esprit d'objectivité requiert une information multilatérale en vue de servir la connaissance du réel et la recherche de la vérité. Aucune matière n'est exclue du champ de l'information simplement en raison de sa nature.

19. L'esprit d'objectivité implique que le journaliste fasse preuve de compétence, de sens critique, de précision dans le vocabulaire, de clarté dans l'exposé, d'exactitude tant par fidélité à la réalité des faits que dans la communication sous toutes ses formes, d'honnêteté sans déformation visant à justifier une conclusion particulière ou partisane et d'équité par le reflet impartial de points de vue significatifs.

20. Une représentation équilibrée, à l'antenne, des différentes tendances et des mouvements d'opinion constitue un des fondements de

TEORIA DA INFORMAÇÃO JORNALÍSTICA

l'objectivité. Cet équilibre ne doit pas nécessairement s'établir à l'intérieur de chaque émission, mais il peut au besoin ressortir d'une série d'émissions, soit de l'ensemble de l'information au cours d'un certain laps de temps. Les journalistes doivent tenir compte du poids relatif des opinions, de leur intérêt journalistique ou de leur signification éventuelle. S'ils se trouvent dans l'impossibilité de recueillir un avis significatif ou si un interlocuteur se refuse à tout commentaire, cela doit être explicitement signalé à l'antenne.

21. Au cas où une émission, par son objet spécifique, ne peut être équilibrée en soi, elle doit être présentée comme telle afin qu'aucune équivoque ne puisse subsister. Il en est de même d'un témoignage isolé. Ces émissions ou témoignages doivent être clairement annoncés à titre de documents et ne peuvent jamais donner l'impression d'un quelconque engagement du journaliste ou de la RTBF.

Faits et commentaires

22. Toute émission d'information doit permettre de distinguer les faits des opinions et commentaires journalistiques. Même dans les émissions où les faits, opinions et commentaires se trouvent étroitement imbriqués, le journaliste doit veiller à empêcher toute confusion.

23. Quand le commentaire est le fait d'un journaliste de la RTBF, il ne peut s'assimiler à un parti-pris. Il ne peut donc s'agir que d'une analyse soumise à la raison et à la rigueur et émanant d'une suffisante connaissance du dossier traité, afin de permettre au public de mieux en comprendre les tenants et les aboutissants.

24. Certains éléments sonores ou visuels peuvent s'apparenter à une forme de commentaire. Ils doivent donc être utilisés dans un esprit d'objectivité afin de ne pas modifier la perception du discours, d'une situation ou d'une personne.

Responsabilité

25. La liberté d'information implique et engage la responsabilité du journaliste vis-à-vis de sa hiérarchie et de l'entreprise. La responsabilité du journaliste est couverte lorsqu'il a l'accord de sa hiérarchie. Elle est couverte chaque fois qu'en raison d'une pratique courante, le journaliste peut raisonnablement présumer de cet accord. Par contre le journaliste consulte sa hiérarchie dans toutes les situations délicates, lorsqu'il est amené à s'interroger sur la conduite à suivre. Constitue notamment une situation délicate, le fait que le journaliste se trouve en butte à une intervention qui vise à orienter son travail, quand la personne qui intervient n'est pas statutairement habilitée à le faire. En pareil cas, la hiérarchie se saisira de la question et répondra à l'intervenant de manière telle que le journaliste ne soit plus personnellement en cause. Le directeur de l'information doit être tenu au courant de toute intervention extérieure de ce type, mais aussi de tout conflit interne important portant sur un problème éditorial.

26. L'Administrateur général est responsable devant le Conseil d'administration de l'équilibre de l'ensemble de l'information. Il s'appuie dans sa tâche sur les avis de sa hiérarchie et notamment du directeur de l'information. Quand l'Administrateur général est amené à trancher dans un conflit interne, et au cas où une émission apparaîtrait comme déséquilibrée, il s'appuiera sur un rapport du directeur de l'information et entendra les journalistes et les responsables de l'émission mise en cause.

B. Traitement de l'information

Le traitement de l'information à la RTBF se fait dans le respect des principes énumérés dans les précédents chapitres et fait l'objet d'un échange de vue constant au sein de la rédaction. La sélection, l'ordonnancement et la présentation des matières dans les émissions d'information doivent correspondre à des critères journalistiques tels que l'actualité, l'intérêt public et l'éclairage des enjeux.

TEORIA DA INFORMAÇÃO JORNALÍSTICA

2.1 Rectification et équilibre

27. Toute information publiée qui se révèle inexacte doit être rectifiée de manière adéquate dans les délais les plus brefs ou dans un programme du même type, à l'heure la plus proche de celle où ce programme a eu lieu. En ce qui concerne les magazines hebdomadaires ou mensuels, après avis de la hiérarchie, une rectification peut prendre place dans une édition quotidienne parlée ou télévisée si la gravité ou l'urgence sont reconnues.

28. Quand une émission comporte la mise en présence de représentants de divers courants d'opinion, le journaliste veillera à ce que le choix soit équilibré et réellement représentatif. Au cas où une ou plusieurs tendances ne pourraient être représentées (absence, refus, sélectivité imposée par la nécessité de limiter le nombre d'intervenants), il en sera fait mention motivée à l'antenne.

Sources d'information

29. Le secret des sources d'information implique qu'en aucun cas l'identité d'un informateur ne soit divulguée sauf accord formel de celui-ci. En aucun cas les journalistes de la RTBF ne rétribuent un informateur.

30. Les émissions d'information doivent résulter d'une analyse sérieuse et contradictoire de toutes les sources dont on dispose. Le journaliste s'attachera non seulement à ne négliger aucune source, mais à rechercher celles qui peuvent lui manquer.

31. La source est citée chaque fois qu'une information n'est pas recoupée ou qu'elle est susceptible, par ses répercussions, d'engager la responsabilité morale ou juridique de la RTBF. Au cas où une source unique n'offre pas de crédibilité suffisante, le journaliste ne diffusera cette information que lorsqu'elle a été recoupée. La seule citation de cette source ne protégerait pas la RTBF.

32. En matière judiciaire, il faut rappeler régulièrement que tout inculpé, prévenu ou accusé est présumé innocent avant jugement devant les cours et tribunaux. Dans le choix des mots désignant une personne

BREVES PRINCÍPIOS DE DEONTOLOGIA

impliquée dans une procédure pénale ou des images qui la représentent, il faut veiller autant que possible à ne pas contredire cette présomption d'innocence. Il convient donc d'accorder la plus grande attention aux droits de l'individu à la sauvegarde de sa réputation et de son intégrité.

33. La reproduction ou la citation d'une déclaration publique mettant directement ou indirectement en cause de manière appuyée une ou des personnes, exigent que l'on cherche à recueillir la réaction de ces dernières et que l'on signifie publiquement un refus de réponse ou que l'on fasse part de l'incapacité dans laquelle on s'est trouvé de les joindre.

Traitement de la parole et de l'image

34. La RTBF est fondée à procéder de façon générale par voie de résumés.

35. Toute personne interviewée ou filmée doit être informée que l'enregistrement est destiné à être diffusé sur les antennes de la RTBF. Si la personne réserve son consentement pour une émission particulière, cette contribution ne peut être utilisée que dans ce cadre.

36. Toute personne qui se prête à une déclaration ou à un entretien doit être informée que le fait d'enregistrer ou de filmer ses propos n'engage pas la RTBF à les diffuser. Elle doit être informée aussi que des coupures peuvent être pratiquées dans la mesure où elles sont rendues nécessaires par l'horaire, le rythme de l'émission, l'éviction des répétitions, soit en vertu du respect des principes généraux énoncés aux chapitre I et II du présent document. Le refus d'accepter ces conditions justifie la RTBF de renoncer au concours de la personne concernée.

37. Compte tenu de l'ensemble du reportage, le montage et les coupures pratiquées devront toujours respecter le sens et la portée des propos qui ont été recueillis pour autant que ceux-ci correspondent à l'objet de l'émission.

38. L'utilisation d'archives doit se faire avec circonspection et l'aval des producteurs qui sont tenus de signaler toute restriction sur des images ou

TEORIA DA INFORMAÇÃO JORNALÍSTICA

des déclarations. Le sens d'origine des images et des interviews ne peut être détourné lors de leur rediffusion. Celle-ci doit porter mention de la date d'enregistrement si elle est significative. L'utilisation d'archives, sauf évocation historique évidente, doit être indiquée clairement tant en radio qu'en télévision par une mention caractéristique.

39. Les enquêtes et interviews express qui sont faites dans des lieux publics et reproduisent des opinions anonymes doivent être assorties d'un commentaire signifiant qu'il ne s'agit que d'opinions particulières n'ayant pas valeur de sondage. On veillera à utiliser ces modes de traitement de l'information avec prudence et parcimonie.

40. Un journaliste travaille à visage découvert, avertit ses interlocuteurs de son titre et de son appartenance à la RTBF. Les communications téléphoniques et les conversations privées ne peuvent être diffusées sans l'accord des intéressés. Toute utilisation d'une prise de son ou de vue camouflée est interdite. Toute dérogation à ces principes ne peut être justifiée que dans un intérêt majeur de l'information et doit obtenir l'aval du responsable hiérarchique et du directeur de l'information en vue de leur diffusion. Si l'opportunité le commande, un journaliste peut accepter de rendre une personne interviewée non identifiable.

41. Conformément au respect de la dignité humaine, le journaliste veillera à traiter avec tact toute intrusion dans les souffrances physiques et morales de victimes ou de leurs proches et évitera, dans la mesure du possible, l'exposition purement gratuite de scènes de violence .

42. Quand des documents authentiques font défaut et qu'il apparaît utile, à des fins d'information, de procéder à une représentation fictive d'événements réels, la fiction sera toujours présentée comme telle, en sorte que toute confusion soit raisonnablement empêchée.

43. Les innovations technologiques (mode de transmission et tournage, techniques virtuelles...) sont susceptibles de modifier les pratiques journalistiques et le traitement de l'information. Le bon usage de ces progrès technologiques suppose de manière permanente une vigilance déontolo-

gique accrue et une maîtrise éditoriale suffisante qui doit déboucher sur un délai de réflexion adéquat dans la réalisation du travail journalistique.

Situations exceptionnelles

44. En cas de situations exceptionnelles, de tension internationale majeure, de période de troubles intérieurs, il ne sera pas dérogé aux règles fondamentales qui régissent l'information à la RTBF. Leur application fera l'objet d'une vigilance accrue en évitant le relais d'informations fragmentaires, de rumeurs ou de mots d'ordre susceptibles d'orienter des manifestations qui risquent d'entraîner des troubles. Seul l'Administrateur général, dans des cas exceptionnels, peut autoriser une dérogation à ces principes.

45. En cas de catastrophe atteignant des habitants du pays ou leurs familles à l'étranger, la RTBF se montrera attentive aux ménagements qui pourraient être nécessaires. Elle retardera l'annonce des noms des victimes si un délai est utile pour prévenir les familles. La RTBF s'attachera par contre à donner des précisions pour circonscrire l'événement et éviter des inquiétudes non fondées. Outre les journaux toutes chaînes en radio et les journaux en TV, des flashes spéciaux peuvent être prévus et prolongés la nuit s'il le faut. Cette décision est prise collégialement par les responsables du service, le directeur de l'information et les directeurs de la radio et de la TV.

Le présent règlement concerne les émissions d'information telles que définies au chapitre I et s'applique à l'ensemble des moyens d'information dont dispose la RTBF. L'Administrateur général déterminera s'il est applicable, en tout ou en partie, à d'autres programmes.

Adopté par le Conseil d'administration de la RTBF, le 19 janvier 1998.

4.2. Code de déontologie interne de la Rédaction de RTL-TVI

Préambule:

Le droit à l'information est une des libertés fondamentales de tout être humain, garantie par l'article 19 de la déclaration universelle des droits de l'homme.

RTL-TVI propose au public de la Communauté française de Belgique une information complète, indépendante, responsable et objective.

Chapitre A: La redaction, les journalists, leur statut, leurs représentants

Article 1: La rédaction

La rédaction est composée de tous les personnels placés sous l'autorité du directeur de l'information.

Toute personne participant - même occasionnellement - au travail de la rédaction doit recevoir une copie du présent règlement auprès du directeur de la rédaction et s'y soumettre.

Article 2: Le directeur de l'information

Le directeur de l'information est le garant de l'application de ce règlement. Il est l'animateur de la rédaction, il applique la politique éditoriale de la chaîne.

Il est le lien entre la rédaction et la direction générale de RTL-TVI, et donc l'interlocuteur privilégié des journalistes et de leurs représentants.

Article 3: Les chefs d'information / rédacteurs en chef adjoints

Les chefs d'information sont responsables des choix quotidiens et des conduites des éditions des journaux d'information de RTL-TVI. Ils assument la responsabilité de l'attribution quotidienne des missions individuelles confiées aux reporters de la rédaction.

En l'absence du directeur de la rédaction/rédacteur en chef, ils sont l'interlocuteur immédiat et ont les mêmes devoirs et obligations en ce qui concerne l'application du présent règlement.

Article 4: Les journalistes et leur statut

La loi du 30 décembre 1963 définit qui est habilité à porter le titre de journaliste professionnel. Les journalistes de RTL-TVI se conforment à cette loi ainsi qu'à l'arrêté du 12 avril 1965 instituant les documents et insignes à l'usage des journalistes professionnels.

RTL-TVI recrute ses journalistes uniquement sur des critères professionnels, diplômes ou expérience, par candidature spontanée ou par des opérations spécifiques de recrutement comme « la bourse RTL de journalisme.»

Les journalistes de RTL-TVI se reconnaissent dans le code déontologique de l'AGJPB et dans la «déclaration universelle des devoirs et droits des journalistes» dite «charte de Munich» adoptée en 1971, auquel le règlement fait largement référence.

Article 5: Représentation de la rédaction

La société des journalistes de RTL-TVI est un interlocuteur naturel du directeur de l'information, et à travers lui de la direction générale. Cette société choisit ses représentants en fonction de son propre règlement. Les journalistes adhèrent librement à cette association.

Le directeur de l'information s'engage à recevoir régulièrement les représentants de la société des journalistes.

Cette relation privilégiée n'entame en rien le droit de chaque journaliste d'entretenir un dialogue personnel avec l'ensemble de la hiérarchie de la rédaction.

Chapitre B: L'Indépendance de l'information, l'objectivité, l'impartialité, la non-discrimination
Article 6: Indépendance

L'information produite par RTL-TVI est honnête, objective et impartiale. Elle ne reprend à son compte aucune opinion politique, aucun intérêt privé ou commercial.

L'exercice de cette objectivité, de l'impartialité et du sens critique impose une indépendance totale des journalistes vis-à-vis de toutes pressions politiques, économiques, sociales, philosophiques ou religieuses.

S'il subit des pressions, quelle qu'en soit l'origine, le journaliste doit en avertir le directeur de l'information, garant de son indépendance.

Un journaliste n'accepte de directives que des responsables de sa rédaction.

Article 7: Objectivité

Le journaliste est tenu à l'objectivité et à l'équité. Son but est la recherche de la vérité, même si elle est contraire à ses opinions ou à ses intérêts.

Les journalistes de RTL-TVI s'engagent à donner la parole à toutes les parties d'une controverse qu'ils auraient à traiter, sans en privilégier aucune. Au cas où l'une des parties refuserait de s'exprimer, ce refus doit être signalé et son point de vue développé le plus fidèlement possible.

Article 8: Sens critique

La présentation objective et impartiale des faits et opinions ne prive pas le journaliste de sa liberté d'expression et de son sens critique. Replacer dans le contexte, apporter la contradiction, analyser une information, sont autant de prérogatives que le journaliste exerce sans déroger à ses droits et devoirs.

Article 9: Conflit d'intérêt individuel

Au cas où un journaliste entrerait en conflit d'intérêt (personnel, familial, financier, etc...) avec l'une des tâches qui lui serait confiée, il est de son devoir de le signaler au directeur de l'information ou aux autres responsables de la rédaction qui en apprécieront les suites à donner.

Article 10: Dons et privilèges

Un journaliste de RTL-TVI s'engage à ne retirer aucun avantage ni aucun privilège de sa fonction en dehors de ceux prévus par son statut légal de journaliste professionnel.

Les journalistes de RTL-TVI n'acceptent d'être défrayés que par leur entreprise. Ils refusent les dons en argent ou en nature. Ils n'acceptent que les dons de valeur modeste, indispensables à l'exercice de leur travail (livre ou CD pour une interview de l'auteur, billet pour un spectacle à critiquer, objet de faible valeur pour une rubrique consommation etc...).

En principe les journalistes de RTL-TVI refusent tout voyage dont RTL-TVI n'a pas payé la facture. Il peut exister des exceptions (voyage officiel, intervention militaire ou humanitaire...) C'est à la direction de l'information de juger de la pertinence de ces invitations.

Article 11: Investigation

Les journalistes de RTL-TVI ne se satisfont pas des communiqués ou des déclarations officielles, ils portent la contradiction partout où elle est nécessaire à la manifestation de la vérité. Les journalistes ont le droit d'enquêter sur tous les faits qui conditionnent la vie publique.

L'un des premiers devoirs du journaliste est de combattre la censure d'où qu'elle vienne.

Dans certains cas, (sécurité des personnes et des biens, troubles de l'ordre public, respect de la vie privée, du droit des personnes, protection des mineurs...), il se peut qu'une limite soit imposée à la liberté d'informer.

Ce sera toujours sous la responsabilité du directeur de l'information et en conformité avec la loi.

Un embargo, soit le fait de retenir volontairement une information, ne peut se justifier que dans des cas rares et d'une extrême importance. L'acceptation d'un embargo relève de la direction de l'information, un journaliste ne peut engager la parole de sa rédaction sans en référer.

La rupture d'un embargo par un autre média ne libère pas automatiquement la rédaction de RTL-TVI de sa propre promesse, ce sera à la hiérarchie de la rédaction d'en décider.

Article 12: Collecte des informations

La rédaction de RTL-TVI s'engage à ne publier que des informations vérifiées, recoupées et dont l'origine est connue.

Les journalistes s'interdisent de colporter les rumeurs et les calomnies. Ils n'altèrent ni les faits ni les documents et considèrent le mensonge comme la plus grave des fautes professionnelles.

Article 13: Les sources

Les journalistes de RTL-TVI s'engagent à vérifier leurs informations et à identifier leurs sources. Ils refusent de diffuser une information dont la source est douteuse, sauf cas exceptionnel agréé par la hiérarchie de la rédaction, on procédera alors aux réserves d'usage.

Article 14: Secret des sources

Dans le cas où une information a été divulguée à titre confidentiel, le journaliste s'engage à protéger sa source vis-à-vis de tout interlocuteur y compris les pouvoirs publics.

Seul le directeur de l'information, garant de la ligne éditoriale aura à connaître cette source, en vertu de la relation de confiance et de confidentialité qui l'unit à chaque membre de la rédaction.

BREVES PRINCÍPIOS DE DEONTOLOGIA

Article 15: Responsabilité de RTL-TVI vis à vis de ses reporters

La règle générale est que RTL-TVI se porte solidaire en cas de poursuites intentées contre tout membre de sa rédaction.

Toutefois, une appréciation est faite sur base du respect des obligations de chacun en tant que journaliste, du respect des règles déontologiques du présent règlement et pour autant que les choses se soient passées dans le cadre normal de la responsabilité hiérarchique.

Article 16: Visibilité des journalistes

Les journalistes de RTL-TVI se présentent comme tels, portent sur eux leur carte professionnelle, ne dissimulent pas leur identité, ne revendiquent aucun titre ou qualité imaginaire, refusent d'employer tout subterfuge ou moyens déloyaux pour obtenir une information.

Dans des circonstances très particulières, il est possible pour des raisons de force majeure qui touchent à la sécurité ou à la recherche de la vérité, que les journalistes de RTL-TVI dissimulent leur matériel (micros, caméras...) et travaillent dans la discrétion, ce sera toujours en accord avec la hiérarchie de la rédaction.

Le public sera averti du recours à ces méthodes.

Article 17: Faits et commentaires

Les journalistes de RTL-TVI s'appliquent à distinguer clairement les faits du commentaire. La relation objective, honnête et impartiale des faits ne prive pas le journaliste de son pouvoir d'analyse, de sa liberté d'expression et de son droit à la critique.

A chaque fois, le public pourra distinguer aisément le fait du commentaire.

Article 18: L'interview

Quand il contacte un interlocuteur pour une interview, le journaliste de RTL-TVI se présente es qualité. Au cours de l'interview, l'interlocuteur doit comprendre sans ambiguïté que ses propos seront raccourcis et remontés pour les besoins du reportage. Le journaliste s'engage à ne pas trahir son interlocuteur en respectant dans son montage la lettre et l'esprit des déclarations qui lui sont confiées.

L'identité, la fonction ou la qualité de la personne interrogée apparaîtront durant la diffusion de son interview, sauf en cas de micro-trottoir.

On appelle communément « micro-trottoir » un montage d'interviews réalisées au hasard d'une rue ou d'un lieu public avec des passants anonymes.

L'enregistrement d'une interview n'impose pas sa diffusion à l'antenne. Des impératifs d'actualité ou d'organisation peuvent imposer d'autres choix. Par courtoisie et dans la mesure du possible, la rédaction aura soin d'avertir l'intéressé en cas de changement.

Article 19: Reconstitution

Le journaliste télévisuel a parfois besoin de recourir à une reconstitution pour rapporter un fait ou raconter un événement.

Que ce soit pour un tournage ou une animation infographique, cette reconstitution sera signalée comme telle dans le commentaire et par une inscription à l'écran.

Article 20: La représentativité

Les journalistes de RTL-TVI s'assurent de la représentativité de leurs interlocuteurs pour éviter de donner la parole à des individus qui usurpent titres, fonctions ou qualités.

En conformité avec les articles 26 et 27 du présent règlement, la rédaction de RTL-TVI ne relaye pas les thèses des personnes ou des groupes professant des idées en contradiction avec les lois contre le racisme, l'antisémitisme, la xénophobie et les discriminations diverses.

Au cas où ces personnes et leurs idées feraient l'actualité, les journalistes de RTL-TVI rendront compte de leurs propos et leurs actes avec la

BREVES PRINCÍPIOS DE DEONTOLOGIA

plus grande prudence. Ils apporteront par des commentaires et des interviews idoines la contradiction nécessaire au respect de la loi.

La rédaction de RTL-TVI sera tout particulièrement vigilante à la représentativité des personnes interrogées en direct.

Article 21: Relations avec la police et la justice

Le journaliste de RTL-TVI ne confond pas son rôle avec celui du policier. Il n'est pas non plus un auxiliaire de police.

Sur réquisition légale la police et la justice peuvent avoir accès aux archives vidéos de RTL-TVI.

Article 22: Relation avec les pouvoirs publics

En cas de crise grave ou d'événements exceptionnels tels que: catastrophe naturelle ou industrielle, menace de guerre, attaque terroriste... le gouvernement fédéral et ceux des différentes communautés et régions, peuvent solliciter RTL-TVI pour diffuser des programmes d'utilité publique. Les demandes seront adressées à la direction de l'information.

Article 23: Archives

Les journaux et émissions d'information de RTL-TVI sont enregistrés et classés par le service des archives.

Les archives sont avant tout des documents utilisés comme telles. Elles représentent un événement qui s'est produit en un lieu précis à une date précise dans un contexte précis. Une image enregistrée à une époque ne vaut pas une autre image prise à une autre époque même si elle est censée représenter le même lieu, le même objet, la même personne.

Les journalistes de RTL-TVI veilleront à utiliser avec parcimonie les archives comme illustration dite « prétexte » à défaut d'images du jour. L'image prétexte est une illustration neutre de lieu ou de foule qui sert de support à un commentaire.

TEORIA DA INFORMAÇÃO JORNALÍSTICA

Dans tous les cas les images porteront à l'antenne la mention «archives», avec si possible la citation du lieu et de la date du tournage.

Les journalistes de RTL-TVI s'engagent à utiliser les archives avec la même honnêteté que tout autre document (voir article 12).

Article 24: Responsabilité

RTL-TVI est responsable des informations qu'elle diffuse. Les journalistes de RTL-TVI sont responsables de leurs reportages devant le public et leur hiérarchie, dans le respect du présent règlement.

En cas de doute sur une information, une source, un commentaire, une interview, une image, un montage, les journalistes ont toujours le devoir de demander le conseil et l'arbitrage de la hiérarchie de la rédaction.

Chapitre C: Information et publicité
Article 25: Incompatibilité entre journalisme et publicité

Il y a incompatibilité entre information et publicité. Un journaliste ne se livre à aucune activité commerciale relevant de la publicité.

Il peut exister des dérogations en faveur d'œuvres caritatives, elles seront étudiées par la direction de RTL-TVI qui accordera ou non son autorisation explicite.

La promotion des programmes d'information de RTL-TVI n'est pas considérée comme de la publicité.

Article 26: Publicité commerciale

La rédaction de RTL-TVI est totalement indépendante de la publicité, ne reçoit ni ordre, ni pression de la régie publicitaire ou des annonceurs.

Dans le cas contraire la direction de l'information devra en être immédiatement informée.

BREVES PRINCÍPIOS DE DEONTOLOGIA

Chapitre D: Le droit des personnes
Article 27: Racisme et xénophobie

La rédaction de RTL-TVI est attentive au respect scrupuleux de la loi du 30 juillet 1981 sur le racisme et la xénophobie, ainsi que de la loi du 23 mars 1995 tendant à réprimer la négation, la minimisation, la justification ou l'approbation du génocide commis par le régime national-socialiste pendant la deuxième guerre mondiale ou tout autre forme de génocide.

Les journalistes de RTL-TVI ne relayent pas les thèses portant atteinte au respect de la dignité humaine telles que: incitation à la haine raciale, discrimination religieuse, sociale ou sexuelle, révisionnisme, apologie de crimes de guerre ou de crimes contre l'humanité...

Dans le cas ou la relation de tels actes ou la citation de tels propos serait nécessaire à la bonne compréhension de l'information, ils seront rigoureusement replacés dans leur contexte, et le commentaire des journalistes ne devra laisser place à aucune ambiguïté sur la position de la rédaction.

Article 28: Non-discrimination

La rédaction de RTL-TVI veille à ne privilégier ou écarter aucun fait ni aucun interlocuteur pour des raisons d'appartenance ethnique, religieuse, sociale ou sexuelle.

L'information peut exiger que l'on mette l'accent sur une minorité nationale, ethnique, philosophique, religieuse... Les journalistes agiront comme à chaque fois avec objectivité, impartialité, honnêteté et neutralité.

La rédaction sera particulièrement attentive aux attitudes ou propos ambigus susceptibles de transformer un groupe minoritaire en bouc émissaire.

Article 29: Respect de la vie privée

Chacun a droit au respect de son intimité et de la vie privée. La rédaction de RTL-TVI s'engage à n'utiliser qu'avec prudence les éléments de vie

TEORIA DA INFORMAÇÃO JORNALÍSTICA

privée qui pourraient être portés à sa connaissance. Ces éléments seront utilisés uniquement s'ils sont nécessaires à la crédibilité et à la compréhension de l'information.

Article 30: Droit à l'image

Chacun a droit à la maîtrise de sa propre image.

Le droit à l'image ne doit pas être un frein au droit à l'information. La rédaction de RTL-TVI se réserve le droit de diffuser, sous la responsabilité de la direction de l'information, une image sans l'accord de la personne concernée, à condition que cette représentation soit absolument nécessaire à la complète information du public (voir article 14).

Article 31: Protection des mineurs

Dans ses journaux ou émissions d'information, RTL-TVI ne diffuse pas d'image de mineurs sans l'autorisation de leurs parents ou des personnes qui en ont la charge.

RTL-TVI ne diffuse pas d'image et ne divulgue pas l'identité des mineurs poursuivis par la justice.

Article 32: Violence

La rédaction de RTL-TVI est particulièrement attentive et vigilante lors de la diffusion d'images à caractère violent.

La rédaction prendra soin de replacer cette violence dans son contexte et d'en expliciter le sens, lorsqu'elle l'estime nécessaire.

Au cas où les images pourraient choquer les enfants ou les personnes sensibles, on aura soin de les avertir clairement au cours du lancement du reportage ou de la présentation de l'émission.

Article 33: Présomption d'innocence et respect de la personne

La rédaction de RTL-TVI respecte la présomption d'innocence et cite avec prudence, après vérification et recoupement, les noms des personnes impliquées dans une affaire judiciaire. Les précautions oratoires sont toujours de mise avant un jugement ou un verdict définitif.

Au cas où une personne impliquée dans une affaire judiciaire serait finalement mise hors de cause, la rédaction s'engage à en informer le public, si le sujet a été traité.

Dans tous les cas la rédaction de RTL-TVI évitera de présenter une personne dans une situation qui porterait atteinte à son honneur, sa réputation ou à sa crédibilité. Les journalistes de RTL-TVI s'interdisent de ridiculiser leurs interlocuteurs.

Article 34: Droit de réponse

En matière de droit de réponse RTL-TVI se réfère à la loi du 23 juin 1961 qui en détermine l'application.

Toute demande de droit de réponse doit être transmise au directeur de l'information qui décide s'il y a lieu ou non d'accéder à la requête. En cas de réponse positive, le droit de réponse s'exercera en terme de contenu, de durée, d'emplacement en conformité avec la loi. Si le préjudice est mineur et n'impose pas un « droit de réponse » au sens strict de la loi, le directeur de l'information pourra proposer un rectificatif (article 34).

Dans tous les cas une personne qui adresse une réclamation à la rédaction, a le droit de recevoir une réponse dans un délai raisonnable.

Article 35: Rectification

La rédaction de RTL-TVI s'engage à rectifier à l'antenne toute information manifestement inexacte pouvant porter préjudice à une personne physique ou morale. Toute demande doit être adressée au directeur de l'information.

Article 36: Droit d'interpellation

Toute personne souhaitant donner son avis, obtenir des informations complémentaires, ou plus généralement interpeller la rédaction de RTL-TVI sur un sujet précis, peut le faire par courrier, téléphone ou sur le site Internet: www.rtl.be.

Chaque interpellation devra recevoir une réponse dans un délai raisonnable.

Chapitre E: Dispositions diverses
Article 37: Collaborations extérieures des journalistes

Les journalistes engagés à RTL-TVI peuvent assurer des prestations extérieures rémunérées (cours, conseils en communication ...) avec l'accord de la direction.

Ils veilleront à ce que ces prestations n'entrent pas en contradiction avec leur crédibilité et leur statut de journaliste à RTL-TVI.

Article 38: Elections

Hors période électorale la rédaction de RTL-TVI applique à l'information politique les principes d'impartialité et d'objectivité définis dans le présent règlement.

En période électorale, selon les scrutins, la rédaction de RTL-TVI adopte le principe d'équité fondé sur le prorata de la représentation électorale au précédent scrutin du même type.

Les partis politiques de la Communauté française reçoivent ainsi une couverture médiatique en relation avec leur influence réelle.

Les partis francophones qui comptent peu ou pas d'élus ont accès à l'information.

RTL-TVI leur accordera une visibilité suffisante pour exposer leur programme.

RTL-TVI se réserve le droit d'interdire d'antenne les partis ou les candidats dont le programme ou les propos violeraient les lois sur le respect des personnes, le racisme, l'antisémitisme et les discriminations diverses (articles 18, 26, 27).

BREVES PRINCÍPIOS DE DEONTOLOGIA

Article 39: Sanctions et règlements des conflits
Les conflits et problèmes divers rencontrés par les personnels de la rédaction dans l'application du règlement d'ordre intérieur, se règlent dans le dialogue avec le directeur de l'information.

Article 40: Clause de conscience
«Un journaliste ne peut être contraint à accomplir un acte professionnel ou à exprimer une opinion qui serait contraire à sa conviction et à sa conscience.» (Charte de Munich).

4.3. *Charte du Nouvel Observateur*
Voici le texte de la charte signée en avril 2004 entre Claude Perdriel, PDG du *Nouvel Observateur*, et les représentants de la Société des rédacteurs.

I — L'orientation du journal
Selon les principes fixés par ses fondateurs, Jean Daniel et Claude Perdriel, *Le Nouvel Observateur* est un hebdomadaire culturel et politique dont l'orientation s'inscrit dans la mouvance sociale-démocrate. Une tradition constamment soucieuse de concilier le respect des libertés et la recherche de la justice sociale.

Le Nouvel Observateur exprime ses principes dans des éditoriaux et des chroniques. Ceux-ci sont vus par la direction de la rédaction et acceptés ou non par elle, sous l'autorité du comité éditorial. Dans ce cadre, éditorialistes et chroniqueurs bénéficient d'une grande liberté d'expression. Mais seul Jean Daniel ou la personne désignée par lui peut engager le journal.

La séparation commentaires, éditos et informations, enquêtes, est un des éléments constitutifs de l'*Observateur*.

Aucun responsable du *Nouvel Observateur* ne peut appartenir à un parti politique ou jouer un rôle politique.

Les débats sont ouverts et le pluralisme d'opinion des éditorialistes doit être respecté.

Le Nouvel Observateur veille à ce que ses principes ne soient trahis ni par le choix des sujets ni par les titres et les chapôs des articles. La direction de la rédaction doit toujours se référer aux principes de la séparation de l'information et du commentaire.

Les commentaires et tribunes peuvent trouver une place dans les pages «Débats de l'Obs»

Dans leurs prestations extérieures, les journalistes ne doivent pas oublier qu'ils représentent l'ensemble du *Nouvel Observateur* et qu'ils sont tenus d'exprimer leurs opinions en se référant à la ligne éditoriale. Toute participation à une émission de radio ou de télévision doit avoir l'accord préalable de la direction de la rédaction et du comité éditorial.

II — Le traitement de l'information

L'objectif des articles est de présenter les faits aux lecteurs avec la plus grande rigueur et la plus grande honnêteté. Toute information doit être recoupée et vérifiée. La rumeur doit être bannie, la citation anonyme évitée et la source indiquée aussi précisément que possible.

L'usage du conditionnel de précaution est proscrit sauf exception visée par la direction de la rédaction. Ne sont publiées que des informations dont l'origine est connue. La vie privée des personnes est respectée. Les rédacteurs s'interdisent d'employer toute formule exprimant du racisme, du sexisme ou du mépris social.

Le Nouvel Observateur accepte la relecture des entretiens, par précaution pour éviter tout contresens. Si la personne interrogée corrige son texte, la rédaction se réserve le droit de ne pas publier l'entretien. La rédaction ne commente pas les entretiens la semaine de leur publication sauf demande du directeur de la rédaction et du comité éditorial.

Les journalistes doivent évidemment respecter la dignité des lecteurs. Les réponses au courrier doivent toujours être courtoises. Ils sont tenus, de la même façon, au respect de la dignité des acteurs de la vie publique, quels que soient les reproches légitimes qu'ils peuvent être amenés à leur faire.

Toute personne ou société mise en cause doit être contactée et citée ou à défaut un membre de son entourage la représentant.

Ses arguments ou son refus de répondre doivent être portés à la connaissance du lecteur.

La publication des rectificatifs n'est assortie d'aucun commentaire sauf avis contraire de la direction de la rédaction sous l'autorité du comité éditorial.

Le respect de la présomption d'innocence interdit de présenter une personne comme coupable, même sur la base de faits faisant l'objet d'une procédure judiciaire. Si le journal dispose d'un dossier établissant de façon incontestable la réalité des faits imputés à la personne mise en cause, il doit néanmoins les présenter de manière contradictoire, notamment en permettant à cette personne de se défendre.

Les journalistes doivent se souvenir que la diffamation existe même si l'imputation est faite de manière allusive ou interrogative. En matière de diffamation, la mauvaise foi de l'auteur de l'article est présumée et c'est à lui de faire la preuve qu'il n'a pas écrit dans l'intention de nuire. Il doit pour cela pouvoir démontrer par une enquête réelle et sérieuse, un but légitime d'information au public, une absence d'animosité personnelle, une modération dans les termes.

Tout article susceptible de relever de la diffamation doit être soumis à la direction de la rédaction.

Les non-lieux bénéficiant à des personnes que le journal avait mises en cause doivent être annoncés sans ambages, en bonne place et dans une dimension proportionnée à la place accordée au préalable à l'affaire.

III — Les règles de fonctionnement

Les journalistes doivent demander au directeur de la rédaction l'autorisation de réaliser des piges à l'extérieur. Toute activité régulière et rémunérée doit faire l'objet d'un accord de la direction du journal.

Dans le choix des sujets et la rédaction des articles, les responsables et les journalistes doivent se garder de tout conflit d'intérêt. Ils doivent notamment éviter de traiter eux-mêmes des faits et gestes ou des œuvres de personnes avec lesquelles ils entretiennent par ailleurs un lien personnel ou institutionnel étroit.

Les œuvres des collaborateurs sont traitées dans le journal dans un cadre normalisé sous une forme concise et informative comprenant la mention de l'appartenance de l'auteur de la rédaction.

Le Comité Éditorial est le garant du respect de la ligne éditoriale définie par la charte.

Le directeur de la rédaction assure chaque semaine le respect de la ligne éditoriale définie par la charte.

L'acceptation des cadeaux dont la valeur dépasse un montant modique est proscrite au *Nouvel Observateur*. Les cadeaux doivent être retournés à l'envoyeur avec une explication courtoise fondée sur cette règle.

L'acceptation des invitations à des voyages de presse est en général proscrite, sauf accord explicite de la direction de la rédaction et sur la base d'un intérêt journalistique indiscutable.

IV — Publicité

L'espace rédactionnel et l'espace publicitaire ou promotionnel sont clairement signalés afin que ne puisse exister aucune ambiguïté entre l'un et l'autre. Les impératifs publicitaires ne peuvent être invoqués pour influer sur les écrits des journalistes du *Nouvel Observateur*.

V — Respect de la charte

Les journalistes de l'*Observateur* s'engagent à respecter la charte. Un médiateur pourra être nommé afin de faciliter le respect de la charte par les journalistes.

Note: voir aussi l'organisation des pouvoirs au sein du *Nouvel Observateur*.

Breve bibliografia sobre deontologia

ALIX, François-Xavier, *Une Éthique de l'information*, Paris, L'Harmattan, 1997, 224 pp.

AZNAR, Hugo, *Ética y periodismo*, Barcelona, Paidós, 1999, 350 pp. (col. Papeles de comunicación, n.º 23).

BERTRAND, Claude-Jean, *La Déontologie des médias*, Paris, PUF, 1997, 128 pp. (col. Que sais-je?, n.º 3255).

BERTRAND, Claude-Jean, *L'Arsenal de la démocratie*, Paris, Economica, 1999.

CORNU, Daniel, *Éthique de l'information*, Paris, PUF, 1997, 128 pp. (col. Que sais-je?, n.º 3252).

Les Droits et les devoirs du journaliste, Paris, CFPF, 1992, 144 pp.

DU ROY, Albert, *Le Serment de Théophraste*, Paris, Flammarion, 1992, 236 pp.

DU ROY, Albert, *Le Carnaval des hypocrites*, Paris, Seuil, 1992, 224 pp.

LIBOIS, Boris, *Éthique de l'information*, Bruxelas, Éditions de l'Université de Bruxelles, 1994, 138 pp. (Collection de philosophie politique et juridique).

Livre blanc de la déontologie des journalistes, Paris, SNJ, outono de 1993, 80 pp.

Médiaspouvoirs, número consagrado à «Déontologie des médias», Paris, n.º 4, 3.º trimestre de 1998, pp. 51–164.

PIGEAT, Henri, *Médias et déontologie*, Paris, PUF, 1997.

PIGEAT, Henri e HUTEAU, Jean, *Déontologie des médias*, Paris, Economica/Editions Unesco, 2000, 574 pp.

Terceira parte

BIBLIOGRAFIA SOBRE TÉCNICAS
E GÉNEROS JORNALÍSTICOS

Abrégé du Code typographique, Paris, CFPJ, 1984, 88 pp.

AGNÈS, Yves, *Manuel de journalisme*, Paris, La Découverte, 2002, 448 pp. (col. Guides Repères).

BOUCHER, Jean-Dominique, *Le reportage écrit*, Paris, Les Éditions du CFPJ, 1995, 128 pp.

CHARON, Yvan, *L'interview à la télévision*, Paris, Les Éditions du CFPJ, 1989, 94 pp.

DUPLAN, Pierre e JAUNEAU, Roger, *Maquette et mise en page*, Paris, Éditions de l'Usine nouvelle, 1982, 244 pp.

FLORIO, René, *Initiation à la pratique du journalisme*, Lille, École supérieure de journalisme, 1975, 148 pp.

FURET, Claude, *Le titre*, Paris, Les Éditions du CFPJ, 1995, 118 pp.

GANZ, Pierre, *Le reportage radio-télé*, Paris, Les Éditions du CFPJ, 1988, 94 pp.

GRIJELMO, Álex, *El Estilo del periodista*, 9.ª ed., Madrid, Taurus, 2002, 610 pp.

GRUSELIN, Paul, *Pratiquer la presse écrite*, Bruxelas, Labor, 1990, 172 pp.

GUÉRY, Louis, *Pratique du secrétariat de rédaction*, Paris, CPJ, 1973, 346 pp.

GUÉRY, Louis, *Précis de mise en page*, Paris, Les Éditions du CPFJ, 1988, 126 pp.

Guide de la rédaction, Paris, CPFJ, 1984, 94 pp.

HERVOUET, Loïc, *Écrire pour son lecteur*, Lille, École supérieure de Journalisme, 1979, 158 pp.

LABBÉ, Bernard (dir.), *Code typographique*, Paris, SNCMLPIG, 1973, 124 pp.

Livro de estilo, 2.ª ed., Lisboa, Público, 2005, 304 pp.

MARTIN-LAGARDETTE, Jean-Luc, *Informer, convaincre, les secrets de l'écriture journalistique*, Paris, Syros, 1987, 192 pp.

MENESES, João Paulo, *Tudo o que se passa na TSF... Para um «livro de estilo»*, Porto, Edição Jornal de Notícias, 2003, 326 pp.

MONTANT, Henri, *Commentaires et humeurs*, Paris, Les Éditions du CFPJ, 1994, 86 pp.

MONTANT, Henri, *L'interview écrite et le portrait*, Paris, Les Éditions du CFPJ, 1995, 86 pp.

REHE, Rolf F., *Typographie et mise en page des journaux*, Darmstadt, IFRA, 1986, 128 pp.

RICARDO, Daniel, *Manual da redacção*, vol. 1, Lisboa, Visão, s.d., 174 pp.

Ricardo, Daniel, *Ainda bem que me pergunta. Manual de escrita jornalística*, Lisboa, Editorial Notícias, 2003, 252 pp. (col. Média & Sociedade).

Le Style du Monde, Paris, Le Monde, 2002, 220 pp.

Voirol, Michel, *Guide de la rédaction*, Paris, Les Éditions du CFPJ, 1995, 110 pp.

Neste manual procurou-se:

- propor uma abordagem global do fenómeno da informação jornalística;
- fornecer chaves que permitam melhor descodificar a informação que consumimos tanto nos média tradicionais como nos novos média;
- fornecer instrumentos para melhor abordar a produção da informação jornalística em conhecimento da multiplicidade de desafios [*enjeux*] com os quais ela é inevitavelmente confrontada.

Sem querer cair nos lugares-comuns que estão hoje na moda, procurou-se aqui fazer tomar consciência de que todos nós podemos assumir outro estatuto que não o de simples espectadores, de consumidores passivos dos conteúdos informativos dos média. Que é possível sermos atores, consumidores ativos em matéria de informação. É aliás nestas condições que a qualidade da informação na Bélgica como em Portugal será sensivelmente melhor, mais exigente e mais rigorosa. E é também nestas condições que, no fim de contas, poderemos assumir mais facilmente o nosso duplo estatuto de cidadãos e de democratas.

J.-M. Nobre-Correia nasceu no Fundão, mas residiu em Bruxelas de 1966 a 2012. Mediólogo e politólogo de formação, foi investigador, assistente e professor em Informação e Comunicação na Université Libre de Bruxelles (ULB) de 1970 a 2011, onde foi presidente do Departamento de Ciências da Informação e da Comunicação (1986–1989), e diretor do Observatoire des Médias en Europe (1993–2011). Paralelamente, foi professor convidado na Universidade Paris II (1996–2006), professor visitante na Universidade de Coimbra (1996–2001) e membro do conselho científico do Europäisches Medieninstitut, de Dusseldórfia (1995–2004).

Foi diretor do mensário *Media Marketing/Media Magazine* (Bruxelas) e coordenador da redação europeia da revista trimestral *Médiaspouvoirs* (Paris), e é membro dos conselhos editoriais das revistas trimestrais *Telos* (Madrid) e *Infoamérica* (Málaga). Foi secretário de redação da revista mensal político-cultural *Mai* (Bruxelas) e é membro desde a origem (em 1997) do coletivo editorial da revista bimestral/trimestral *Politique* (Bruxelas).

Depois de ter assumido uma crónica regular sobre a informação, a comunicação e os *media* (1983–1993) nas revistas bruxelesas *Pub, Media Marketing, Trends Tendances* e *Le Vif-L'Express*, foi cronista semanal nesta mesma matéria nos portugueses *Público* (1990), *Expresso* (1994–2002) e *Diário de Notícias* (2008– 2014).

Autor de mais de 1300 publicações (entre livros, capítulos de livros, artigos científicos e crónicas especializadas) sobre a informação, a comunicação e os *media* em sete línguas diferentes.

Principais obras como autor único

A Cidade dos Média, Porto, Campo das Letras, 1996, 250 pp.
Théorie de l'Information journalistique, 21.ª edição, 2 vol., Bruxelas, PUB, 2010, 397 pp.
Histoire des médias en Europe, 12.ª edição, 2 vol., Bruxelas, PUB, 2010, 400 pp.
Socio-économie des Médias en Europe, 11.ª edição, 2 vol., Bruxelas, PUB, 2011, 523 pp.
Teoria da Informação Jornalística, Coimbra, Almedina, 2018, 360 pp.
Média, Informação e Democracia (no prelo).

Principais obras como coautor

Pouvoir persuader, Bruxelas, UNMS, 1973, 156 pp.
Significations de la Publicité, Liège, Universitè de Liège, 1974, 154 pp.
Information et Media, Bruxelas, MCF, 1979, 352 pp.
Visages changeants de la Presse écrite, Bruxelas, 1987, 192 pp.
Le Guide de la Presse, 7.ª edição, Paris, OFUP, 1990, 1200 pp.
F. Féron e A. Thoraval (dir.), *L'État de l'Europe*, Paris, La Découverte, 1992, 652 pp.
Los medios en la construcción de la unidad europea, Madrid, Fundesco, 1993, 144 pp.
News Media and European Unity, 2 vol., Madrid, Fundesco, 1993, 64 + 72 pp.
Mário Mesquita e José Rebelo (dir.), *O 25 de Abril nos média internacionais*, Porto, Afrontamento, 1994, 310 pp.
Le Guide de la Presse, 8.ª edição, Paris, Alphon, 1994 , 1084 pp.
Comunicación social 1994 Tendencias, Madrid, Fundesco, 1994, 336 pp.
Anne-Marie Le Gloannec (dir.), *L'Etat de l'Allemagne*, Paris, La Découverte, 1995, 440 pp.
Miquel de Moragas Spà e Carmelo Garitaonandía (dir.), *Decentralization in the global era*, Londres, 1995, 234 pp.
Hugues Le Paige (dir.), *Le désarroi démocratique*, Bruxelas, Labor, 1995, 304 pp.
La Presse pouvoir en devenir, Bruxelas, Éditions de l'Université de Bruxelles, 1996, 318 pp.
Relire l'exclusion, Bruxelas, Éditions de l'Université de Bruxelles, 1997, 148 pp.
Avril en portugais, Bruxelas, Vrije Universiteit Brussel, 1997, 114 pp.
Bernt Stubbe Østergaard (dir.), *The Media in Western Europe*, Londres, Sage, 1997, 274 pp.
Miquel de Moragas Spa *et al.* (dir.), *Televisión de proximidad en Europa*, Bellaterra, Universitat Autónoma de Barcelona, 1999.
Miquel de Moragas Spa *et al.* (dir.), *Television on your doorstep*, Luton, University of Luton, 1999.
Media, jornalismo e democracia, Lisboa, Livros Horizonte, 2002.
Le Guide de la Presse, 9.ª edição, Paris, Alphon, 2002, 1210 pp.
Le Nouvel état de l'Europe, Paris, La Découverte, 2004, 216 pp.
O Novo estado da Europa, Lisboa, Campo da Comunicação, 2004, 296 pp.
R. Quirosa-Cheyrouze y Muñoz (dir.), *Prensa y democracia. Los medios de comunicación en la Transición*, Madrid, Biblioteca Nueva, 2009, 412 pp.